웨슬리 VS 칼빈

CALVIN VS. **WESLEY**
: BRINGING BELIEF IN LINE WITH PRACTICE

by Donald A.D. Thorsen

Copyright © 2013 by Abingdon Press
Nashville, Tennessee, USA.
All rights reserved.

Korean translation copyright © 2020 by KMC Press
Korean translation edition is published by arrangement with
Abingdon Press.

웨슬리 VS 칼빈

돈 톨슨 지음 / 박도웅 옮김

kmc

나는 현대 그리스도인들의 생활 방식에 대하여 오랫동안 진지하게 생각해왔다. 그리고 웨슬리가 설명하는 기독교와 그리스도인의 생활이 본래적인 그리스도인의 생활에 더 가깝다는 결론에 이르렀다. 웨슬리의 성경 해석과 실천 방식을 충분히 이해하지 못하거나 감사하지 않는 그리스도인들이 많다. 웨슬리 본인은 매우 엄격하게 그리스도인의 삶을 실천했지만, 자신의 믿음을 이론적으로 설명하는 일에 큰 관심을 두지 않았다. 웨슬리가 자신의 실천을 이론적으로 설명하지 않은 것은 아쉬운 일이다. 웨슬리주의 영성에 대하여 글렌 힌슨이 기술한 것처럼 웨슬리적 사고는 언제나 이론보다 실천에서 뛰어났다.[1]

나는 웨슬리적인 배경에서 자랐다. 자라면서 보고 들은 모든 것이 웨슬리적이었다고 말할 수 없지만, 미국 자유감리교회(Free Methodist Church) 환경에서 신앙생활을 했다. 기독교 학교도 아니고 웨슬리와 관련 없는 스탠포드대학교에서 공부했지만, 나중에는 애즈베리신학교에 가서 웨슬리와 감리교회의 신학과 목회 훈련을 접하였다. 그리고 장로교회의 최고 교육기관 중 하나인 프

---

[1] E. Glenn Hinson, "A Contemplative Response," in *Christian Spirituality: Five Views of Sanctification*, ed. Douglas L. Alexander (Downers Grove, IL: Inter Varsity Press, 1988), 129.

린스턴신학교에서 대학원 과정을 공부하면서 웨슬리 신학의 가치를 인정하게 되었다. 프린스턴을 졸업한 후에는 드류대학교에서 웨슬리와 감리교회 연구로 박사 학위를 받았다.

나는 오랫동안 웨슬리 전통 밖에 있는 그리스도인들을 많이 만났다. 실제 신앙생활에서 그들은 자기 교파의 신학적 입장보다 오히려 웨슬리가 전하는 그리스도인의 삶에 가까운 것을 자주 볼 수 있었다. 특히 칼빈 전통을 따르는 장로교인들 중에 그러한 경우가 많았다. 그들은 칼빈을 따른다고 주장하지만 실제 삶에서는 웨슬리적인 모습을 보여주었다. 이 책에서 내가 주장하고 싶은 것은, 장로교인들을 포함하여 나와 가까운 개신교인 대부분이 웨슬리의 방식으로 살아가고 있고, 하나님과 성경, 구원과 영성 그리고 교회와 목회에 대한 관점도 웨슬리에 더욱 가깝다는 것이다. 그러니 나의 관찰이 틀리지 않다면 많은 그리스도인들이 웨슬리를 보다 쉽게 이해할 수 있을 것이다.

이 책에서 나는 웨슬리가 기독교의 성경적 기초 위에 굳건히 서 있음을 전체적으로 살핀 후에, 웨슬리의 신앙과 가치, 실천적인 측면을 밝힐 것이다. 웨슬리의 유산들은 성경적인 기초와 실제적인 유용성이라는 측면에서 사람들이 역동적으로 살아가도록 인도하는 강력한 힘이 있다고 믿는다. 그러한 힘은 개인과 집단, 영적인 차원과 육체적인 차원, 교회론적인 차원과 목회적 차원에서 모두 나타날 것이다. 이 책을 읽으며 독자들도 나의 관점에 동의하게 되기를 소망한다.

이 책을 쓰는 데 도와준 고마운 사람들이 많다. 우선 이 책을 출판해 준 캐시 아미스테드는 책을 쓸 수 있게 동기를 부여해 주었다. 이 책의 초고를 모두 읽고 귀중한 조언을 해준 그렉 크로포드와 나의 딸 하이디 톨슨에게 무한한 감사의 인사를 전한다. 또한 각 장의 내용을 완성하는 데 도움을 준 여러 친구들과 동료들에게 깊이 감사한다. 래리 우드, 스티브 오말리, 돈 데이튼, 데니스 오콤, 헤더 클레멘츠, 브라이언 루지요, 타드 포크리프카, 댄 클렌대닝, 버니 반

더 월, 커트 리차드슨, 정성욱, 데이브 번디가 바로 그들이다.

　또한 '여름 웨슬리 연구 세미나'를 열어준 애즈베리신학교와 켄 콜린스에게 고마운 마음을 전한다. 그 세미나를 통하여 이 책을 써야겠다는 마음이 생겼기 때문이다. 유익한 조언을 아끼지 않은 세미나 진행자들에게 감사드린다. 애즈베리신학교의 래리 우드, 스티브 오말리, 앨런 코페지, 조 돈젤 교수들이 그들이다. 이 책을 완성하는 데 도움이 된 세미나의 동료들에게 감사드린다. 그들은 그렉 크로포드, 필 미도우즈, 빌 포펠, 탐 발로, 소렌 히슬러, 레이 데젠코프, 팀 올리, 레베카 하월, 코리 마쿰, 수잔 캐롤, 크리스 존슨이다.

　박사과정 장학금과 여름 웨슬리 연구 세미나의 경비를 지원해준 아주사퍼시픽대학교에 깊이 감사드린다. 또한 연구조교 지원금을 받도록 도와준 크리스 탠지에게 감사드린다. 아울러 이 책을 집필하는 과정에서 격려를 아끼지 않은 아주사퍼시픽의 친구들과 동료 교수들에게 감사드린다. 스티브 윌켄스, 케이스 리브, 브라이언 루지요, 스코트 대니얼스, 케이 스미스, 캐런 윈슬로우, 로저 와이트, 케이스 매튜스, 린 로지가 그들이다. 특별히 스티브에게 감사하게 생각한다. 이 책을 쓰는 내내 많은 대화를 나누었고, 커피 타임을 가질 때마다 새로운 관점과 유쾌한 유머로 나를 격려해 주었다.

　마지막으로 이 책을 쓰는 동안 변함없는 사랑과 존경, 격려를 보내준 사랑하는 딸들, 리즐, 하이디, 다나 톨슨에게 고마운 마음을 전한다. 그들은 기독교와 그리스도인의 생활에서 실천이 중요하다고 생각했던 나에게 이론 또한 중요하다는 사실을 깨우쳐 주었다. 그 때문에 이 책을 나의 딸 하이디에게 바친다.

돈 톨슨

차례

서론

칼빈보다
웨슬리에 가까운
그리스도인들

존 칼빈이 기독교의 발전에 중대한 영향을 끼친 것은 부정할 수 없는 사실이다.
하지만 개신교인의 삶에 필요한 성경적인 기독교 신앙과 가치, 실천을 구체적
으로 정리하고 발전시키는 데에는 웨슬리의 공로가 더 크다. 16세기 칼빈이 개
혁(장로)교회를 시작한 이래 칼빈이 기독교를 대표한다고 많은 사람들이 말해
왔기 때문에 이러한 선언에 놀라는 사람들도 있을 것이다. 그러나 그리스도인
들 가운데 많은 이들이 칼빈의 신학을 받아들인다고 하면서도 실제로는 존 웨
슬리의 가르침과 설교, 목회에 더 가까운 삶을 살고 있다.

이 책에서 나는 웨슬리가 성경에 기초한 기독교를 얼마나 잘 이해하고 강화
시켰는지 강조하고자 한다. 그렇다고 해서 칼빈을 깎아내리려는 것은 아니다.
웨슬리는 기독교의 여러 주제들에 관해서 칼빈과 의견이 같았다. 예를 들어 웨
슬리가 이신칭의 교리에 관하여 칼빈의 주장에 동의한 것은 잘 알려진 일이다.
웨슬리는 "칼빈과 마찬가지로 나도 지난 27년 동안 칭의에 관하여 생각해 왔

다. 이 문제에 관하여 칼빈과 조금도 다르지 않다."[1]고 말했다. 그러므로 이 책에서 칼빈에 대한 방법론적 비판을 기대하는 독자는 실망할 것이다. 또한 스스로 칼빈주의자라고 생각하는 사람도 이 책을 싫어할 것이다. 결국 두 사람의 신학을 비교하여 한 사람의 신학을 옹호하는 방식은 어떤 이들을 인간적으로, 혹은 신학적으로 불쾌하게 만들기에 충분하다. 이 책은 분명히 칼빈보다 웨슬리의 편에 서 있다. 칼빈이 기독교의 발전에 기여한 공로에 감사하지만, 나는 성경에 대한 신학적 이해와 이를 그리스도인의 생활에 적용하는 방식에 있어서 웨슬리가 칼빈보다 훨씬 우월하다고 확신한다.

만일 웨슬리와 칼빈의 차이를 알고 싶다면 있는 그대로 받아들이면 될 것이다. 그 후에 필자가 기독교를 성경적으로 이해하고 적용하는 차원에서 칼빈보다 웨슬리를 더 훌륭한 신학자로 인정하는 것처럼, 이 훌륭한 지도자들이 보여준 신앙과 가치, 실천에 대하여 더 배우면 될 것이다. 더 나아가 18세기의 웨슬리가 교회사에 가장 위대한 부흥운동의 하나로 기록된 신앙운동을 어떻게 이끌었고, 그 때문에 웨슬리안 교회, 감리교회, 홀리니스교회, 오순절교회와 그 외 많은 교회들이 오늘날까지 근본적으로 웨슬리의 영향 아래 있는 이유를 알기 원하는 독자들은 이 책을 계속 읽는 것이 도움이 될 것이다.

분명히 프로테스탄트 그리스도인으로서 웨슬리와 칼빈은 의견의 차이보다 일치의 영역이 더 많다. 두 사람 모두 성경에 근거한 기독교의 유산을 인정하였다. 두 사람 모두 초대교회의 신조들과 중요한 교부들의 가르침을 따른다고 고백하였다. 예를 들어 두 사람은 하나님의 창조, 삼위일체와 성육신 교리, 구원, 부활, 영생 등에 대하여 이견의 여지가 없었다. 두 사람이 초대교회 신조와 교부들의 문서에 대한 로마 가톨릭교회의 해석에 동의하지 않은 것은 잘 알려져 있다. 그들은 가톨릭교회의 해석에 동의하지 않는 이유에 대하여 동일한 관

1　John Wesley, *Works* 21, 1765. 5. 14 일기. John Newton에게 쓴 편지. 웨슬리는 칼빈의 신앙에서 많은 부분 동의한다고 했지만 동시에 동의하지 않는 부분도 많다고 썼다.

점을 유지하려고 노력하였다.[2] 두 사람 모두 자신들이 종교개혁과 프로테스탄트교회의 전통 안에 회복된 기독교 안에 있다는 것을 분명하게 밝혔다. 웨슬리와 칼빈은 과거에 그랬듯 앞으로도 프로테스탄트교회를 대표할 인물들이다. 따라서 기독교 전체를 이해하기 위하여, 더 좋은 길이 있다면 모르겠지만, 웨슬리와 칼빈을 함께 연구하는 것은 필수적인 일이다.

웨슬리와 칼빈 사이에는 차이점이 존재한다. 그렇다면 두 사람이 세운 교회와 신학에서 다양성이 생겨난 이유는 무엇일까? 두 사람의 차이점을 분명하게 밝히기 위하여 몇 가지 요점들을 대조할 필요가 있다. 이 차이들은 그들을 따르는 프로테스탄트 교인들이 아주 중요한 영역에서 의견의 불일치를 계속 겪게 한다. 웨슬리가 칼빈 전통의 신앙과 가치, 실천 방식을 적절하지 않다고 보는 것처럼 칼빈 역시 웨슬리에게 올바르지 않다고 생각하는 부분이 있을 것이다. 웨슬리가 칼빈에게 동의할 수 없는 부분들은 성경이나 정통성에 관한 것이 아니었다. 그 부분은 오히려 그리스도인의 삶에서 영적으로 귀중한 역할을 한다고 인정하였다. 칼빈이 웨슬리의 신앙과 가치, 실천에 관하여 평가할 수 있는 기회가 있었다면 칼빈 역시 웨슬리에 대하여 동일한 평가를 했을 것이다. 그러나 웨슬리보다 이백 년 전에 살았던 칼빈이 웨슬리를 어떻게 생각했을지 시간을 초월하여 추측하는 것은 불가능한 일이다.

웨슬리는 생전에 칼빈주의자들에 대하여 공공연하게 반대 의사를 표명하였다. 그럼에도 불구하고 웨슬리가 목회의 관점에서 칼빈의 견해를 전적으로 부정한 것은 아니다. 잘 알려진 것처럼, 웨슬리는 조지 휫필드(George Whitefield)의 칼빈주의 신학에 동의하지 않았다. 그러나 휫필드와 평생 좋은 동역자로 지냈다. 웨슬리가 휫필드에게 소그룹과 경건생활의 가치와 중요성을 알려주었다면, 휫필드는 웨슬리에게 야외설교와 복음전도의 가치를 전해

---

2   로마 가톨릭교회보다 더 많은 가톨릭 전통이 존재한다는 사실에 유의하라. 그러나 가톨릭이라
    는 용어를 사용하는 경우, 대부분은 로마 가톨릭교회의 신앙과 가치와 실천을 가리킨다.

주었다. 휫필드는 미국 식민지 지역을 순회하며 복음을 전하고, 이는 일차 대
각성운동에 큰 힘이 되었다. 마찬가지로 영국에서는 웨슬리가 인도하는 감리
교 부흥운동이 18세기 영어권 세계에 영적 갱신을 불러일으키며 큰 영향을 미
치고 있었다. 공개적인 논쟁에도 불구하고, 두 사람은 서로의 사역을 신뢰하
고 존중하였다. 두 사람의 사역은 그리스도인이나 비그리스도인들 모두에게
커다란 감동을 주었다.

그러므로 웨슬리의 긍정적인 측면과 칼빈의 부정적인 측면을 말하는 것은
어느 한 쪽의 완전한 실패나 그리스도인들 사이의 이전투구를 의미하지 않는
다. 오히려 이러한 시도는 두 지도자의 생각의 차이를 알 수 있는 기회가 될 것이
다. 그리고 사람들이 칼빈보다 웨슬리의 영적 지도력을 수용하는 이유를 발
견할 수 있을 것이다. 실제로, 이 책의 한 장에서 나는 놀라울 만큼 많은 사람
들이 자신을 칼빈주의자로 자처하지만 실제로는 웨슬리의 가르침에 보다 가깝
게 살고 있다는 사실을 서술하였다. 칼빈주의자들은 그리스도인으로서 실생활
에서 칼빈 신학의 의미를 충분히 이해하고 있는가? 다른 그리스도인들은 그리
스도인으로서 실생활에서 자신들이 받아들인 신학의 의미를 충분히 숙지하고
있는가? 웨슬리를 연구하는 것은 그리스도인들이 실천적 신앙을 위한 웨슬리
와 칼빈의 여덟 가지 쟁점을 비교하는 데 큰 도움이 될 것이다.

이론과
실천

사람들이 살면서 가장 실천하기 어려운 일은 한결같
이 진실한 모습으로 사는 것이다. 이 말에 의문을 제기할 사람은 없을 것이다.
그러나 아이러니하게도 동의하는 이유는 다를 수 있다. 스스로 올바른 신앙과
가치관을 가지고 있다고 믿는 사람들이 반복적으로 죄를 범하는 경우가 있다.
예를 들어 건강한 식이요법을 실천하기로 굳게 결심하고는 쉽게 결심을 깨트

린다. 자신의 수입 규모 안에서 지출하는 방법을 충분히 잘 아는데도 그렇게 살지 못하는 경우가 있다. 영적인 차원에서도 동일한 일들이 일어난다. 사람들은 성경과 교회 전통에 의거하여 올바르게 사는 법을 모색하지만 번번이 실패한다. 일반적으로 죄와 실패가 자신의 죄성이나 마귀의 소행이라고 여기기도 하고, 실제로 그런 경우도 있다. 그렇지만 우리가 쉽게 실패하는 부분이 생각과 말과 행동을 포함하는 실천만은 아니다. 우리는 그리스도인의 삶을 오히려 약화시키는 믿음과 가치관을 붙잡고 신학적 이론이 부족한 삶을 살고 있는지 모른다.

나는 그리스도인들이 그들의 생각보다 선하게 살고 있다고 확신한다. 즉 그들은 자신들이 신앙적으로 옳다고 생각하는 것보다 더 선한 삶을 살고 있다. 예를 들어, 이론적으로 혹은 과학적으로 설명하는 것보다 더 건강한 식생활을 하는 사람들이 있다. (물론 모든 사람이 그렇다는 것은 아니니 거부감을 느끼지 않기 바란다.) 또한 자신의 수입 안에서 효과적으로 지출하는 사람들도 있다. 어떤 사람들은 체계적으로 계획하고 준비한 일정보다 더 유익한 방식으로 시간을 쓰기도 한다. 실제로 자신이 하는 일에 대하여 특별히 의식하지 않고도 잘하는 사람들이 있다. 만일 그들이 실제로 믿고 인정하는 일들을 더욱 넓은 차원에서 실행한다면 그들은 더 좋은 결과를 얻을 것이다. 우리는 모두 −의식하든 의식하지 못하든− 다른 사람들을 위하여 어떤 일들을 쉽게 해결할 수 있는 특별한 은사와 재능, 기술을 가지고 있기 때문이다. 그러한 경우에, 사람들은 보다 분명한 자기 인식 혹은 자기 이해가 그들을 영적이고 감정적으로, 또한 지적이고 이성적으로 보다 성숙하게 하는 것을 경험할 수 있다. 어떤 사람들은 자신의 가장 긍휼한 마음을 실천으로 옮기지 못할 때 마음에 큰 상처를 입을 수 있다. 그러나 이 책에서 나는 우리의 삶에서 보이지 않는 부분보다 보이는 부분의 실천이 훨씬 뛰어나다는 것과 그들의 믿음과 가치들이 그들의 삶에서, 때로 부족한 경우가 있지만, 잘 실행되고 있다는 것을 분명하게 말하고 싶다.

이 책에서 반복되는 주제는 기독교와 그리스도인의 생활에 대하여 실천적인 근거를 제시한 웨슬리의 관점이 이론적인 근거를 제시한 칼빈보다 우월하다는 것이다. 다른 말로 하면, 칼빈보다 웨슬리가 그리스도인들의 삶의 모습을 성경적으로 명료하게 그리고 있다는 것이다. 그리스도인들이 접하는 영적인 도전과 소망들 그리고 성공에 관해서 말이다. 웨슬리는 칼빈처럼 조직적으로 훈련된 신학자가 아니었기 때문에 때때로 웨슬리 신학은 칼빈 신학에 비하여 신앙에 관한 논리적이고 종합적인 이해가 부족하다고 평가되었다. 그러나 웨슬리에게 논리적이고 비판적인 사고와 대중적 설득력이 없었던 것은 아니다. 그는 단지 자신의 신학을 하나의 신학 체계로 발전시키지 않았을 뿐이다. 웨슬리는 잘 준비된 신학을 가지고 있었고 자신의 신학을 삶으로 살았다.

칼빈의 신학적 강점은 동시에 약점이기도 했다. 그리스도인을 포함하여 일반적인 사람들의 삶은 신앙과 가치의 상호연관성을 논리적으로 연결하여 하나의 체계로 정립한 최상의 설명을 필요로 하지 않는다. 그러한 설명은 성경과 인간의 삶에 적용하는 것보다 이성 철학이나 스콜라 철학에 더 어울릴 것이다. 서구사회에서 체계적 신학은 이성적으로 지지하고 문화적으로 존중할 만한 측면이 있지만, 신학적인 이론보다 실천적인 방식으로 접근하는 웨슬리의 방식이 더욱 적합하게 보인다. 이러한 적절성은 특별히 일반적으로 성경에 근거한 기독교와 구체적으로는 성령 안에 있는 생명의 역동성을 기술할 때 진정한 설득력을 지닌다.

웨슬리는 조직신학적인 설명이 기독교를 지나치게 편협하게 보게 한다고 염려하였다. 즉 설정한 체계에 부합하는지 여부에 따라 신학적 판단이 이루어진다는 것이다. 예를 들어 웨슬리가 평생을 믿음으로 은혜에 의하여 의롭게 되는 것을 일관되게 주장했음에도 불구하고 칼빈주의자들은 웨슬리가 공로를 통한 의를 주장한다고 비판하였다. 말년에 웨슬리는 그러한 비판이 칼빈의 신학적 성찰에 대한 편협한 해석 때문인 것을 알게 되었다. 웨슬리는 이렇게 말하고 있다.

>이 문제를 즉각 해결할 수 있는 한 가지 생각이 번개같이 떠올랐을 때 나는 당혹
>감을 느끼지 않을 수 없었다. "중요한 것은 '모든 사람은 구원이나 심판 중 한 가
>지를 받는 것으로 이미 예정되어 있다'고 주장하는 사람들은 공로에 의한 구원
>과 하나님의 절대의지에 의한 구원 사이에 아무것도 없다."고 본다는 점이다. 그
>들은 절대의지에 의한 구원을 부인하고, (그들의 견해에 따르면) 공로에 의한 구원
>을 주장하는 것과 같다.[3]

웨슬리는 기독교 신학을 체계적으로 정립하려는 사람들이 그들의 신학체계
와 상이하거나 도전하는 신앙과 가치는 논리적으로 거부하는 일에 열심을 기
울이고 있으며, 그러한 노력은 이미 확증된 성경적이고 상식적인 증거들까지
부정한다고 염려하였다. 웨슬리는 자신의 신앙과 가치를 발전시키는 데 있어
서 논리적으로 부족하거나 일관성이 결여된 사람이 아니었다. 웨슬리는 옥스
퍼드대학 교수로서 논리학을 가르쳤고, 그의 저작들에서 정교한 비판적 사고
를 읽을 수 있다. 그러나 그의 신앙과 가치는 기독교를 전체적으로 아우르면서
체계적으로 변증하고 논쟁하는 하나의 조직적인 신학으로 발전하지 않았다.
웨슬리의 신앙과 가치는 사람들의 삶 속에서 끊임없이 현존하시는 하나님의
성령에 대한 역동적인 이해 위에서 보다 큰 유연성을 가지고 있었다.

체계적 신학을 강조하는 사람들은 신학적 명제를 증명하는 데 막대한 노력
을 기울이면서 자신들의 신앙과 가치는 정당하지만 다른 신앙과 가치는 잘못
되었다고 주장하거나, 상대방을 곤혹스럽게 비난하여 잘못되었다는 결론을 이
끌어냈다. 체계적 신학을 형성하려고 노력하는 사람들은 좀처럼 그리스도인들

3   Wesley, "Thoughts on Salvation by Faith," §5, *Works* (Jackson), XI.493~94.

과 그리스도인들 간에 혹은 교회와 교회들 간에 다양한 형태의 기독교 신앙과 가치, 실천이 있을 수 있다는 사실을 받아들이지 못한다. 그들은 실제적인 상황과 거기에서 나오는 질문들과 염려에 대한 다양한 가능성들을 무시하고 이성적인 정당성이나 부당성, 혹은 일치나 모순에 지나치게 초점을 맞추는 경향이 있다. 그러나 웨슬리의 관점에서 보면, 변증과 논쟁에 근거하는 명제들이나 체계적 신학을 수립하려는 노력들은 성령에 이끌리는 생명의 차원, 즉 웨슬리가 "마음의 종교(religion of the heart)"라고 부른 믿음을 너무나 자주 놓치고 있다. 칼빈주의자들은 이러한 관점을 매우 비체계적이고 성령중심적인 개념으로 볼 것이다.[4]

물론 칼빈도 기독교 신앙과 관련하여 성령과 신비를 말하고 있다. 칼빈이 그러한 신앙의 역설에 대하여 말하지 않았다는 뜻이 아니다. 칼빈은 역사와 신학과 관련된 토론에서 지성적으로 뛰어난 통찰력과 정교함을 갖추고 있었다. 그러나 칼빈은 개인적 신앙 체험, 소망, 사랑, 그 밖에 성령의 이끌림을 받는 하나님과 이웃들과의 만남 같은 추상적인 요소들을 신학의 이성적 통일성으로 대체하였다. 분명히 칼빈의 신학에도 신비와 역설이 존재하였다. 그러나 그러한 요소들은 그의 조직신학의 해석학적 중요성 앞에서 상대적으로 부차적으로 여겨졌다.

초대교회 시대에 사용한, "콤플렉시오 오포지토룸(complexio oppositorum 라틴어, 반대의 결합)"이라는 명제는 상호 모순되는 명제를 동시에 지지하는 것을 신학적으로 인정하는 표현이었다. 예를 들어 하나님은 모든 인간적 수사(심지어 성경의 표현들을 포함하여)를 초월하는 절대적인 존재로 여겨졌기 때문에, 그리스도인들은 사람들 가운데 내재하면서 일하시는 하나님을 표현하는 데 있어 일정한 신비와 역설의 차원이 필요했다. 이와 같은 결합이 칼빈의 신학에서

Wesley, "Preface," §6, *Sermons*, *Works* (Jackson), I.103~4.

서론 : 칼빈보다 웨슬리에 가까운 그리스도인들 ● 015

(혹은 이 주제와 관련하여 다른 신학자들의 경우에도) 동일하게 적용된다고 말할 수 있다. 결국 칼빈은 하나님의 내재적인 현존과 이성적 성격을 정당화하는 한편, 하나님과 하나님에 관련된 모든 주제를 하나님의 초월성이라는 관점에서 체계화하였다. 그리스도인들은 "믿음으로 행하고 보는 것으로 행하지 아니하기(고후 5:7)" 때문에 -칼빈의 작업을 포함하여- 하나님을 완전하게 설명하려고 시도하지 않았다. 이러한 복잡성에도 불구하고 그리스도인들은 사람들이 하나님과 하나님의 뜻을 어느 정도 진실하게 이해하고 소통할 수 있을 것이라고 믿었다. 칼빈은 하나님과 하나님의 역사에 관한 교리적 선포들이 갖고 있는 선명성이라는 점에서 분명한 확신을 갖고 있던 신학자 가운데 한 사람이었다. 칼빈을 연구하는 데 있어서 정확한 지식과 문맥을 파악하는 것이 중요하지 않다는 뜻은 아니다. 그러한 연구는 중요하다. 그러나 그보다 더욱 염두에 두어야 할 것은, 칼빈은 하나님 그리고 하나님과 관련된 모든 일에 대해서 확신을 가지고 선포해야 한다고 믿었다는 것이다. 이 말은 그리스도인으로서 피해야 할 질문이나 관심이 있을 수 있다는 뜻이다. 전체적인 체계 안에 정확하게 들어맞지 않는 질문이나 관심들이 있기 때문이다.

신학에 대한 보다 실천적 접근에도 불구하고, 웨슬리는 사람들이 직면한 도전들을 깊이 이해하고, 응답하는 효과적인 지도력을 보여주었다. 이러한 도전은 성령이 사람들을 인도하고, 보호하며, 힘을 주는 방식과 생활 속에서 사람들이 하나님과 성경과 그들의 이웃을 자신의 몸처럼 사랑하라는 계명을 지키는 가운데 신실한 성도가 되는 방법을 포함한다. 체계적 구성에 초점을 맞춘 칼빈의 강조는 그리스도인에게 지상의 가치가 될 수 없으며, 오히려 이성과 논리에서 오는 이익보다 그리스도인의 삶의 역동성을 잃어버리는 결과를 초래한다. 다시 말하지만, 이성과 이성의 능력 그리고 논리적 사고가 중요하지 않다는 것이 아니다. 본질적으로 이성이 믿음, 소망, 사랑보다 높은 가치로 인정되면 안 된다는 뜻이다. 하나님과의 관계를 포함하여 관계성을 설명하려고 하면

오히려 난해하고 부정확한 묘사가 될 수 있다. 그렇다고 그리스도인들이 하나님과 의 관계성과 다른 신앙적인 문제들을 완전하게 이해하려는 노력을 포기하라는 뜻은 아니다. 다만 기독교의 모든 신비와 역설을 포함해서 기독교의 복잡성을 탐구하려는 강력한 의지가 필요하다는 것이다.

웨슬리는 지혜롭게도 서로 대립적인 요소들을 긴장 가운데 분리하는 법을 알았다. 윌리엄 아브라함(William Abraham)은 웨슬리와 웨슬리 신학에 대하여 다음과 같이 묘사하고 있다.

> 신학자로서 웨슬리의 위대성은 기독교 전통 안에서 일반적으로 서로 분리되고, 고립되어 표현되어온 요소들을 묶어내는 능력에서 분명하게 나타났다. 웨슬리는 그리스도인의 신앙에 건강하고 종합적인 비전을 제공하는 살아 있는 강조점들을 상호대립 속에서 종합하였다.
>
> 다음에 나오는 대조적으로 보이는 상관어들을 생각해 보라. 믿음과 공로, 개인적 헌신과 성례전적 실천, 개인적 경건과 사회적 관심, 칭의와 성화, 전도와 그리스도인의 성숙, 성경과 전통, 계시와 이성, 위임과 자율, 창조와 구속, 속회와 공교회, 지역교회와 세계교구.[5]

비록 웨슬리가 조직신학적 범주에서 항상 정확하게 기술하지 않았지만, 성경적 기독교에 대한 실천적이고 종합적인 이해를 위한 노력으로, 그의 신학은 실존적인 의의와 적합성을 성취하였다.

---

5 William J. Abraham, *The Coming Great Revival: Recovering the Full Evangelical Tradition* (San Francisco: Harper & Row, 1984), 67.

칼빈의
위대성

　　　　　　존 칼빈(1509~1564)이 종교개혁 시대뿐 아니라 전 시
대에 걸쳐 가장 큰 영향을 미친 기독교 위인이라는 사실을 부정할 사람은 없을
것이다. 마틴 루터와 울리히 츠빙글리와 함께 칼빈은 16세기 유럽 대륙에서 기
독교의 영적인 부흥을 선도한 기념비적 인물이다. 그는 프로테스탄트 종교개
혁 전통을 선도한 스위스 교회의 주무대였던 제네바에서 대부분의 생애를 보
내며 헌신했던 가장 잘 알려진 인물이었고, 또한 뛰어난 문필가였다. 츠빙글리
와 윌리엄 파렐의 신학적, 교회적 지도력을 이어받은 칼빈은 제네바의 교회에
서 정기적으로 설교와 강의를 하였다. 그는 프로테스탄트교회의 변증가였고,
그의 저작들은 로마 가톨릭교회의 교회적, 정치적 권위에 맞서 종교개혁이 확
장되는 데 일조하였다. 칼빈은 이단이라는 판단이 들거나 성경적 기독교의 종
교개혁적 이해에 위협으로 여겨지는 새로운 기독교 사상이나 행위들을 반박할
때에는 논쟁적으로 변모했다.

　칼빈의 가장 위대한 업적은 1536년 처음 여섯 장을 출판한『기독교 강요』
(Institutes of the Christian Religion)이다. 그는『기독교 강요』를 여러 번 개정
하면서 각 장의 분량을 확대하기도 하고, 새로운 장을 추가하기도 하였다. 최
종본은 1559년 출판되었다. 네 권의 책은 여덟 개의 장으로 이루어져 있다. 일
반적으로 말해서, 제1권은 하나님과 창조, 제2권은 예수 그리스도와 구원, 제
3권은 성령과 이신칭의, 제4권은 교회와 목회를 다루었다.『기독교 강요』는 지
난 오백 년 동안 수많은 교인들과 교회들이 변화하는 데 말할 수 없이 큰 영향
을 미쳤다. 이 출판물을 통하여 칼빈은 자신의 신학적 신념과 도덕적 가치, 목
회적 실천의 토대를 정리하였다. 만일 종교개혁 신학의 본질을 이해하는 데 도
움이 되는 하나의 출판물을 찾는다면,『기독교 강요』가 단연 가장 좋은 자료라
고 할 수 있다. 만일 어느 교인이나 교회가 성경 외의 책으로 개인이나 교회의

신앙을 잘 정리하기 원한다면, 프로테스탄트 교인들이 신앙과 가치, 실천 차원에서 정통성을 가지고 사용할 수 있는 종합적이고 체계적인 개론을 원한다면 칼빈의『기독교 강요』가 그 답이 될 것이다.

『기독교 강요』를 펴내면서 칼빈은 교인들에게 자신이 쓴 성서주석을 공부할 것을 권하였다. 칼빈은 대부분의 신약성서와 구약성서의 여러 책들에 대한 주석서를 저술하였다. 칼빈의 주석서들은 프로테스탄트 교인들에게 로마 가톨릭교회와 신성로마제국 이후 기독교에 대한 이해를 강력하게 요청하면서 성서를 보다 깊이 이해하는 데 도움을 주었다. 그밖에도 칼빈은 설교와 소논문들을 출판하였고, 교인들의 예배와 영적 성장을 위한 찬송을 짓기도 하였다. 칼빈은 교인들에게 더 많은 도움을 주기 위하여 기독교 교육기관을 설립하였다. 어린이들을 교육하는 학교와 고등교육을 실시하는 아카데미아를 세웠다. 그는 목회자들을 선교사로 파견하면서, 특별히 자신의 조국 프랑스로 보냈다. 그는 그리스도인들의 신앙과 가치, 실천에 관하여 판결하는, 나아가 징계와 파문, 중대한 경우에는 이단으로 판정할 수 있는 권한을 가진 교회 법정을 이끌면서 제네바 시평의회를 감독하였다. 이러한 성공과 함께 칼빈이 유럽 대륙과 영국 전역에 걸쳐 영향력을 확장했다고 말하는 사람들도 있다. 그러나 칼빈은 자신의 영향력이 어디까지 미치는지 보지 못했다. 그의 영향력이 오늘까지 계속 이어지고 있기 때문이다.

웨슬리의
위대성

존 웨슬리(1703~1791)는 칼빈보다 대략 이백 년 후에 살았던 인물이다. 두 사람이 처했던 사회적·정치적·교회적 상황은 여러 가지 면에서 극적인 차이가 있었고, 그 차이들은 두 지도자를 비교할 때 반드시 염두에 두어야 한다. 생전의 칼빈은 교회와 정치의 영역에서 막강한 권력을 가지고 있었던 로마 가톨릭교회에 저항하며 제네바 교회를 세우는 일에 전력을 기울였다. 그러나 웨슬리는 영국 교회, 즉 영국성공회를 갱신하는 일에 열심을 다했다. 웨슬리는 영국성공회가 영적인 생명력을 상실했다고 주장하였다. 웨슬리가 복음 전도와 영적 성장의 효과적인 방법을 찾아내기 위하여 노력한 반면, 칼빈은 종교개혁 전통을 지키고 분명하게 밝히는 일에 사명감을 갖고 최선을 다하였다. 물론 웨슬리와 칼빈은 여러 가지 유사점을 공유하고 있다. 두 사람 모두 성서적 전통 위에 굳게 서 있다. 두 사람 모두 교회의 건강한 발전을 위하여 헌신하였다. 두 사람 모두 그들의 믿음과 가치, 실천을 전파하는 일을 사명으로 알았다.

웨슬리는 선교사, 옥스퍼드대학의 교수, 안수받은 성공회 사제였다. 그리고 마침내 동생 찰스와 함께 감리교회 운동을 시작하였다. 감리교회 운동은 영국인들과 신대륙에 정착한 미국인들을 깨운 기독교 갱신운동이었다. 감리교회는 성공회 안에서 수도회 같은 역할을 하였다. 감리교회 소속 교인들은 주중에 모였고, 속회와 신도반을 통하여 경건한 생활과 목회를 지향하는 소그룹으로 성장해 갔다. 웨슬리는 순회설교자들을 세워 널리 여행하며 감리교회 운동을 전하게 하였는데, 개체 교회에서 평신도로 섬기는 남녀 사역자들을 포함하고 있다. 웨슬리는 전도와 선교, 다양한 사회선교에 힘을 쏟았다. 아울러 어린이들을 위하여 학교와 고아원을 설립하고, 감옥제도 개혁과 노예제 폐지를 지지하였다.

웨슬리는 감리교회를 세운 지도자로 알려져 있지만, 또한 많은 저술을 남긴 작가였다. 목회자로서 수많은 설교문을 쓴 웨슬리는 150편 이상의 설교를 묶어『신약성서 주석』을 펴냈고, 이 책은 감리교회 교리의 안내서 역할을 하였다. 아울러 50년 동안 사역하며 작성했던 편지와 글들을 모아『기독교 총서』(A Christian Library)라는 서른 권짜리 시리즈를 출판하였다. 이 시리즈는 '영어로 출판된 실천적이고 목회적인 글들 중 가장 정제된 내용을 담고 있는 축약

본'이다. 웨슬리는 체계적인 신학을 저술하지 않았다. 대신 "사고의 기술을 좋아하거나 이해하지 못하지만 그럼에도 불구하고 현재와 미래의 행복에 필요한 진리들을 분별하는 일에는 열심을 가진 대중에게 호소하는 방식(라틴어 *ad populum*)"으로 선포하였다.[6] 결과적으로 웨슬리는 신자들과 교회가 지속적으로 사용할 수 있는 신앙 서적들을 출판하였다.

웨슬리와
칼빈 비교

웨슬리와 칼빈을 비교하면서 그들의 신앙과 가치, 실천의 모든 요소들을 논해야 한다고 생각하지 않는다. 다만 두 사람 사이에 존재하는 몇 가지 근본적인 차이들과 교회와 목회에 대한 이해에서 그 차이점들이 갖는 의미에 초점을 맞추고자 한다. 이러한 접근은 웨슬리와 칼빈이 신학적으로 중심적인 요소라고 확신한 부분들을 대상으로 할 것이다. 두 사람이 이해한 하나님, 인간, 죄, 구원, 교회 그리고 목회의 본질적인 내용을 알고 싶다면 기대해도 좋다. 모든 교리적 내용을 다루지는 않지만, 그들의 신앙과 가치, 실천에서 중요한 부분들을 논의할 것이다.

여기서는 두 사람에 대한 이차 자료보다 원자료들에 우선적인 초점을 맞출 것이다. 두 사람이 워낙 많은 저서를 남겼기 때문에 이 부분에 대해서는 어려울 것이 없다. 필요에 따라 이차 자료를 참고할 것인데, 특별히 두 사람의 역사적 상황에 대한 이해가 필요한 경우가 될 것이다. 그러나 나의 주된 관심은 웨슬리와 칼빈의 원자료에 있다.

또한 존경하는 두 지도자의 시대 이후에 발전된 "칼빈주의"와 "웨슬리주의"의 진행과정을 논하는 것은 되도록 피하고자 한다. 칼빈 본인에 대한 이야기보

---

6   Wesley, "Preface," §2, in *Sermons, Works*, (I.103-4).

다 칼빈주의와 종교개혁 전통에 대하여 더 많이 듣는 경우가 있다. 웨슬리 본인에 대한 이야기보다 웨슬리주의와 감리교회 전통에 대하여 듣는 경우도 마찬가지이다. 이러한 파편적인 진술들은 창시자들에 대하여 좋은 정보를 주기도 하지만, 두 사람이 중요하게 여기지 않았거나 아예 인식하지 못했던 부분들을 부각시키거나 중요하게 다루기도 한다. 칼빈과 웨슬리의 후예들—칼빈주의자들과 웨슬리주의자들—이 창시자들의 사상을 잘못 전달하거나 아예 왜곡하는 경우도 있다. 그러한 정보들이 칼빈과 웨슬리를 이해하는 데 도움이 될 수 있을지라도, 이 책의 강조점은 아니다. 그러므로 이 책에서는 두 사람의 원저작물들에 초점을 맞출 것이다.

보다 많이,
보다 적게

웨슬리와 칼빈을 평가하면서 필자가 사용하는 접근법은 그들이 기독교의 다른 믿음과 가치들, 특별히 그리스도인들의 삶에 직접적인 영향을 미치는 요소들을 어떻게 이해하고 있는지 직접 대화하는 것이다. 먼저 그리스도인의 삶에서 가장 기본이 되는 하나님과 성경을 보는 두 사람의 관점을 논의하는 것으로 시작하고자 한다. 그리고 그들이 보는 인간, 은혜, 구원 그리고 영성에 대하여 이야기를 이어갈 것이다. 마지막으로, 교회론과 목회와 관련된 몇 가지 주제들을 다루겠다.

필자는 웨슬리와 칼빈의 성서해석 방법보다 그들이 직접 저술한 저작들을 중점적으로 볼 것이다. 두 사람이 특정한 성서 본문들을 어떻게 읽었는지 주의 깊게 살피기 원했던 독자라면 실망할 수 있다. 물론 보다 깊은 연구가 필요한 본문에 대해서는 살펴볼 것이다. 웨슬리와 칼빈 모두 그들의 신앙과 가치, 실천의 근거가 성경이라는 사실을 분명하게 공표하였다. 두 사람 중 어떤 사람이 보다 성경적이었는가 하는 것은 질문 자체가 되지 않는다. 두 사람 모두 성경에 정통했고 그 바탕 위에 그들의 신학을 엄정하게 수립하였다. 두 사람이 단순한 이유로 상대방의 해석에 동의하지 않은 것이 아니기 때문에, 이 책은 두 사람의 성서 주석보다 두 사람의 성경관을 비교하고 대조하는 것에 중점을 두고자 한다.

두 사람을 비교하는 과정에서 우리는 차이점보다 공통점이 많다는 사실을 알게 될 것이다. 그러나 두 사람의 모습을 서로 대조적으로 보려 하고 많은 인물들 가운데 그들을 교회사에 우뚝 서게 한 특징을 선명하게 밝히기 위하여 차이점을 기술하는 일에 보다 많은 초점을 맞출 것이다. 필자가 선호하는 방식은 아니지만 이 책의 전개를 위하여 반드시 필요하기 때문이다. 물론 이러한 차이점들 가운데 몇 가지 문제가 후에 프로테스탄트 교인들 간에 중대한 갈등을 일으키는 단초가 되었다는 사실에는 의문의 여지가 없다. 칼빈이 살아 있는 동안 몇 가지 신학적 논쟁이 발생하였고, 웨슬리 생전에도 그러한 논쟁이 일어났다. 칼빈의 생전에는 단순히 영적으로 경고하는 것을 넘어 판결로 논쟁을 처리했는데, 출교와 추방, 심지어 사형까지 시행하였다. 오늘까지 웨슬리와 칼빈이 동의하지 않는 주제들을 둘러싼 논쟁이 계속되고, 이는 그리스도인들 사이에 분열을 가져오고 있다. 때문에 웨슬리와 칼빈을 비교하는 작업은 현대적 유효성과 상관 없이 진행하는 과거의 유산에 대한 회상이 아니다. 오히려 반대로 그리스도인들은 자신들과 관련된 신학적인 주제들을 정확하게 인식할 필요가 있다. 그렇게 해야 자신들과 관련된 논쟁에서 문제가 되는 것에 대한 정보를 보다 많이 알 수 있고 그만큼 올바른 결정을 할 수 있기 때문이다. 섣불리 정하기 어려운 일이지만 그냥 무시하기에는 너무나 중요한 문제들이다. 사실 우리가 그리스도인으로서 혹은 이웃을 섬기는 목회자로 살아가는 데 있어서 웨슬리와 칼빈 중에서 모델을 정하는 일은 다양한 의미를 가질 것이다.

웨슬리와 칼빈을 비교하면서 믿음과 가치, 실천에 대하여 두 지도자가 중요하게 생각하는 사항들을 제시하고자 한다. 때로 불가피하게 한 쪽의 손을 들어

주는 경우도 있겠지만 어느 쪽이 맞고 어느 쪽이 틀리다는 정리는 가급적 피하고자 한다. 보통 "이것 아니면 저것"으로 구분하는 이원론적 사고는 웨슬리와 칼빈의 관점을 정확하게 이해하는 데 해가 될 수 있다. 나는 칼빈보다 웨슬리의 입장에 서 있지만 의도적으로 왜곡하지 않을 것이며, 진정한 비교를 위하여 두 사람의 관점을 공정하게 보려고 노력할 것이다. 칼빈의 입장을 정확하게 기술하지 않는 방식으로 불리하게 만드는 것은 공정하지 않은 일이다. 나는 웨슬리와 칼빈의 입장에 충분히 진정성 있는 차이점들이 많기 때문에 두 사람 사이의 이견을 굳이 과장할 필요는 없다고 본다. 만일 독자들이 이 책을 읽는 중에 칼빈이나 웨슬리 이해에 잘못된 점이 있다고 생각한다면 필자로서 기꺼이 사과하고 수정할 의사가 있다. 이 책이 의도하는 것은 가능한 한 정확하고 공정하게 두 사람을 비교하는 것이기 때문이다.

예를 들어 웨슬리와 칼빈의 하나님 이해를 보면, 두 사람 모두 하나님의 통치권을 인정하고 있다. 두 사람 모두 하나님의 전능하심과 우리를 향한 사랑을 확신하고 있다. 문제는 두 사람이 하나님을 이렇게 고백했는가 안 했는가가 아니라 그러한 믿음을 어떠한 방식으로 기술하였는가 하는 것이다. 나는 웨슬리가 하나님의 전능하심보다 사랑에 보다 큰 강조점을 둔 반면, 칼빈은 하나님의 사랑보다 능력을 더 많이 강조하였다고 믿는다. 이 말은 웨슬리가 하나님의 능력에 대하여 전혀 언급하지 않았거나, 칼빈이 하나님의 사랑에 대하여 전혀 기술하지 않았다는 뜻이 아니다. 그러므로 필자의 관점과 모순되는 부수적인 근거들을 웨슬리와 칼빈의 자료에서 파편적으로 발견할 수 있다. 그러나 웨슬리나 칼빈의 자료들에서 볼 수 있는 부수적 근거들로 인하여 나의 주장을 바꿀 필요는 없다고 본다. (또한 웨슬리나 칼빈 중 한 사람의 입장을 지지하는 성서의 개별적인 구절들이 나의 주장에 반하는 것은 아니다. 두 사람 모두 같은 성서와 구절에 근거하고 있기 때문이다. 웨슬리와 칼빈은 단지 다른 관점에서 해석하고 있을 뿐이다.) 다시 말하면, 웨슬리와 칼빈을 비교하는 가운데 때때로 대립적으로 보이는 요소들은 양자택일의 문제가 아니라 강조점(혹은 중요성이나 기호 등)의 차이이다.

물론 강조점들을 분명하게 밝히는 것은 쉽지 않다. 그 과정에서 필자의 요점들을 분명히 하기 위하여 웨슬리와 칼빈의 주장들을 직접 인용으로 제시할 것이다. 필자의 논지를 확실하게 하기 위하여 (증거본문으로서) 그러한 인용들을 제시하는 것은 아니다. 내 의도는 두 지도자의 저작들에 대한 성실한 주석이다. 웨슬리와 칼빈의 신학을 정확하게 드러내는 출전들을 인용하려는 것이다. 이 책의 목적은 이미 많이 알려진 신학적 연구를 소개하는 것이 아니라, 웨슬리와 칼빈에 대한 집중적인 연구를 통하여 두 지도자의 믿음과 가치, 실천의 본질적인 부분을 이성적으로 밝히려는 것이다.

각 장은 주제에 대한 칼빈의 입장을 살펴보는 것으로 시작할 것이다. 이어서 웨슬리의 관점에 대하여 논의할 것이고, 그 후에 두 사람을 비교하며 차이점들을 살필 것이다. 그리고 각 장마다 두 사람의 믿음과 가치의 함축된 의미들을 이끌어낼 것이다. 이 함축된 의미들은 두 사람의 신학에서 이론적이거나 정언적인, 혹은 신앙고백적인 가치들만큼 중요하다. 바른 믿음(라틴어 "orthodoxy"는 "올바르다"는 의미의 "ortho"와 "영광, 교훈, 믿음"을 의미하는 "doxy"의 합성어)은 기독교의 긴 역사 속에서 근본적인 자리를 가지고 있지만 동시에 다차원적인 의미를 가지고 있다. 바른 믿음과 함께 기독교에서 중요한 가치를 갖는 개념으로 바른 실천(orthopraxy), 바른 마음(orthokardia), 바른 회중(orthosocietas)이 있다.[7] 기독교를 단층적으로 이해해서는 안 된다. 기독교는 이 세계 안에서 이루어지는 하나님의 창조와 구원의 역사를 포괄하는 통전적 체계를 갖고 있다. 필자가 본서 전체를 통하여 다루려는 것은 하나님과 기독교 그리고 하나님께서 우리에게 원하시는 삶의 방식들을 성서적 교훈들과 기독교 전통과 개인적 신앙 체험에 기초하여 보다 넓은 범주에서, 보다 분명하고 효과적인 방식으

7　몇몇 학자들은 웨슬리가 말하는 바른 마음(orthokardia)이 바른 영향 혹은 성품(orthoaffectus) 혹은 바른 열정(orthopathia)과 같은 뜻이라고 설명하기도 한다.

로 발전시키고 이해하게 하는 것이다.

부록 : 5대 강령(TULIP)과
5대 대안(ACURA)

이 책의 부록에서는 칼빈 사후 백 년에 걸쳐 칼빈의 추종자들에 의해 발전된 소위 5대 강령을 살펴볼 것이다. 네덜란드에서 프로테스탄트 개혁교회 전통에 함께 속해 있던 칼빈과 알미니우스의 후예들이 큰 논쟁을 벌였다. 알미니안파에 속하는 항론파(Remonstrant) 그룹은 도르트 회의 당시 지배적인 세력을 점하고 있던 칼빈파와 정당한 토론을 기대했다. 하지만 결론은 결국 항론파를 정죄하는 것이었다. 두 그룹의 차이점으로 알려진 "칼빈주의 5대 강령"은 영어 표현에서 다섯 항목의 첫 글자를 따 "튤립(TULIP)"으로 불린다. (1) 전적 타락(Total Depravity), (2) 무조건적 선택(Unconditional Election), (3) 제한적 속죄(Limited Atonement), (4) 불가항력적 은혜(Irresistible Grace), (5) 성도의 견인(Perseverance of the Saints)이다. 물론 칼빈주의 5대 강령이 칼빈의 입장을 정확하게 반영하고 있는지에 대해서는 논란의 여지가 있다. 도르트 회의에 대해서는 부록에서 다룰 것이다. 도르트 회의에서 논의된 중요한 내용들은 칼빈의 저작들을 살피는 과정에서 볼 수 있을 것이다.

현대의 칼빈주의자들이 칼빈주의 5대 강령을 믿음과 가치, 실천적인 측면에서 다른 이들과 구별하는 기본적인 기준으로 사용하고 있지만, 필자는 칼빈주의자로 자처하는 이들이 모두 이 강령에 따라 살고 있다고 생각하지 않는다. 적지 않은 칼빈주의자들이 자신들은 이 강령 중 네 개나 세 개, 두 개를 지키며 산다고 고백하거나, 심지어 한 개 반 정도의 강령에 따라 살고 있다고 말하는 사람도 있다. 칼빈주의자들이 칼빈의 조직신학에 기초한 강령 중 많은 부분을 실제로 지키지 않으면서 여전히 칼빈주의자를 자처하는 것이 정당한 것인지

의문을 제기하는 이도 있다. 결국 칼빈의 신학적 관점과 칼빈주의자들은 신앙체계에 대한 칼빈의 신학적 진술의 논리적 연결성을 근거로 삼아야 할 것이다.

반면에 웨슬리는 칼빈의 5대 강령을 모두 인정하지 않았다. 때문에 웨슬리와 칼빈을 이 다섯 가지 범주에서 비교하는 것은 적절하지 않다. 칼빈적 알미니안 신앙이 유럽의 개혁교회 전통 안에서 시작된 논쟁을 대표하고 있다는 점에서 웨슬리를 신학적으로 알미니안 전통에 있다고 보는 것도 정확하지 않다.

웨슬리의 신학 배경을 보면, 루터와 칼빈의 종교개혁이 전적인 영향력을 행사한 유럽 대륙의 신학에 영향을 받지 않았다는 것을 알 수 있다. 웨슬리의 신학은 오히려 영국성공회에서 뿌리를 찾을 수 있다. 성공회는 로마 가톨릭교회와 정교회, 개신교회를 포괄하는 기독교의 가톨릭(혹은 보편적) 전통에 깊이 연관되어 있다. 그런 의미에서 나는 웨슬리의 신학을 유럽의 종교개혁보다 초대교회 전통에 더 많은 영향을 받아 형성된 "성공회적 가톨릭신앙(Anglo-Catholicism)"이라고 부르고자 한다. 역사 속에서 "가톨릭(catholic)"이라는 말은 기독교의 한 지류를 가리키는 명칭이 아니라 보편적이고 전세계적인 교회를 의미한다. 예를 들어 가톨릭(보편성: 역주)이라는 단어가 처음 등장한 대표적인 경우가 4세기에 작성된 최초의 기독교 신조인 니케아신조인데, 여기에서 가톨릭이라는 단어는 교회에 대한 속성(혹은 표지)인 단일성, 거룩성, 사도성과 함께 제시되고 있다.

"성공회적 가톨릭신앙"이라는 용어가 친숙한 독자는 많지 않을 것이다. 특히 개신교회를 가톨릭교회나 가톨릭신앙과 대립되는 것으로 생각하는 사람들은 혼란스러울 수 있다. 그러나 이러한 조건반사적 이해는 영국교회가 웨슬리뿐 아니라 영어권에 있는 많은 그리스도인들에게 끼친 막대한 역사적 영향을 간과할 수 있다는 점에서 적절하지 않다. 웨슬리를 바르게 이해하려면 개혁교회나 심지어 알미니안 기독교의 대표적인 신학용어나 교리들을 웨슬리에게 억지로 적용해서는 안 된다. 그러한 시도들은 결국 웨슬리의 신앙과 가치, 실천에 대하여 오해를 낳고 부정확한 설명이 될 것이다. 웨슬리의 신학적인 관점들은 유럽 대륙뿐만 아니라 영국의 성공회적 가톨릭신앙에 폭넓은 영향을 받아 형성되었다. 웨슬리는 말년에 자신의 신학적 관심이 알미니안 전통과 유사하다고 보았다. 특히 칼빈주의자들과의 논쟁에서 그러한 입장을 밝혔다. 그러나 웨슬리의 사역을 형성한 신학은 유럽 대륙의 종교개혁보다 앞섰거나 병행했던 성공회와 가톨릭교회 전통에 보다 많은 뿌리를 두고 있었다.

웨슬리의 용어와 교리, 사역들이 유럽 대륙의 종교개혁 신학의 범주로 쉽게 재단할 수 없기 때문에 특히 루터교인들이나 칼빈주의자들이 웨슬리의 신학에 대한 오해로 혼란을 느끼고 있다. 사람들이 이해하지 못하는 이유는 그들이 옳고 그른 것을 너무 성급하게 판단하기 때문이다! 모든 개신교회 신학을 루터교회나 종교개혁 전통(특히 칼빈주의)으로 재단할 수는 없다. 이제 그리스도인들은 지혜롭게 생각해야 한다. 즉 역사적이고 신학적인 복잡성을 고려하면 개신교회의 뿌리가 언제나 유럽 대륙의 종교개혁에 직접적으로 연결되어 있는 것은 아니라는 점을 이해하는 것이다. 그러므로 웨슬리의 신앙과 가치, 예배를 정확하게 이해하기 위해서는 반드시 성공회적 가톨릭신앙 범주를 우선적으로 고려해야 한다.

만일 칼빈주의 5대 강령을 웨슬리와 칼빈을 비교하는 도구로 사용해야 한다고 주장하는 사람들이 있다면, 이 책의 마지막 장에 있는 부록이 도움이 될 것이다. 앞에서 언급한 것처럼 칼빈주의가 설득력이 있다고 주장하는 이유 중 하나는 이성적이고 조직적인 강점 때문이다. 칼빈의 신학은 대단히 조직적이어서 신앙의 기본적인 요소들을 하나씩 정확하게 제시하고, 모든 주제에 대하여 사상적으로 정리하여 사람들에게 깊은 인상을 주었다. 내가 생각하기에 사람들이 일반적으로 (초대 가톨릭교회와 정교회 그리고 성공회 신학의 영향을 받은) 알미니안 신앙의 영향을 받은 신학 전통을 높게 인정하지 않는 이유는 칼빈주의 5대 강령에 필적하는 권위를 가진, 사람들이 인정할 만큼 훌륭하고 세련된 문자들로 정리한 표현이 없기 때문이 아닐까 생각한다. 때문에 나는 여기에서 대안적으로 다음과 같이 다섯 글자—ACURA—를 조합하여 웨슬리 신학의 가르침을 제시하고자 한다. 다섯 글자로 조합한 가르침은 각각 (1) 만인(All)은 죄인이다. (2) 조건적(Conditional) 선택. (3) 무제한적(Unlimited) 속죄. (4) 가항적(Resistible) 은혜. (5) 구원의 확신(Assurance)이다.[8] 이러한 조합이 진부하게 들릴 수 있다. 그러나 이러한 정리를 통하여 사람들이 칼빈(그리고 칼빈주의자들)과 그에 동의하지 않는 사람들 사이에 어떤 차이가 있는지 기억하는 데 도움을 줄 것이다. 알미니우스와 웨슬리를 포함하여 칼빈의 등장 훨씬 이전에 살았던 많은 사람들은 칼빈의 가르침에 동의하지 않는다. 뒤에 있는 부록을 보면 알겠지만, 나는 사람들이 신학적인 주제들에 대하여 생각하면서 지금 제시한 5대 대안(ACURA)이 그리스도인의 믿음과 생활에 있어서 5대 강령(TULIP)보다 훨씬 더 적용하기 좋은 가르침인 것을 알게 되기 바란다.

토론을 위한 질문

Q1　존 칼빈의 가르침을 처음 접한 것일 수도 있는데, 칼빈과 칼빈주의에 대하여 어떻게 생각하나요?

Q2　존 웨슬리와 그의 가르침을 따르는 감리교인, 성결교인 등의 신앙에 대하여 얼마나 알고 있나요?

8　필자가 처음 이 비교를 발표한 책은 스티브 윌켄스(Steve Wilkens)와 공저한 다음의 책이다. *Everything You Know about Evangelicals is Wrong (Well, Almost Everything): An Insider's Look at Myths and Realities* (Grand Rapids: BakersAcademic, 2010), 212, n. 12.

Q3   당신의 믿음과 가치(이론)는 생활(실천)과 밀접하게 연결되어 있나요? 차이가 있다면 그 이유는 무엇인가요? 이론과 실천을 서로 보완할 수 있는 방법은 무엇인가요?

Q4   기독교를 생각하면 어떤 이미지가 떠오르나요? 이론적인 모습에 가까운가요, 생활 방식인가요? 아니면 두 가지가 섞여 있나요?

Q5   바른 믿음, 바른 실천, 바른 마음, 바른 회중 중에서 가장 중요한 것은 무엇일까요? 모두 동일한 가치인가요? 아니라면 우선 순위를 매겨 보세요.

Q6   칼빈주의와 알미니안주의의 5대 강령에 대하여 들어본 적이 있나요? 이에 대하여 어떻게 생각하나요?

1

하나님

통치보다
사랑

신학생 시절, 기숙사 룸메이트가 임상목회 수업을 들었다. 그 수업은 주립대학 병원 목사의 지도 아래 원목실 사역을 돕는 것이었다. 수업 첫 날, 지도 목사는 아무런 설명도 하지 않고 학생들을 병원 각 층으로 보냈다. 얼마 후 돌아온 학생들은 환자들에게 어떻게 해야 하는지 몰라 난감했다고 토로하였다. 그리고 지도 목사에게 물었다. "환자들을 위하여 기도해야 합니까? 만약 기도해야 한다면 어떻게 기도해야 합니까? 육신의 치유를 위하여 기도합니까? 영적인 회복을 위하여 기도합니까? 고통을 견딜 수 있는 용기를 위하여 기도합니까? 의료진의 적절한 치료를 위하여 기도합니까? 그것도 아니라면 각자 받은 은사를 활용하여 환자들을 방문하고 대화해야 합니까? 환자들의 구체적인 필요를 어떻게 채울 수 있는지 함께 모색하고 격려해야 합니까?"

지도 목사는 학생들의 질문에 답하는 대신 질문을 던졌다. "여러분이 믿는 하나님은 어떤 분입니까?" 이어서 말했다. "만일 모든 일이 하나님의 뜻대로 이루어진다고 믿으면 하나님의 뜻이 이루어지기를 기도하십시오. 하나님의 치유의 능력을 믿으면 치유해 주시기를 기도하십시오. 만일 스스로 노력하는 사람을 돕는 하나님을 믿으면 환자들에게 영적, 육적, 정서적인 능력을 주시기를 기도하십시오. 만일 하나님이 기도에 응답하시는 것을 믿지 않는다면 환자 곁에 있어 주는 것, 대화하고 그들의 이야기에 공감해 주는 일에 집중하면 됩니다."

나는 신학을 공부하는 입장에서 커다란 충격을 받았다. 내가 하나님을 생각하는 방식이 얼마나 중요한지 깨닫게 해 주었기 때문이다. 여러분은 하나님을 어떻게 생각하고 있는가? 우리는 그리스도인이기 때문에 하나님을 생각하는 관점이 삶의 모든 영역에 영향을 미친다. 하나님께서 우리의 일상생활에 얼마나 많이 혹은 얼마나 적게 개입하신다고 생각하는지에 따라 우리에게 미치는 중요도는 달라진다. 하나님께서 아주 많이, 아니면 아주 조금 개입하신다고 생각하는가? 하나님께서 어떻게 개입하시는가? 하나님의 우선순위는 무엇이고, 그 목적을 이루기 위하여 어떤 방법을 사용하실까? 하나님의 뜻이 개인의 유익을 원하시는가, 아니면 교회의 유익을 먼저 생각하시는가? 아니면 우리 개인에게 직접적으로나 간접적으로 개입하시는 거대한 계획을 갖고 계시는가? 하나님의 계획 안에 이 사회와 모든 나라와 모든 환경이 포함되어 있는가?

이러한 질문들과 그 밖의 비슷한 질문들은 우리의 삶뿐 아니라 기독교에 대한 이해에 근본적인 영향을 미친다. 이 질문들은 우리가 가진 하나님상에 영향을 미친다. 마치 하나님에 대한 믿음의 기초가 우리의 일상, 즉 우리의 정체성과 생각, 말하고 행하는 일에 영향을 미치는 것과 같다. 비록 우리가 하나님에 대한 생각을 항상 인식하지 못하고 살지라도 하나님에 대한 관심을 축소시켜서는 안 된다. 인식하든 못하든 하나님에 대한 우리의 생각은 우리 자신에게 강력한 영향을 미친다. 또한 이 질문들은 우리가 하나님과 관계를 맺는 차원뿐 아니라 우리의 정체성과 이 세계 안에서 다른 이들과 관계를 맺는 일에도 영향을 미친다. 그러므로 칼빈과 웨슬리를 비교하면서 두 사람의 하나님 이해를 먼저 살피는 것은 매우 중요하다.

칼빈의
하나님 이해

칼빈은 하나님의 절대적 통치를 믿었다. 칼빈의 관점에서, 그리스도인은 모든 힘을 다하여 하나님의 전능하신 능력을 알고, 하나님께 영광을 올리며, 하나님이 행하신 모든 일에 대하여 찬양과 감사를 드려야 한다. 『기독교 강요』 첫머리에서 칼빈은 이렇게 말하고 있다.

우리가 지니고 있는 지혜, 즉 참되고 건전한 지혜는 거의 대부분 두 가지 부분으로 되어 있으니, 곧 하나님을 아는 지식과 우리 자신을 아는 지식이다. 그러나 이 두 지식은 갖가지 끈으로 서로 연결되어 있어서, 그중 어떤 것이 먼저 오고,

또 어떤 것이 그 결과로 따라오는 것인지를 분간하기가 쉽지 않다. 무엇보다도 우선, 사람은 하나님 안에서 "살며 기동하므로(행 17:28)", 누구든지 자기 자신을 바라보는 순간 곧바로 하나님을 묵상하는 데로 생각이 옮겨가지 않을 수 없다. 왜냐하면 우리가 가진 그 굉장한 재능들도 그 근본이 우리 자신에게 있지 않다는 것이 너무나 분명하며 사실상 우리의 존재 자체가 한 분 하나님 안에서 생존하는 것 이외에 아무것도 아니기 때문이다.[1]

칼빈은 하나님의 권위를 영예롭게 할 수 있는 모든 일을 하였고, 이러한 노력은 그의 믿음과 가치, 실천적인 모든 면에 영향을 미쳤다.

통치하는 하나님이라는 설명은 그리스도인들에게 가장 완전한 표현으로 느껴진다. 여러분은 사람들이 "하나님께 모든 영광을 돌립니다."라고 말하는 것을 많이 들었을 것이다. 그들은 좋은 일이 생기면 자기 자신이나 다른 사람들에게 신뢰를 표하는 대신, 하나님을 찬양하고 하나님은 모든 사람을 위하여 모든 일을 행하는 분, 곧 사람을 창조하고, 섭리 가운데 돌보고, 구원하는 분이라며 하나님께 감사한다. 어째서 사람들은 하나님께 모든 통치와 위엄, 영광과 능력을 돌리기 원하는 것일까?

칼빈의 관점에서, 하나님에 대한 확언들은 성서(Bible), 혹은 그가 일상적으로 사용하는 표현대로 성경(Scripture)이 분명하게 가르친 내용이다. 성경의 모든 구절이 하나님의 위대하심과 능력, 지식과 현존에 대하여 증언하는 것을 발견할 수 있다. 칼빈은 특별히 하나님의 능력을 말했는데, 그 능력은 "하나님의 전지전능"을 의미한다. 칼빈은 이렇게 말했다.

하나님이 전능하신 분으로 여겨지는 것은 그가 행동하실 수 있지만 때때로 행동

---

1   Calvin, *Institute*, I.i.1 (1.35).

을 멈추고 한가하게 앉아 계시거나, 아니면 미리 정해 놓으신 자연의 질서를 그저 일반적인 충동을 통해서만 지속하시기 때문이 아니라, 하늘과 땅을 그의 섭리로 다스리시며, 자신의 뜻이 아니고서는 아무 일도 발생하지 않도록 모든 일을 운행하시기 때문이다. 시편은 "오직 우리 하나님은 하늘에 계셔서 원하시는 모든 것을 행하셨나이다(시 115:3, 참조 시 113:3)."라고 말씀하시는데, 이는 분명하고도 계획적인 것을 의미한다.[2]

칼빈의 섭리 교리는 하나님의 통치에 대한 확신을 잘 보여준다. 섭리는 반드시 창조물에 대한 하나님의 지속적인 돌봄과 함께 이루어져야 한다. 하나님은 자신의 창조 세계와 인간에 대한 돌보심이 너무나 위대하기 때문에 실수로 놓치는 일이 하나도 없다. 칼빈은 이렇게 말하고 있다. "그러면 독자들은 섭리라는 말이, 땅에서 벌어지는 일을 하나님이 하늘에서 한가하게 구경하시는 것이 아니라 친히 열쇠를 쥐고 모든 사건을 지배하신다는 뜻임을 알아야 할 것이다."[3] 그는 계속하여 "정리하면, 하나님의 뜻(의지)이 모든 일의 원인이라고 말하기 때문에, 나는 하나님의 섭리가 −성령의 다스림을 받는 택한 자들 속에서 그 힘을 드러낼 뿐 아니라, 버림받은 자들을 강제로 복종케 함으로써− 모든 인간의 계획과 도모하는 바를 결정짓는 원리임을 제시한 것"[4]이라고 말했다. 그러므로 칼빈은 하나님의 통치가 인간들, 특히 그리스도인들을 홀로 두지 않는 하나님의 축복과 위로, 격려라고 생각하였다. 그들은 그들을 살피고 목적을 가지고 역사하는 하나님의 전능하심이 없으면 아무것도 아닌 존재들이다. 실제로 하나님의 통치와 섭리는 칼빈의 대표적인 "결정적 원리"라 할 것이다.

하나님의 섭리를 말하면서 칼빈은 영원한 형벌로 고통받게 되는 타락의 문

---

2   Ibid., I.xvi.3 (1.200).
3   Ibid., I.xvi.4 (1.201~2).
4   Ibid., I.xviii.2 (1.232).

제를 제기한다. 만일 하나님이 모든 일을 조정한다면 어떻게 인간들 가운데 타락하는 이들이 나타나는 것일까? 칼빈은 분명하게 타락을 포함하는 모든 미래의 일이 창조 이전에 이미 정하신 하나님의 의지, 혹은 명령에 의하여 일어난다고 믿었다. 칼빈은 "하나님께서 당신의 영원하고 변하지 않는 계획으로 오래전에 선택하여 구원을 받게 하기로 결정한 사람들이 있고, 반면에 멸망하게 하기로 결정한 사람들도 있다."[5]고 말했다. 그는 계속하여 주장하였다. "그러므로 하나님을 경시하는 자를 저주하시는데, 이는 그가 자녀 삼기로 예정한 상속자들의 반열에서 제외하는 것이다."[6] 그는 이러한 확언에 담긴 논리적인 의미에 주목하면서 실제로 굳게 믿었다. "나는 그러한 믿음이 사실 무서운 믿음이라고 고백한다."[7] 그러나 칼빈은 인간이 이성적이고 의지적으로 겸손하게 순종하면서 자신의 유한한 마음과 하나님의 역사하심에 참여하는 마음을 초월하여 하나님의 통치와 전능하신 목적을 믿어야 한다고 주장하였다.

칼빈은 궁극적으로 하나님께서 모든 일을 움직여 가시기 때문에 성도들의 신앙적인 책임보다 하나님의 전능하신 섭리가 그들에게 엄청난 유익이며 격려가 된다고 보았다. 인간은 유한하고 죄를 범하는 존재이므로 인간의 노력으로 구원을 얻을 수 있는 가능성이 있어서가 아니라 하나님께서 그의 백성을 구원하신다는 사실 때문에 안도할 수 있다. 우리 스스로 구원에 이를 수 없을 때 우리를 구원하시는 하나님께 찬양과 감사를 돌려야 하는 것이다!

칼빈은 하나님께서 모든 만물을 주관하신다고 말하는 것과 죄인들―모든 사람―이 자기 죄에 책임이 있다고 말하는 것 사이에 모순이 없다고 믿었다. 사람

---

5 Ibid., III.xxi.7 (2.931).
6 Ibid., III.xxviii.1 (2.947).
7 Ibid., III.xxviii.7 (2.955). 여기에서 칼빈이 사용한 "무서운 믿음"은 라틴어 *decretum horribile*를 번역한 것으로, 때때로 "무서운 믿음"이나 "경이로운 감동"으로 번역된다. 칼빈은 타락의 교리를 설명하면서 이 용어를 사용하였지만, 다른 신학자들은 하나님의 예정, 선택, 타락 등에서 칼빈의 신학 전체를 기술하는 데 이 용어를 사용하였다.

들이 죄를 범하는 것은 마지막 단계에서 하나님이 아닌 유혹에 넘어가기 때문이다. 이러한 확신은 의심의 여지 없는 신비라 할 수 있지만, 성경은 하나님이 죄의 원인이라는 점을 강하게 부정한다. 기독교 신앙은 성도들에게 인간의 유한하고 거룩하지 않은 방식으로 죄에 대한 최종적인 해결 방식을 찾으려고 노력하기보다 성서의 가르침을 신뢰할 것을 요청한다. 하나님이 아니라 사탄과 마귀들이 사람들에게 죄와 악을 즉시 행하도록 교사하기 때문에 인간들도 사탄 마귀들과 마찬가지로 용서받을 수 없다. 사탄과 마찬가지로 인간도 여전히 하나님께 거역한 존재들이기 때문에 죄에 대하여 책임져야 한다. 잘못을 범하는 모습에 대하여 칼빈은 이렇게 조언한다. "아무 말도 하지 않거나 가벼운 처벌을 구하는 것이 오히려 유익할 것이다."

> 그러나 이러한 점들이 간략하고 불확실하게 기술되었음에도 불구하고, 모든 비방에서 하나님의 위엄을 드러내기에 아주 충분하다. 우리가 악마들에 대하여 더 많이 알아야 하거나 그들의 목적을 깨달아야 하는 이유가 무엇인가? 성경이 악마가 타락한 이유나 시기, 방식 그리고 그들의 성질 등에 대하여 분명하게 체계적으로 설명하지 않는 것을 불평하는 사람들이 있다. 그러나 우리에게 아무것도 말해 주지 않기 때문에 아무 말도 하지 않거나 적어도 가벼운 처벌을 구하는 것이 유익할 수 있다. 쓸데없는 공허한 역사로 우리의 호기심을 채우는 것은 성령의 사역으로 적당한 것이 아니기 때문이다. 하나님은 거룩하신 말씀으로 당신의 목적을 가르치는 것보다 우리가 노력하여 깨우치기를 원하신다. 그러므로 쓸데없는 일에 시간을 낭비하는 것을 막기 위하여 악마의 본성에 대하여 간단하게 정리하고자 한다. 즉 그들은 처음 창조된 하나님의 천사들이었으나 타락하여 처음 모습을 잃어버리고, 다른 존재들을 파괴하는 도구가 되었다.[8]

---

8   Ibid., I.xiv.16 (1.175).

칼빈은 하나님이 마귀나 사람들 사이에서 죄를 일으키는 것에 개입할 수 없는 분이라고 생각하면서, 하나님이 죄에 대하여 책임이 있다고 생각하는 것은 잘못이라고 믿었다. 그러한 지식은 "우리의 노력"으로 얻을 수 없다. 우리는 하나님이 우리에게 알려주시는 것을 아는 것으로 만족해야 한다.

『기독교 강요』 첫 장부터 칼빈은 하나님이 사람에게 모든 것을 계시하지 않으셨다는 사실을 경고하고 있다. 하나님과 하나님의 방식을 말로 형언할 수 없기 때문에 인간이 이해할 수 없는 놀라운 진리들은 인간의 이해 능력을 넘어서는 것들이다. 칼빈의 설명을 들어보자. "하나님의 거룩하심은 모든 인간의 지각을 훨씬 뛰어넘기 때문에 하나님의 본성을 이해하는 것은 불가능하다. 그러나 하나님이 자신의 영광을 위하여 구체적으로 행하는 완전한 역사들 중에는 문맹이나 어리석은 사람도 몰랐다고 핑계대지 못할 분명하고 특별한 일들이 있다."[9] 하나님의 방법은 숨겨져 있고, 인간은 성경이 분명하게 답을 보여주지 않는 문제들에 대하여 호기심을 가져서는 안 된다. 그러나 사람들이 반드시 알아야 할 지식들은 이미 성경이 충분히 보여주고 있으며, 성경에서 가장 분명하게 찾을 수 있다. 성경이 말하는 것을 신뢰하고 성경이 전하는 복으로 만족하는 것이 가장 좋은 길이다. 칼빈은 사람들에게 지나친 신학적 호기심을 갖는 것에 대하여 경고하고 있다.

> 먼저 예정에 대하여 질문할 때 그들은 하나님의 지혜의 거룩한 경내에 들어섰다는 사실을 기억해야 한다. 만일 그릇된 확신으로 이 영역을 망가뜨리는 사람이 있다면, 그는 호기심을 만족하기는커녕 출구를 찾을 수 없는 미궁에 들어서게 될 것이다. 하나님이 자기 안에 숨겨두려 한 비밀을 찾아내려 무한정 노력하고, 하나님이 우리에게 드러내시는, 우리가 이해할 수 없는, 그러나 그 때문에 우리

---

9   Ibid., I.v.1 (1.52).

안에 경이로 가득차게 하는 영원과 가장 고상한 지혜를 밝히려 애쓰는 것은 올바른 일이 아니기 때문이다. 하나님은 우리에게 보여주기로 결정하신 자신의 거룩한 뜻을 그의 말씀(성경)에 담아 두었다. 이는 하나님이 우리의 관심과 유익을 미리 보고 그 안에서 우리에게 드러내기로 결정한 것들이다.[10]

칼빈의 예정론에 대해서는 뒤에 더 이야기하겠다. 어쨌든 칼빈은 사람들이 호기심을 억제해야 한다고 분명하게 가르쳤다. 하나님이 모든 것을 주관하시고, "하나님의 거룩한 뜻"이 인간의 이해를 초월하기 때문에 우리는 모든 염려에서 자유를 누려야 한다고 말하면 족할 것이다. 하나님의 선하심이나 역사하심에 대하여 지속적으로 질문해야 한다고 주장하는 사람들은 "출구 없는" 미로와 미궁에 갇혀 길을 잃어버린 자가 될 것이다. 칼빈의 믿음에서 반드시 기억해야 할 것은, 모든 약속된 복을 주시는 하나님의 통치권에 대하여 성경이 분명하게 가르친다는 것이며 믿음에 대한 의문이나 염려는 무시해도 좋다는 것이다.

칼빈의 관점에서, 사람들은 하나님의 통치와 능력, 위대하심을 인식하면서 참된 쉼을 얻어야 한다. 인생은 이해하기 어렵고, 살아가는 것은 더 어렵다. 그러나 하나님이 성경을 통하여 절대적으로 통치하고 있다는 진리를 보여주셨다. 본질적으로 말해서, 우리는 우리가 조정할 수 없는 일들 때문에 염려할 필요가 없다. 모든 일을 운행하는 분은 한 분이며, 우리는 우리 자신을 돌볼 수 없기 때문에 하나님이 우리를 위하여 돌보시는 것을 알 때 평안하게 쉴 수 있다. 다시 한번 영적으로, 이성적으로, 감성적으로, 관계적으로, 사회적으로 참으시고 사람들의 분명한 필요를 공급하시는 하나님께 찬양과 감사를 드린다!

칼빈은 사람들의 지식이 유한하고 그들의 죄성이 극심하다는 관점에 서 있는 것이 분명하다. 인간은 자신이 갖고 있는 의문과 염려를 인식하지도 못하

---

10 Ibid., III.xxi.1 (2.922-23).

고, 대답할 영적 능력도 없다. 영생에 관한 질문과 염려는 더욱 그렇다. 오직 하나님만이 사람들의 모든 의문과 염려에 대답할 충분한 능력을 갖고 계신다. 사람들의 삶을 지배하는 압도적인 (암울한) 상황을 생각한다면, 유한하고 죄 많은 인간을 도울 수 있는 충분한 능력을 가진 유일한 하나님께 겸손하게 순종하는 것 외에 어떤 선택이 있겠는가?

칼빈은 성경의 가르침을 통하여 인간이 하나님의 주권을 이해할 수 없다는 점을 밝혔다. 사람들은 성경의 권위와 성경이 분명하고 적절하게 기록하고 있는 하나님의 주권과 위대하심과 영광을 받아들여야 한다. 성경이 분명하게 기술하지 않고, 최소한의 질문을 허용하지 않는 문제들을 통하여, 우리는 하나님이 인간이 제기하는 모든 물음과 염려에 답하지 않으신다는 사실을 알 수 있다. 그러나 궁극적인 의미에서, 하나님이 모든 것을 주관하신다는 사실을 아는 것은 우리에게 힘이 된다. 우리는 현실적으로 모든 신비한 일의 내막을 알려고 애쓸 필요가 없다. 대신 부모님을 사랑하듯 하나님을 신뢰하고, 모든 지식이 항상 유익하지는 않다는 사실을 알아야 한다. 다시 말하면, 우리를 사랑하는 부모님처럼 하나님은 우리가 해결할 수 없는 문제와 필요를 돌보아 주신다.

특별히 그리스도인은 성경이 말하는 하나님의 주권과 위대하심, 영광을 확신하고 하나님이 그들을 구원하기로 결정하셨다는 사실을 크게 기뻐해야 한다. 그들의 신앙은 하나님이 주신 것이기 때문에 노력으로 얻은 것이 아니라 선물이다. 그리스도인들은 하나님이 영생을 주고 선택하지 않았다면 믿음을 갖지 못했을 것이다. 때문에 그들은 측량할 수 없는, 예수 그리스도의 구속으로 완성된 영생의 축복으로 인하여 하나님께 찬양과 감사를 드려야 한다.

웨슬리의
하나님 이해

칼빈과 마찬가지로 웨슬리도 하나님의 통치를 믿었

다. "하나님의 통치에 관한 숙고"에서 웨슬리는 이렇게 말하고 있다. "창조자로서 하나님은 만물 안에서 그의 통치의 뜻대로 행하셨다. … 그러므로 하나님은 가장 절대적인 의미에서 그가 뜻하신 일을 모두 행하실 것이다. 그에 따라 하나님은 하늘과 땅을 지으시고, 만물이 그 안에 있게 하셨으며, 그의 '선하신 기쁨에 따라' 모든 것이 보기에 좋다고 하셨다."[11] 웨슬리는 또한 하나님의 전능하신 능력을 믿었다. 그의 말을 들어보자.

> 하나님은 무소부재하시고 또한 전지전능하시다. 그의 능력과 현존에 한계가 없다는 말이다. 그는 "강한 팔과 능한 손을 가지고, 오른손을 높이 드셨다." 하나님은 하늘과 땅과 바다와 모든 깊은 곳에서 당신이 기뻐하는 모든 일을 행하신다. 사람에게는 불가능한 일이 많다는 것을 우리는 안다. 그러나 하나님은 그렇지 않다. "모든 일이 가능하다." 하나님이 뜻하는 모든 일은 그와 함께 현실이 된다.[12]

이 때문에 웨슬리는 하나님의 주권과 전능하신 능력을 확신하면서 성서와 역사적 기독교를 결합시켰다. 웨슬리는 창조물과 사람들 사이에서 행하고자 하는 모든 일들을 이루실 하나님의 능력을 의심하지 않았다.

그러나 웨슬리는 하나님의 주권과 거룩하심을 분리하여 생각하지 않았다. 하나님을 성서적으로 이해하는 가장 근본적인 방식은 그분의 거룩하심이라고 보았고, 거룩하심이 전능하심보다 앞선다고 강조하였다. 하나님은 거룩하심으로 세계 안에 있는 모든 사람과 피조물들과 구별된다. 그 안에 진리와 정의, 사랑과 자비가 있다. 그러므로 인간은 하나님을 능력의 차원에서 먼저 생각해서는 안 된다. 그렇게 생각할 때 하나님이 창조하신 인간들과의 관계를 중시하며 염려하는 하나님의 관점을 놓칠 수 있기 때문이다. 관계 안에 거하는

---

11 Wesley, "Thoughts upon God's Sovereignty," *Works* (Jackson), 10.361.
12 Wesley, "The Unity of the Divine Being," §5, *Works* (Jackson), VII.265.

것은 하나님의 기대를 받는 사람들에게 사랑, 자비, 인내, 양선, 용서를 기대할 수 있는 근거가 된다. 하나님의 거룩하심과 관련하여 웨슬리는 다음과 같이 말하고 있다.

> 거룩하심은 전능하고 전지하신 하나님의 또 다른 속성이다. 그분은 악이 접근할 수 있는 모든 영역에서 무한한 거리에 계시다. 그분은 "빛이시고, 그래서 그분 안에 어둠이 있을 수 없다." 그분은 한 점 흠 없는 정의와 진리의 하나님이시며, 자비의 하나님이시다. 우리는 이 하나님을 출애굽기 33장과 34장에서 분명하게 볼 수 있다. "모세가 이르되 원하건대 주의 영광을 내게 보이소서 … 여호와께서 구름 가운데에 강림하사 그와 함께 거기 서서 여호와의 이름을 선포하실새 여호와께서 그의 앞으로 지나시며 선포하시되 여호와라 여호와라 자비롭고 은혜롭고 노하기를 더디하고 인자와 진실이 많은 하나님이라 인자를 천대까지 베풀며 악과 과실과 죄를 용서하리라."[13]

하나님의 거룩하심을 단순하게 하나님의 본성과 존재의 차원으로 볼 수 없다. 이는 그리스도인들이 반드시 집중해야 하는 하나님의 특성이다. 하나님의 주권이 인간에 대한 사랑과 관계를 포함하여 하나님의 다른 특성들보다 더 중요하다고 주장할 수 없다. 하나님의 속성을 생각하면, 사랑의 하나님을 알고, 하나님과 이웃을 사랑하는 관계 안에 성장하는 것이 필요하다.

하나님은 사람을 창조하면서, 하나님과의 관계뿐 아니라 이웃과의 관계 안에서 거하도록 하셨다. 하나님의 통치는 사람 편에서 하나님과 관계를 가질 것인지 말 것인지, 그리고 어떻게 가질 것인지 결정하는 근본적인 가능성(혹은 능력)을 부정하지 않는다. 물론 그 능력은 죄의 영향으로 인하여 더 이상 자연적

13　Ibid., §7, 7.266.

으로 작동하지 않는다. 그러나 하나님은 구원과 함께 관계 안에서 성장할 수 있도록 은총으로 인간을 초대하였다. 이에 응답할 수 있는 인간의 의지도 하나님의 은혜로 주어진 것이다. 결국 성경이 말하는 화해로서의 구원은 사람들 간의 화해이다. 구원은 법적인 관계에서 일어나는 변화 그 이상을 의미한다. 이는 하나님이 은혜로 가능하게 한 상호관계의 질적 차원과 관련된다. 하나님은 인간에게 의지로 행동할 수 있도록 허락하시면서, 자신의 통치를 축소하지 않으신다. 실제로 웨슬리는 하나님의 통치를 하나님이 예비하신 사랑과 믿음과 소망 안에서 자유롭게 하나님에게 응답하는 길을 선택할 수 있는 위대한 성취로 해석하였다. 확실히 인간 편에서 볼 때, 의지의 능력은 확정된 것이 아니라 하나님의 은혜로 주어진 것이다.

하나님의 통치를 확인하는 것이 하나님이 스스로 거룩한 능력을 제한하는 것과 모순되지 않는다. 인간은 하나님과의 관계에서 가장 중요하다고 할 수 있는, 진정한 선택의 자유를 훈련할 수 있다. 물론 웨슬리가 인간의 자유의지를 하나님의 은혜의 섭리와 별개로 존재하는 인간의 내적인 능력으로 본 것은 아니다. 오히려 반대이다. 웨슬리는 구원에 있어서 하나님보다 인간의 주도권을 주장한 펠라기우스주의와 반(半)펠라기우스주의에 반대하는 칼빈의 입장을 지지하였다. 사실 하나님의 예정과 인간의 자유를 둘러싼 기독교의 논쟁은 웨슬리와 칼빈 이전부터 오랫동안 지속된 논쟁이었다. 그러나 논쟁에 기름을 부은 것은 성경의 가르침과 배치되는, 특히 바울이 강하게 부정했던 인간의 선행과 공로로 구원을 말하는 모든 종류의 펠라기우스적 입장에 대한 어거스틴의 정죄를 다시 소개하면서부터였다. 불행하게도 칼빈은 ―어거스틴처럼― 둘 중의 하나를 택하는 방식으로 논쟁을 전개하였다. 즉 인간의 공로로 구원을 얻든지(펠라기우스), 공로 없이 하나님의 은혜로 구원을 얻든지(어거스틴) 둘 중 하나라는 것이었다. 그러나 논쟁은 그보다 훨씬 복잡하고, 교회사에서 일어났던 두 가지 관점 이상의 지평을 가지고 있었다. 어거스틴이 펠라기우스주의처럼 선행으로만 구원이 가능하다고 주장하지 않았던 반펠라기우스주의자를 반박하며 주장한 것처럼, 반대쪽에는 적어도 반(半)어거스틴주의라고 부를 수 있는 입장도 있었다. 교회사에서 반어거스틴주의는 어거스틴주의를 대체하였고, 루터와 칼빈의 논쟁에도 불구하고 오늘까지 그리스도인들에게 절대적인 영향을 끼치고 있다.

반어거스틴주의는 가톨릭교회, 정교회, 성공회에 주로 수용된 것으로 보이는데, 하나님의 예정론에 대한 정통 어거스틴주의의 입장과 대립하면서 하나님의 예정과 인간의 자유에 대한 논의를 발전시켰다. 반어거스틴주의 관점을 보여준 대표적 인물들로 아를의 케사리우스, 토마스 아퀴나스, 데시데리우스 에라스무스를 들 수 있고, 칼빈 이전에 살았던 많은 이들이 그러한 입장을 가지고 있었다. 반어거스틴주의는 하나님이 은혜를 베풀어 인간의 구원을 주도하고, 지속하고, 성취한다고 주장한다. 그에 따라 인간은 하나님의 구원과 하나님과의 화해를 수용할 것인지, 거부할 것인지 선택해야 한다. 하나님이 인간을 향한 거룩한 능력을 스스로 제한하기 때문에 인간의 결정들이 항상 올바르지는 않다. 최소한, 인간은 구원을 위하여 하나님의 개입을 수용하거나 거부해야 한다. 하나님은 인간의 선택을 영원히 알고 있으며, 모든 이들을 구원하기 위하여 성령을 통하여 일하는 방식으로 그들의 선택에 응답한다. 그러한 하나님의 지식은 인간에게 미래에 대한 지식으로 보이지만, 그것은 시간에 대한 인간의 이해가 유한하기 때문이다. 그러므로 하나님은 자비롭게 사람들에게 능력을 주어 예수 그리스도를 통하여 선물로 주어진 하나님의 구원을 자유롭게 받아들이거나 거부할 수 있는 충분한 능력을 주셨다.

하나님의 자기제한이 하나님의 통치와 능력과 위대하심의 실제적인 한계를 의미하는 것은 아니다. 하나님이 사람들에게 진정한 자유를 선택할 수 있도록 허락한다고 해서 그 허용이 하나님의 능력의 축소를 의미하는 것은 아니다. 그와 같이 하나님은 모든 피조물이 일정한 자유를 누리도록 허락하셨다. 그러한 이유에서, 예를 들어 자연의 법칙에 대한 과학적인 연구도 가능한 것이다. 자연의 법칙을 연구함으로써 이전에 하나님을 직접적인 원인으로 설명하던 현상들에 대한 독립적인 이해가 가능해진 것처럼, 사람에 대해서도 하나님을 직접적인 원인으로 보는 관점에서 벗어날 수 있게 된다. 하나님이 계속하여 피조세계와 사람을 그의 섭리로 돌보시는 것은 확실하다. 그러나 다양한 자연의 법칙과 사람들의 활동에 대하여 연역적 방식과 귀납적 방식, 그리고 그 외의 여러 가지 방식으로 연구되고 있다. 실제로 과학과 기술, 의학과 그 밖의 여러 분야에서 엄청난 분량의 지식과 지혜들이 축적되어 사람들과 세계의 생활을 지원하고 있다. 그러한 연구를 하나님의 능력의 제한으로 보아서는 안 되고, 오히려 그러한 연구를 가능하게 만드는 하나님의 통치와 능력, 위대하심이 흘러나오는 것으로 보아야 할 것이다.

웨슬리는 자신이 하나님의 통치와 인간의 자유를 함께 강조한 성공회의 신학 전통에 충실하게 서 있다고 인식하였다. 만일 그가 칼빈의 의견에 동의하지 않는 점이 있다면, 그가 자라고, 교육과 안수를 받아 충실하게 봉사했던 성공회 전통에 기인하는 바가 크다. 웨슬리가 당대 칼빈주의자들의 견해에 공감하지 못한 점들이 많았던 것은 분명하다. 웨슬리는 어거스틴과 칼빈으로 이어지는 개신교회 전통보다 가톨릭교회와 성공회 전통이 성경의 가르침을 보다 충실하게 반영한다고 확신하였다. 웨슬리에 의하면, 하나님은 사람들의 운명을 미리 정하셨다. 그러나 그 예정은 하나님의 거룩한 뜻(롬 8:29)이기보다 하나님의 영원한 지식(혹은 예지)이라 할 수 있다. 따라서 웨슬리 신학이 하나님의 통치를 축소하고 있다는 칼빈주의자들의 이의 제기에 대한 웨슬리의 설명을 들어보자.

현재의 인간 조건에서 나는 자연적인 자유의지를 이해할 수 없다. 나는 정도의 차이는 있지만 모든 사람에게는 그들을 회복시키는 초자연적인 자유의지가 있으며, 그 자유의지는 초자연적인 빛과 함께 "이 세상에 있는 모든 사람이 깨어나게 한다."는 것을 확신한다. 그러나 그대들이 반대하는 것처럼 그 정도가 자연적이냐 아니냐는 문제가 아니다. 그대들은 두 가지 경우에 모두 반대하고, 모든 종류의 자유의지에 반대하면서 "사람에게 조금이라도 자유의지가 있다면, 구원을 주시는 하나님의 모든 영광이 불완전해진다."고 하거나 "사람에게 하나님의 은혜를 수용하거나 저항할 수 있는 능력이 주어진다면, 사람이 저항할 수 없는 능력으로 필요한 통로를 통해, 값없이 구원을 선물로 주는 하나님의 영광은 불완전해진다."고 주장하고 있다.[14]

웨슬리는 인간의 자유와 책임을 허용하는 것이 하나님의 통치를 축소하는 것이라는 주장을 이해할 수 없었다. 오히려 인간에게 생각하고, 말하고, 행동할 수 있는 자유를 미리 주신 하나님이 인간의 자유를 궁극적으로 제한하고, 자유로운 행위가 아닌 다른 것을 요구한다는 것을 받아들이기 어려웠다.

하나님의 통치에 관하여 논의하면서, 웨슬리는 세계의 창조자 하나님과 관리자 하나님을 구분하였다. 창조자로서 하나님은 만물 안에서 하나님의 통치의 뜻에 따라 행하였다. 관리자로서 하나님은 하나님의 형상대로 창조된 인간, 하나님이 자유를 가진 것처럼 일정량의 자유를 가진 인간을 다스리신다. 물론 하나님의 자유는 무한하고 인간의 자유는 유한하다. 그리고 인간의 자유의지를 감소시키는 여러 요인들—영적이고 육체적이고 감정적이고 문화적인—이 있다. 그럼에도 불구하고 인간의 자유는 진정한 자유이고, 하나님은 책임적으로 행동하기를 기대하는 인간들을 통하여 이 세계를 다스리신다. 웨슬리는 말한다. "하나님은 당신의 진정한 기쁨을 위하여 사람, 육을 가진 영적 존재를 창조하셨다. 그에 따라 영적인 본성을 주고, 자연스럽게 이성과 의지와 자유를 부여

---

14 Wesley, "Predestination Calmly Considered," §45, *Works* (Jackson), (10.229-30).

하셨다."[15] 하나님은 사람을 창조하고 이성과 의지와 자유를 훈련시키셨다. 그것이 자유다. 하나님은 할 수 없이 그러한 훈련을 결정하신 것이 아니다. 오히려 하나님은 은혜로 창조한 사람에게 선택할 수 있는 가능성—죄를 지을 수 있는 가능성까지 포함하여—을 부여하였다. 게다가 끝까지 구원의 가능성을 열어두고 사람들과 함께 계신다.

하나님의
사랑

웨슬리는 칼빈주의자들과 교류하면 할수록 하나님과 그리스도인의 삶을 바라보는 그들의 신앙적 관점에 동의할 수 없었다. 웨슬리의 하나님 이해에서 중심적인 부분은 사랑하심이었다. 웨슬리는 인간의 하나님 이해와 하나님과의 관계에 가장 중대한 영향을 미치는 하나님의 사랑은 절대적이라고 믿었다. 그 예로, 요한일서 4장 7~12절은 이렇게 말하고 있다.

사랑하는 자들아 우리가 서로 사랑하자 사랑은 하나님께 속한 것이니 사랑하는 자마다 하나님으로부터 나서 하나님을 알고 사랑하지 아니하는 자는 하나님을 알지 못하나니 이는 하나님은 사랑이심이라 하나님의 사랑이 우리에게 이렇게 나타난 바 되었으니 하나님이 자기의 독생자를 세상에 보내심은 그로 말미암아 우리를 살리려 하심이라 사랑은 여기 있으니 우리가 하나님을 사랑한 것이 아니요 하나님이 우리를 사랑하사 우리 죄를 속하기 위하여 화목제물로 그 아들을 보내셨음이라 사랑하는 자들아 하나님이 이같이 우리를 사랑하셨은즉 우리도 서로 사랑하는 것이 마땅하도다 어느 때나 하나님을 본 사람이 없으되 만일 우리가 서로 사랑하면 하나님이 우리 안에 거하시고 그의 사랑이 우리 안에 온

---

15 Wesley, "Thoughts upon God's Sovereignty," *Works* (Jackson), 10.362.

전히 이루어지느니라.

성경이 "하나님은 사랑이심이라."고 말씀하기 때문에, 웨슬리는 성경의 중심적인 교훈은 하나님의 능력보다 사랑을 강조하는 것이라고 믿었다. 하나님의 통치 능력이 중요하지 않다는 의미는 아니다. 하지만 사랑이 없는 능력은 성경에 나타난 사람에 대한 하나님의 자기 계시를 온전하게 읽지 못하는 것이다. 실제로 요한일서 4장 8절에 대한 주석에서 웨슬리는 사랑을 이렇게 설명하고 있다. "하나님의 사랑은 그의 통치의 특성으로 하나님의 모든 다른 완전함에 따뜻한 영광을 더해 주는 특성이다."[16]

물론 칼빈도 하나님의 사랑에 대하여 말하였다. "어느 누구도 하나님을 위하여 자기 자신을 대가 없이 기꺼이 드리지 않는다. 그러나 하나님의 아버지 같은 사랑을 경험하면, 그는 하나님을 사랑하고 예배하는 일에 빠져들게 된다."[17] 칼빈은 또한 하나님의 사랑에서 대속의 사역이 기인하였음을 말하고 있다. 그의 말을 들어보자.

> 바울은 그러한 이유로 말미암아 "창세 전에" 우리를 택하신 하나님의 사랑이 "그리스도 안에서(엡 1:4, 5)" 세워지고 굳건하게 되었다고 말하고 있다. 이러한 일들은 당연하고 성경의 교훈에 부합하며, 하나님이 우리를 사랑하사 그의 독생자를 주셨다(요 3:16)고 선포하는 말씀과 아름답게 조화를 이루고 있다. 반대로 말하면 그리스도의 죽으심으로 우리와 다시 화해를 이루기 전까지 하나님은 우리의 원수였다는 말이다(롬 5:10).[18]

---

16 Wesley, *NT Notes*, 1 John 4:8.
17 Calvin, *Institute*, I.v.3 (1.55).
18 Ibid., II.xvi.4 (1.506).

칼빈의 신학에서 사랑은 중요한 요소이지만 가장 우선적인 강조점은 아니다.『기독교 강요』의 소제목들을 잠시 살펴보면, 칼빈이 창조주 하나님, 하나님의 지식, 율법과 복음, 은혜의 유익함과 영향 그리고 교회에 대하여 특별하게 강조하고 있음을 알 수 있다. 각 장의 주제는 성서, 하나님의 능력, 성령의 거룩한 역사, 신앙, 영원한 선택 등이다. 사랑은『기독교 강요』의 소제목으로 등장하지 않는다. 심지어 칼빈은 다른 저작들에서도 사랑을 중요하게 다루지 않았다. 적어도 웨슬리가 기대한 것처럼 중요하게 다루지 않았다.

웨슬리가 하나님의 사랑의 역동적인 성격을 강조한 이유 중 하나는 삼위일체를 관계적으로 이해했기 때문이다. 그는 한 분 하나님 안에서 세 위격이 사랑의 관계로 존재한다고 보았다. 웨슬리는 성부, 성자, 성령의 본성을 지닌 삼위일체의 신비에 관하여 별로 의문을 갖지 않았다. 대신 성령을 통하여 성부와 성자와 지속적인 연합을 이루는 것이 "새로운 창조"라고 보았다. 즉 "세 분이 하나가 되는 하나님과 그 안에서 누리는 모든 피조물들의 지속적인 기쁨"이다.[19] 웨슬리가 삼위일체 교리에 많은 관심을 보이지 않은 것은 사실이지만, 칼빈이 정통적인 삼위일체 교리에 비판적인 관점을 발표한 스페인 신학자 세르베투스를 처형했다는 소식에 충격을 받았다. 웨슬리는 말하고 있다. "나는 그 같은 용어가(필자 주: 삼위일체나 위격) 아주 좋은 표현이라고 생각한다. 그러나 그러한 표현을 사용하지 않는다는 이유로 산 채로 사람을 불에 태울 수는 없다고 생각한다. 마르지 않은 생나무로 서서히 불을 지펴 죽이는 것은 더욱 그렇다."[20]

웨슬리는 하나님의 통치와 사랑이 서로 모순되지 않고, 오히려 보완한다고 보았다. 물론 칼빈도 하나님의 통치와 마찬가지로 하나님의 사랑에 관하여 설명할 때 비슷하게 주장할 수 있었다. 그런데도 칼빈은 하나님의 사랑보다 하

---

19 Wesley, "New Creation," §18, *Works*, 2:510.
20 Wesley, "Some Remarks on 'A Defense of the Preface to the Edinburgh Edition of Apasio Vindicated'," §6, *Works* (Jackson) 10:351.

나님의 통치를 훨씬 강하게 주장하였다. 그러나 웨슬리는 하나님의 형상을 따라 사람을 창조하고, 사람들이 하나님의 사랑으로 돌아오지 않는 경우에도 은총으로 돌보며, 그들에게 구원을 예비하여 –하나님의 강제력이 아닌– 스스로 하나님을 사랑하도록 하는 하나님의 사랑의 동인이 하나님의 통치라고 말한다. 웨슬리의 말을 들어보자.

> 만일 하나님이 우리를 *너무나* 사랑하셔서, 여기에서 '너무나'라는 강조점을 유의하기 바랍니다. *우리를 너무나 사랑하셔서*, 우리를 구원하기 위하여 자기의 독생자를 저주받은 죽음으로 내어줄 정도였다는 것입니다. 사랑하는 여러분, 도대체 세상에서 어떤 사랑이 독생자를, 그것도 아버지와 동일한 영광과 위엄과 영원성을 가진 아들을 내어줄 수 있다는 말입니까? 세상에서 어떤 사랑이 성부 하나님과 동일한 영원성을 지니신 하나님의 독생자인데 창조 전부터 아버지와 함께 계시며 지녔던 영광을 스스로 버리고, 스스로 종의 형체를 입으시고, 우리를 향하여 가지고 있는 사랑으로 *자기를 완전히 비울 수 있다*는 말입니까?[21]

예수님이 하나님의 신성한 특권을 스스로 버리는 모습은 사람과의 관계에서 하나님의 사랑의 본질을 보여주는 대표적인 사례이다. 하나님이 사람으로 하여금 스스로 선택하고 사랑하는 자유를 훈련하도록 거룩한 통제를 제한한 것처럼, 하나님의 아들 예수님도 죄로 인하여 자유를 바르게 사용하지 못하는 사람들을 구원하는 일에 자원하여 나선 것이다.

칼빈이나 칼빈주의자들과 달리 웨슬리는 하나님의 사랑과 온유가 하나님의 다른 모든 특성들을 이해하는 데 가장 중요한 요소라고 말했다.

---

21   Wesley, "God's Love to Fallen Man," §5, sermon 59, *Works* (Jackson), (6:235).

그러므로 악은 선택을 가져오고, 유기는 하나님의 진실하심과 신실하심을 따르게 한다! 그러나 그것이 성서에서 하나님의 사랑과 선하심을 적게 보여준다는 뜻은 아니지 않은가? 특별히 하나님이 강조하고, 다른 무엇보다 기뻐하신 특성이 아닌가? (하나님은 모든 면에서 의롭고 진실하신 분이지만) 성서는 "하나님은 정의시라." 혹은 "하나님은 진리시라."고 기록하지 않았다. 대신 "하나님은 사랑이시라."고 기록하였다. 사랑은 관념적이고 한계가 없으며 "그의 선하심은 끝이 없으시다." 하나님의 사랑은 하나님을 사랑하는 이들뿐 아니라 하나님을 두려워하는 이들에게도 확대된다. 하나님은 악인과 감사하지 않는 자들에게까지 선을 행하신다. 그렇다. 한 사람의 예외도 없이 모든 사람의 자녀들에게 행하신다. "주님의 사랑(혹은 선)"이 모든 사람을 향하신 것이고 모든 역사에서 자비를 베푸시기 때문이다.[22]

웨슬리는 칼빈주의자들이 하나님의 거룩하심과 사랑 대신 하나님의 통치와 능력을 강조하는 모습을 특히 염려하였다. 그는 이렇게 물었다.

그러나 타락하거나 선택되지 못한 사람을 하나님께서 어떻게 선대하거나 사랑할 수 있습니까? (당신은 두 가지 표현 중에서 고를 수 있습니다. 무조건적으로 선택된 사람들 외에 구원받는 사람이 없기 때문이라면, 이 말은 엄밀한 의미에서 동일합니다.) 칼빈이 분명하게 언명한 대로, "살아서 수치를 당하고 영원히 죽는(*in vitae contumeliam et mortis exitium*)", 하나님이 창조한 사람의 영원한 지위를 생각한다면, 그가 하나님의 사랑이나 선하심의 대상이라고 말할 수 없습니다.[23]

웨슬리의 관점에서, 특별히 구원받을 사람의 선택과 유기에 대한 하나님의

---

22 Wesley, "Predestination Calmly Considered," §42, *Works* (Jackson), 10.235.
23 Ibid.

역할에 집중하는 칼빈의 하나님 교리는 "신성모독의 교리"이며 하나님을 "더욱 잔인하고, 더욱 잘못되고, 악보다 더욱 불의한 존재"[24]로 만든다.

웨슬리의 동생 찰스 웨슬리(Charles Wesley)는 칼빈과 칼빈주의 신학에 대한 웨슬리의 거부감을 잘 알고 있었기에 아마도 반대의 일환을 준비한 것으로 보인다. 감리교회 운동에서 시인이며 찬송가 작자로 활동한 찰스는 "하나님의 영원하신 사랑(God's Everlasting Love)"이라는 찬송을 지었다. 이 찬송에서 찰스는 웨슬리의 "사랑의 믿음"의 관점에서 칼빈의 "무서운 믿음"을 반박하고 있다. 찰스가 "선물로 주는 은혜"에 관하여 지은 찬송을 보자.

> 우리는 수치를 당할 일이 없네.
> 그 은혜, 선물로 주시는 은혜는 참으로 대가가 없네.
> 하나님이 사랑이심을 볼 수 없는 이들은
> 눈을 떠서 나를 보라.
>
> 예수님이 우리를 부르시네.
> 모든 것이 그분의 은혜 안에 있네.
> 그분이 당하신 고난의 값으로
> 세상을 만 번도 구원할 수 있다네.
>
> 그분은 모든 사람에게 가능하게 하셨네.
> 그분의 의로운 선물이 모든 것을 품네.
> 우리 모두 그분의 부르심에 답하세.
> 모든 사람이 은혜로 값없는 구원을 얻으리.

---

24 Wesley, "Free Grace," §§23, 25, *Works* (Jackson), 7.381, 383.

주님은 모든 인류에게 약속하셨네.

그분이 위로부터 우리를 인도하심을 느끼네.

주님과 함께 은혜의 율법을 전하리.

사랑의 믿음을 펴내리.[25]

하나님 이해의
중요성

우리가 하나님을 보는 관점은 우리 자신과 우리가 살고 있는 이 세계를 보는 관점, 그리고 우리의 말과 행동에 밀접하게 연결되어 있다. 그러한 입장은 우리가 하나님을 이해하는 것만큼 하나님과의 관계에 중대한 영향을 미친다. 하나님을 보는 관점에 따라 우리는 장래에 대한 소망을 가질 것인지 말 것인지, 혹은 우리가 다스릴 수 없는 힘에게 지배를 받을 것인지 말 것인지 결정한다. 하나님을 보는 관점은 우리를 둘러싼 환경에 대응할 것인지, 수용할 것인지 결정하는 데 중대한 영향을 미친다. 우리 자신이 이 세계에서 영적으로 그리고 육체적으로 능동적인 참여자라고 생각하는가? 우리의 인생이 어떻게 전개되는지에 상관 없이 궁극적으로 하나님을 신뢰해야 하는데, 우리는 하나님이 원하시는 만큼 이 세계에서 능동적인 참여자로 살고 있는가?

칼빈주의자는 웨슬리의 예정론이나 인간의 자유에 관한 주장에 동의하지 않을 것이다. 하나님의 통치권에 기초하여 볼 때, 그리스도인은 칼빈이 무신론적 철학이라고 비판한 금욕주의를 따르는 사람이 아니라 소망과 책임을 가진 사람이다. 칼빈은 인간의 자유를 허용하는 신학은 모두 인간적인 상상의 산물로, 이 땅에서뿐 아니라 영원한 행복 가운데 사람들이 자신들의 역할을 배우

---

25 Charles Wesley, "Free Grace," (Hymn XVI) in *Hymns on God's Everlasting Love* (Bristol: Felix Farley and Sons, 1741) : 이 찬송은 *The Poetical Works of John and Charles Wesley*, vol3, ed. G. Osborn (London: Wesleyan-Methodist Conference Office, 1869), 96에 재수록되었다.

기 바랐던 하나님의 통치를 무너뜨리는, 펠라기우스주의에 빠질 위험성이 크다고 주장했을 것이다. 앞으로 살펴보겠지만, 칼빈은 인간의 자유를 하나님의 통치와 비교될 만한 것으로 여기면서도 궁극적으로 하나님의 은혜에 저항할 수 있는 자유는 있어서는 안 된다고 보았다. 그러므로 칼빈의 관점에서, 하나님이 인간에게 절대로 의도하지 않은 것을 다루는 신학은 모두 하나님의 영광과 위엄을 높이지 않는, 즉 십계명의 첫 번째 계명을 범하는 잘못이라고 주장했을 것이다.

칼빈은 틀림없이 웨슬리의 관점이 잘못되었다고 판단했을 것이다. 마찬가지로 웨슬리 역시 칼빈이 틀렸다고 생각하였다. 웨슬리의 관점에서, 하나님은 능력보다 더 많은 사랑을 가진 분이고, 위엄보다 친근한 관계를 원하는 분이며, 권위보다 자기부정(혹은 자기절제)을 앞세우는 분이다. 성경에서 칼빈의 입장을 지지하는 본문을 많이 찾을 수 있는 것은 분명하다. 우리는 그 말씀들을 무시할 수 없다. 반대로, 웨슬리가 강조하는, 하나님의 사랑을 전하고 하나님의 위격과 사역을 가장 분명하게 개념화하는 본문들도 놓치면 안 된다. 성서의 본문들이 하나님의 통치를 확증하는 것은 분명한 사실이지만 그 본문들이 인간의 편에서 자유롭게 선택하는 관계와 사랑, 특히 하나님과의 관계를 방해하는 권위주의를 요청하는 것은 아니다.

필립 샤프는 하나님 이해에서 웨슬리가 칼빈을 비판한 내용을 가장 정확하게 정리하였다. 독일 개혁주의 전통에서 자라난 샤프는 20세기 초에 활동한 세계적인 교회사학자다. 칼빈과 칼빈주의자들에 대한 그의 이야기를 들어보자.

> 칼빈주의는 어거스틴 계열의 신앙에서 (매우 정확하다 할 수 없지만) 대중적인 지지를 얻고, 유익한 영향을 주었다고 할 수 있다. … 그러나 하나님의 구원의 은혜를 제한하고, 그리스도의 구속의 사역을 선택된 소수의 사람에게만 적용하고, 온 인류를 향한 하나님의 보편적인 사랑(요 3:16)을 무시하는 근본적인 오류를 갖고 있

다. 칼빈주의는 하나님의 사랑보다 하나님의 통치 신학이다.[26]

정리

웨슬리와 칼빈 모두 하나님의 통치와 능력, 위엄을 믿었다. 칼빈은 그러한 믿음을 가질 때, 세상에서 일어나는 모든 일들이 하나님의 뜻 안에 있으며, 사람은 그 모든 일들을 통하여 하나님을 찬양하고 하나님께 감사할 수 있다고 생각하였다. 웨슬리는 그러한 믿음이, 자유를 훈련하는 인간의 유익을 위하여 하나님이 거룩한 능력을 스스로 제한하고, 결과적으로 사람은 하나님의 은혜로 말미암아 하나님의 구원을 받아들이고, 하나님을 사랑하게 된다고 생각하였다. 웨슬리는 칼빈이 하나님의 통치를 지나치게 강조하여 인간의 자유를 압도하였고, 그 결과 인간의 자유를 하찮은 것이나 존재하지 않는 것으로 여기게 하는 잘못을 범했다고 생각하였다.

대부분의 그리스도인들은 하나님의 통치를 믿는다. 그리고 그들의 구원과 매일의 삶에서 내리는 결정들을 통하여 하나님께 회개하고 믿는 적지 않은 분량의 자유를 가지고 있다. 이 땅에서의 삶과 영원한 생명을 위하여 중요한 결정을 내릴 때 그들이 느끼는 자유는 허상이 아니다. 물론 그들의 결정이 하나님의 은혜로 가능한 것이지만 그들은 매일의 삶에서 일어나는 모든 일들 가운데 인도하시는 하나님의 영에 감사와 찬양을 드리기도 한다. 이렇게 은혜로 주신 자유로 인하여 그리스도인들은 하나님의 사랑을 받는 것처럼 하나님을 사랑하게 된다. 요한이 그의 서신에서 쓴 것처럼, 우리가 사랑하는 것은 하나님이 우리를 먼저 사랑하셨기 때문이다(요일 4:19).

---

26 Philip Schaff, *History of the Christian Church*, 8 vols. (1910: Grand Rapids: Eerdmans, 1976), 8.261.2.

토론을 위한 질문

Q1 웨슬리와 칼빈의 하나님 이해에서 두 사람이 동의하는 부분은 무엇인
가요? 또 동의하지 않는 부분은 무엇인가요?

Q2 하나님의 통치와 전능하심에서 중요한 요소는 무엇이라고 생각하
나요?

Q3 하나님의 통치 안에서 사람들은 그들의 구원이나 인생의 다른 문제들
에 대하여 스스로 결정할 수 있는 자유를 어느 정도 지니고 있다고 생
각하나요?

Q4 인간을 향하신 하나님의 사랑과 선하심과 은혜에서 중요한 요소는 무
엇이라고 생각하나요?

Q5 하나님에게 다른 중요한 특성이 있다면 무엇이라고 생각하나요?

Q6 그리스도인들이 하나님을 보는 관점은 왜 중요한가요? 이러한 관점
이 그들의 삶에 어떠한 영향을 미친다고 생각하나요?

2

성경

독점적 권위보다
우선성

나는 기독교 신학을 가르치면서 학생들이 자신들이 믿는 중요한 교리들을 설명하는 데 매우 서툴다는 것을 발견하였다. 배운 내용을 인용하는 것은 가능했지만 그 말이 어떠한 의미인지 정확히 알지 못하는 경우가 있었다. 그런 모습을 보면서 나는 학생들에게 무엇을 믿고 있는지보다 어떻게 믿게 되었는지를 질문하였다. 성경의 경우를 보면, 학생들은 성경이 하나님의 말씀이고, 감동으로 기록되고, 권위 있고, 진리라고 확신을 가지고 믿었다. 그들은 아마 하나님의 감동이나 종교적 권위 그리고 성경의 진리가 정확하게 어떤 의미인지 설명할 수 없었을 것이다. 그럼에도 불구하고 그들은 성경이 그러한 책이라고 진심으로 믿었다.

그러한 모습을 보면서, 나는 그들에게 성경에 대한 믿음을 질문하지 않았다. 대신 삶에서 성경을 어떻게 실제로 적용하고 있는지 물었다. 예를 들어 얼마나 자주 성경을 읽는지 질문하였다. 하루에 한 번? 일주일에 한 번? 한 달에 한 번? 모든 학생이 성경의 위대함을 고백하였지만, 일주일에 한 번 정도 성경을 읽었다면 그들의 신앙고백이 보다 구체적이었을 것이라고 느꼈다. 학생들의 신앙고백은 그들이 쓰는 용어들과 연결되지 않았다. 학생들은 성경에 대하여 모범이 될 만한 신학적 확신을 보여주었지만, 만일 행동(실천)이 고백(이론)을 증명하지 않는다면 그러한 고백은 공허한 메아리가 될 것이다.

우리가 결정하는 과정을 생각해 보자. 학생들이 결정을 내릴 때 성경이 어느 정도 영향을 미치고 있는가? 삼위일체나 성육신같이 특별한 신비를 가진 교리들을 생각하면, 성경은 그들의 교리적인 신앙을 뒷받침하는 역할 정도로 보인다. 그러나 우리가 매일 시간과 노력과 금전의 사용에 관하여 결정을 내릴 때를 생각해 보자. 텔레비전 프로그램이나 영화를 선택할 때, 자동차나 집을 구입할 때, 정책이나 정치인을 지지하는 기준을 생각해 보자. 학생들이 자신들의 인생에서 중요하다고 말한 것만큼, 삶에서 이루어지는 결정에서 성경이 실제적인 요소인지, 아니면 그냥 편하게 생각하는 요소인지 말이다.

웨슬리와 칼빈은 성경에 관하여 비슷한 이해를 가지고 있었다. 두 사람은 성경을 매일의 삶과 가르침 그리고 지도력을 길러내는 일에 사용하였다. 두 사람은 성경의 거룩한 감동과 권위 그리고 신뢰할 만한 가치에 대하여 동질감을 가지고 있었다. 때문에 성경에 대한 두 사람의 입장을 비교하는 일에 많은 시간을 할애하지 않을 것이다. 그러나 그들의 신학과 사역에서 성경을 이해하고 적용하는 방법에는 차이가 있었다. 구체적인 접근을 위하여 다음과 같은 질문이 필요할 것이다. '신앙적 권위가 있는 성경 한 권이면 충분한가, 아니면 그리스도인의 의사 결정에 있어서 성경과 함께 구체적인 연관성을 갖는 다른 요소가 필요한가?'

언뜻 보면 웨슬리와 칼빈 사이에 성경에 대한 중대한 이견은 없는 것처럼 보인다. 그러나 웨슬리와 칼빈을 따랐던 사람들 사이에 미묘한 문제들이 발생하였다. 그들은 웨슬리와 칼빈의 발언을 필요 이상으로 강조하고, 다른 문제들은 축소하는 모습을 보였다. 분명히 웨슬리와 칼빈 사이에는 성경을 보는 관점에 차이가 있었다. 그것은 여타의 신앙적 기준들과 비교하여 상대적으로 보는가, 아니면 종교적인 권위로 보는가이다. 이러한 차이는 단지 그들이 성경을 보는 관점을 이해하는 데 중요한 것만은 아니다. 성경을 보는 관점의 차이가 중요한 이유는 기독교의 다른 주제들, 예를 들어 구원, 교회, 사역에 있어서 두 사람의 차이를 이해할 수 있기 때문이다.

칼빈의
성경 이해

칼빈은 『기독교 강요』 처음 다섯 장에서 하나님에 대하여 논의한 후, 이어지는 다섯 장에서 성경에 대하여 말하고 있다. 칼빈은 성서(*Bible*)보다 성경(*Scripture*)이라는 표현을 사용하였다. 역사적으로 성경(혹은 성경들)은 "기록, 기록된 것"을 의미하고, 성서는 "책, 책들"을 의미하였다.

거룩한 경전(혹은 신성한 경전)과 성서는 정경(혹은 표준)에 대한 기독교적 이해다. 이는 하나님의 거룩하고 신성하고 신적인 감동으로 기록된 것으로 여겨지는 책으로 디모데후서 3장 16~17절에서 말하는 것과 같다. 즉 "모든 성경은 하나님의 감동으로 된 것으로 교훈과 책망과 바르게 함과 의로 교육하기에 유익하니 이는 하나님의 사람으로 온전하게 하며 모든 선한 일을 행할 능력을 갖추게 하려 함이라." 일반적으로 그리스도인들은 성경이나 성서 중 한 가지 용어를 사용한다. 이 책에서는 두 가지 용어를 같은 의미로 사용할 것이다.

칼빈은『기독교 강요』에서, 믿는 사람들에게 통치하는 창조주이며 구세주이신 하나님을 가르치고 인도하기 위하여 성경이 필요하다고 설명하였다. 성경은 사람들이 하나님을 알 수 있도록 도와주는 "안경(혹은 돋보기)" 같은 역할을 한다. 칼빈의 설명을 들어보자.

> 나이가 들어 눈이 침침해진 노인과 시력이 약한 사람들은 가장 아름다운 책을 들이밀어도 그저 무언가 기록한 책이라고 인식하고, 겨우 두 글자 정도 읽을 것이다. 그러나 그들이 안경의 도움을 받는다면 분명하게 읽기 시작할 것이다. 그와 같이 성경도 우리의 우둔함으로 마음속에 복잡하게 흩어져 있는 하나님에 대한 지식을 모아서 참되신 하나님을 뚜렷하게 보여준다.[1]

성경은 구원을 위하여 특히 필요한 책이다. 하나님의 계시가 없다면 사람들이 구원을 알 수 없기 때문이다.

칼빈은 성경이 성령의 감동으로 기록되었다고 보았다. 성경의 권위는 성령의 증언으로 확인되는 것이지 다른 권위는 없기 때문이다. 여기에서 칼빈의 성경 이해는 로마 가톨릭교회의 성경 이해와 구별되었다. 로마 가톨릭교회는 정

---

1   Calvin, *Institute*, I. vi.1 (1.70).

경화 과정을 포함하여 교회의 권위를 구성하는 한 부분으로 성경을 포함하였다. 가톨릭교회는 성경이 거룩한 감동으로 쓰였지만, 하나님의 성령이 교회 지도자들과 공의회 그리고 교회의 결정을 통하여 역사하고 정경의 내용을 정했다는 입장이다. 그러므로 가톨릭교회는 초대교회가 성경을 성문화하였기 때문에 역사적으로나 신학적으로 교회가 성경의 권위보다 우선한다고 믿었다. 그러나 칼빈은 사람이나 교회의 권위가 아니라 오직 하나님만이 성령을 통하여 성경의 감동과 권위와 신뢰성을 증명하셨다고 말하면서 가톨릭교회의 입장에 동의하지 않았다. 칼빈의 말을 들어보자.

> 그러므로 이 점을 분명히 해야 합니다. 성령이 성경을 통하여 우리의 내면에 가르침을 주셨다는 것과 성경은 그 자체로 권위를 지니고 있다는 것입니다. 때문에 성경을 증거 자료로 사용하거나 이성보다 하위에 두는 것은 잘못된 것입니다. 성경이 귀중한 이유는 성령의 증언으로 완성되었기 때문입니다. … 그러므로 성경은 성령의 능력으로 조명될 뿐, 우리나 어떤 사람이 성경이 하나님의 말씀이라고 판단해서가 아닙니다. 우리는 인간의 판단을 초월하여 성경의 확실성을 확신합니다.[2]

칼빈은 교회가 성경의 토대 위에 서 있으며 반대의 경우는 성립하지 않는다고 강력하게 주장하였다. 교회는 성경에 대한 신뢰의 정도에 따라, 신뢰성과 권위를 진술한다. 교회의 권위가 성경에서 나오기 때문에 교회는 성경의 권위를 인정할 수 있는 권한이 없다.

비록 칼빈이 성경의 거룩한 감동과 권위와 신뢰성의 우선적인 근거가 "성령의 거룩한 증언"이라고 강조했지만, 제한적으로 인간의 이성이 성경의 신

---

2   Ibid., I. vii.5 (1.80).

뢰성을 정립하는 충분한 증거들을 제공한다고 주장하였다.[3] 성경의 순서와 내적인 일관성을 포함하는 성경의 단순성은 성령의 감동과 권위 그리고 신뢰성을 확증한다.[4]

칼빈은 성서해석에 관하여 전문적인 성서해석의 이론과 실제를 연구하는 해석학적 접근에 능숙했다. 칼빈은 성서 대부분에 대한 주석서를 집필하였다. 칼빈은 역사비평이 일어난 19세기 이전 사람이기 때문에 그의 해석학을 후대의 발전된 차원과 비교하는 것은 시대착오적인 발상이다. 그는 고대와 중세 교회 성서해석의 실재적인 유산과 함께 당대의 해석가들, 즉 루터, 에라스무스, 필립 멜란히톤과 마틴 부처 등의 해석학을 인지하고 있었음이 분명하다. 칼빈은 성서를 해석하는 네 가지 방법(*Quadriga*. 사두마차), 즉 (역사적) 문헌, (상징적) 비유, (윤리적) 유형, (비유적) 유추의 방식을 알고 있었다. 레이몬드 블랙커터는 칼빈의 모습을 이렇게 설명하였다. "본문에 대한 본능적 느낌과 문헌적이고, 역사적이고, 직설적인 의미 파악에 중점을 두었다. 칼빈 당시의 다른 주석가들과 비교할 때 추상적인 주석을 피하는 경향이 있었고, 본문의 의미를 발견하기 위하여 영적 감각을 중복적으로 사용하는, 즉 '사두마차'로 알려진 네 가지 방법론으로 성경을 해석하는 성서해석 방법론을 자주 비판하였다."[5]

칼빈은 성서연구에 박식한 지식을 가지고 있었지만, 성서해석을 둘러싼 길고 복잡하고 추상적인 논쟁에 휘말리는 것을 반기지 않았다. 칼빈은 사람에게 스스로 성경을 깨달을 수 있는 능력이 있다고 믿었기 때문에 주석서를 쓸 때 항상 직접적으로 서술하였다. 칼빈은 루터의 주장처럼 성경의 명료성은 사람들이 스스로 읽고 이해하기 어려울 만큼 난해하거나 숨어 있지 않다고 생각하

---

3   Ibid., I. viii.4 (1.78).

4   Ibid., I. viii.5 (1.85-86) I.ix.1 (1.93).

5   Raymond A. Blacketer, "Commentaries and Prefaces," in *The Calvin Handbook*, ed. Herman J. Selderhuis (Grand Rapids: Eerdmans, 2009), 184.

였다. 그래서 교회와 성서학자들은 일반인들이 성경을 읽고 이해할 수 있도록 도움을 주어야 하지만, 각 사람에게 성경을 읽고 이해하고 해석할 수 있는 능력이 충분하다고 보았다.

칼빈은 사람들이 기독교 신앙을 미신적으로, 때로는 광신적으로 수용하는 현상을 염려하며 비판하였다. 예를 들면 현재에 대한 예언을 하나님께 받았다고 주장하는 사람들의 경우였다. 부분적으로 그의 염려는 하나님이 성서보다 교황과 가톨릭교회 지도자들에게 말하고 있으며, 그 때문에 교황과 주교들에게 가르치는 권위가 주어진다고 주장하는 로마 가톨릭교회를 염두에 둔 것으로 보인다. 그는 교황과 주교들의 권위를 거부하였다. 칼빈은 또한 성경의 가르침을 뛰어넘는 성령의 새로운 계시를 받았다고 주장하는 당대 사람들의 주장을 배격하였다. 그는 그러한 경향이 재세례파 교인들에게서 나타난다고 생각하였다. 칼빈은 하나님의 영이 성경을 초월하여 우리를 인도하지 않는다고 주장하였다. 그것은 교회나 개인을 통해 주어진 예언적 선포와 상관없이 성서를 넘어서는 계시라는 주장들로부터 지켜주는 안전장치다. 칼빈의 말을 들어보자. "그러므로 우리에게 약속하신 것처럼, 성령은 우리를 복음의 교리에서 멀어지게 하는 새롭고 이전에 들어보지 못한 계시들, 혹은 새롭게 만들어진 교리를 만들어낼 의무를 가지고 있지 않다. 성령은 복음이 명하신 바로 그 교리들로 우리의 마음을 봉인한다."[6]

칼빈과
오직 성서

루터와 마찬가지로, 칼빈도 그리스도인의 믿음과 가치, 실천을 결정하는 성서의 권위를 강하게 주장하였다. 이와 관련하여 칼빈은

---

6   Calvin, *Institute*, I. ix.1 (1.94).

종교개혁의 슬로건인 "오직 성서(라틴어 *Sola Scriptura*)"를 차용하였다. 재미있는 것은 칼빈이 이 슬로건을 『기독교 강요』에서 한 번도 사용하지 않았다는 점이다. 그러나 "오직 성서"라는 구호에 담긴 본질은 그의 저서 전반에 걸쳐 나타난다. 어쨌든 루터는 1521년 보름스 의회에서 열린 이단재판에서 자신을 분명하게 변호하였다. 루터의 말을 들어보자.

> 만일 내가 성서의 증언이나 뚜렷한 이성적 판단에 근거하여 ―여러 번 잘못된 결정을 내리는 것을 보면서 교황과 공의회를 믿지 않았기 때문에― 확신을 갖지 않았다면 나는 내가 인용하고 나의 양심이 하나님의 말씀이라고 인정한 성경 구절들에 매여 있었을 것이다. 그러므로 나는 어느 것도 철회할 수 없을 뿐 아니라 앞으로도 철회하지 않을 것이다. 양심에 반하여 행동하는 것은 심히 어렵고, 해가 되며, 위험한 일이기 때문이다. 하나님, 저를 도우소서. 아멘.[7]

루터는 이렇게 고백하고 나서, "내가 여기 서 있습니다! 저는 그 외에 아무것도 할 수 없습니다."라고 말한 것으로 전해지는데, 역사가들은 이 말이 루터를 전설적인 인물로 높이기 위하여 초기부터 추가되었다고 보고 있다.[8] 그 말에서 나타나고 위의 인용문에서 볼 수 있는 것처럼, 루터는 성경의 권위를 대체하려는 로마 가톨릭교회의 교황권과 교권의 권위에 강경하게 맞서는 입장을 견지했다. 루터가 자신을 변호하면서 "뚜렷한 이성적 판단"과 "양심"이라는 용어를 사용했음에도 불구하고, 그가 의지했던 권위는 오직 성서의 권위뿐이었다. 때문에 루터와 다른 종교개혁자들이 성서를 그들의 규범적인 신앙의 권위로 정

---

7 Martin Luther, 재인용. Erwin Iserloh, Joseph Glazik, and Hubert Jedin, *Reformation and Counter Reformation*, trans. Anselm Biggs and Peter W. Becker, in *History of the Church*, vol. V, ed. Hubert Jedin and John Dolan (영어판 1980, 재판 New York: Crossroad, 1986), 79.

8 Ibid., n. 17.

립한 이후 "오직 성서"라는 구호는 종교개혁의 공식적인 원칙 혹은 동인(권위의 근거라는 점에서)으로 종종 서술되어 왔다.

"오직 성서"라는 원칙은 칼빈의 저서 전체를 관통하는 정신이다. 참된 신앙에 대한 논의에서, 칼빈은 "이제 참된 믿음이 우리를 비추게 하려면, 믿음은 하늘의 교리에서 시작해야 하고 성경을 공부하기 전에는 어느 누구도 바르고 건강한 교리의 한 조각도 취할 수 없다는 사실을 굳게 믿어야 한다."[9]고 말했다. 죄의 영향력으로 말미암아, 인간적인 권위는, 심지어 교회의 권위까지 성서의 권위와 동일한 차원으로 여겨질 수 없게 되었다. 칼빈은 성경이 기독교의 규범적인 기준이라는 점을 분명하게 강조하였다. 칼빈은 이렇게 말했다. "성경이 굳건한 원칙이 되어야 한다. 하나님의 말씀으로 교회에 주어진 것 외의 다른 말들은 믿을 수 없다. 그 말씀은 처음에는 율법서와 예언서로, 다음에는 사도들의 책으로 주어졌다. 교회 안에서 가르침을 줄 수 있는 유일한 권위의 방법은 하나님의 말씀의 인도와 기준이다."[10]

칼빈은 성서의 권위를 이해하면서 경직되거나 무비판적인 문자주의에 빠지지 않았다. 오히려 그는 놀랍도록 치밀하게, 교회사에 나타난 초대교회 교부들의 저작들과 신학적 판단에 필요한 비판적 사고를 성경을 보충하는 이차 자료로 이용하였다. 그가 보여준 정교한 논리는 종교개혁을 거치면서 개신교회 전통에서 제외된 경우도 있었다. 예를 들면 성서 외의 다른 권위를 절대로 인정하지 않았던 재세례파를 들 수 있다. 또 다른 예로 후기 개신교회 전통들 가운데 "오직 성서"라는 명제를 들어 성서 외의 다른 어떤 자료나 요소들은 기독교 안에서 절대로 중요한 의미를 가질 수 없다는 주장이 있다. 오늘날에도 그리스도인들은 오직 성경만이, 다른 것은 없이, 그들의 신앙과 가치, 실천의 유일한 기준이 되어야 한다고 단순하게 주장한다. 그러나 그들이 어떤 문제를 결

9   Calvin, *Institute*, I. vi.2 (1.72).
10   Ibid., IV. viii.8 (2.1155).

정하는 과정을 보면, 교회사에서 발전해온 교리와 논리들 그리고 경험적인 지식들을 검증하지 않고 자신들의 신앙과 가치, 실천의 중요한 기준으로 삼는 것을 알 수 있다.

칼빈은 종교개혁이 새로운 운동으로 인정받지 못하는 상황, 특히 이단적으로 보이는 상황을 염려하였다. 그는 『기독교 강요』 서문에서 이 부분을 분명하게 언급하였다. 그는 개신교회가 성경과 초대 기독교의 연장선에 있으며 로마가톨릭교회는 그 역사성을 왜곡하였다고 주장하였다. 칼빈은 저작들 곳곳에서 제롬과 어거스틴, 크리소스톰과 같은 교부들을 인용하고, 자신의 신학과 사역의 발전에 있어서 중요한 기초라고 주장하였다. 그는 어거스틴의 책들을 가장 많이 인용했는데, 특히 하나님의 예정과 인간의 자유의 관계를 논하면서 그랬다. 마지막으로 칼빈은 개신교회의 규범과 신조들을 만드는 일에 심혈을 기울였고, 성서와 그의 책들은 칼빈주의자들의 토대가 되었다.

웨슬리의
성서 이해

웨슬리는 성서를 사랑한 사람이었다. 그 역시 칼빈이 보여준 것처럼 성서의 거룩한 감동과 신앙적 권위 그리고 신뢰성을 믿었다. 그의 『설교집』(Sermons) 서문에서 웨슬리는 성경의 중요성을 이야기하였다. 특히 구원에 있어서 성경의 유익함을 말했는데, 여기에서 유명한 "한 책의 사람(라틴어 homo unius libri)"이라는 표현을 자신에게 적용하였다. "나는 한 가지 일, 천국으로 가는 한 길을 알기 원합니다. 그 행복한 항구에 안전하게 도달하는 방법을 알기 원합니다. 하나님 자신이 스스로 낮아지셔서 그 길을 가르쳐 주셨습니다. 바로 이러한 목적으로 그분이 하늘에서 오신 것입니다. 그분은 한 책에 이 일을 기록하셨습니다. 오, 저에게 그 책을 주십시오! 하나님의 책을 위해서라면 나는 어떠한 대가도 지불할 것입니다! 나는 그 책을 가졌습니다. 나는 이 일을 충분히 인식하고 있습니다. 나는 한 책의 사람이 될 것입니다."[11] 웨슬리는 신앙과 실천의 문제에서 성서의 권위에 우선성을 강조하는 개신교회의 입장에 동의하였다. 비록 웨슬리는 종교개혁이 일어나고 이백 년 후에 활동했지만 개신교회와 로마 가톨릭교회의 갈등은 계속되었고, 웨슬리는 "기록된 하나님의 말씀은 신앙과 실천의 유일하고 충분한 규율이 되어야 합니다. 여기에서 우리는 로마 가톨릭교회의 입장과 근본적으로 구별됩니다."라고 확인하였다.[12]

웨슬리는 성경이 성령의 감동으로 기록되고, 정경화되고, 전파되었으며, 오늘까지 성령은 성경을 통하여 사람들을 인도하는 길을 원칙적으로 안내하고 있다고 믿었다. 웨슬리의 말을 들어보자. "성령이 가장 중요한 인도자이지만 모든 면에서 규율로 역사하지 않습니다. 성경은 우리를 모든 진리로 인도하는 규율이 됩니다. 그러므로 좀 어렵게 표현하면, 성령을 '안내자'로 부를 때 그것은 지적인 존재를 의미하고, 성경을 규율이라 부를 때 그것은 지적인 존재가 사용하는 것을 의미합니다. 이것은 일반적이고 분명한 사실입니다."[13] 따라서 성경은 지적 창조자를 통해 만들어졌기에 성령의 보증을 받음과 동시에 이성적이고 경험적인 증거를 가지고 있다. 그런 의미에서 웨슬리는 성경의 영감에 대하여 다음과 같이 주장하였다. "하나님께서 성경을 만드셨다고 믿을 수밖에 없는 네 가지 크고 놀라운 증거가 있습니다. 바로 기적과 예언, 교리의 완전함, 그리고 성서 기자들의 도덕성입니다."[14]

웨슬리는 성서에 높은 가치를 부여했지만, 단순하게 한 권의 책만 읽은 사람은 아니었다. 그는 교회론과 신학의 발전을 포함하여 교회사에 능통한 옥스퍼드대학교 교수였다. 그는 많은 책들을 읽고, 편집하고, 집필하였으며, 그가 감

---

11   Wesley, "Preface," §5, *Sermons*, *Works*, 1.105.
12   Wesley, "The Character of a Methodist," §1, in *Works* (Jackson), 8.340.
13   Wesley, "To Thomas Whitehead," 10 February 1748, *Letters* (Telford), 2.117.
14   Wesley, "A Clear and Concise Demonstration of the Divine Inspiration of the Holy Scriptures," *Works* (Jackson), 11.484.

독하던 목회자들과 평신도 지도자들에게 서양의 고전으로 시작하여 논리학, 수사학을 성서와 함께 읽고 교회와 목회의 지도력을 준비하도록 요구하였다. "몇 번의 대화 시간들"이라는 글에서, 웨슬리는 오직 성서연구만 필요하다고 주장하는 감리교회 지도자들에게 답하였다. "그것은 최고의 열정입니다. 만일 성경 외에 다른 책이 하나도 필요하지 않다면 당신은 바울 사도보다 훌륭한 사람입니다. 바울도 다른 책들을 필요로 했습니다. 그는 '책들을 가져오라. 특별히 양피지에 기록된 두루마리를 가져오라.'고 말했습니다. '그러나 나는 그 책들을 읽어도 아무런 감흥이 없다.'고 했습니다. 다른 책도 읽어 그 맛을 보기 바랍니다. 그러나 곧 다시 돌려주도록 하십시오."[15] 웨슬리는 신학과 영성과 사역이, 좁은 범주의 훈련을 통해서 혹은 사람들의 삶과 성경을 통하여 역사하는 성령의 위격과 역사를 넘어서는 방대한 자료들을 배제하고 배울 수 있는 것이 아님을 알고 있었다.

예를 들어 웨슬리는 개신교회의 영국성공회 전통이 자신의 신앙적 배경이라는 사실을 분명하게 인식하고 있었다. 그는 평생 영국성공회의 서품받은 사제로 살았으며, 성공회 전통에 신학적 뿌리를 두었다. 웨슬리는 유럽 대륙의 종교개혁자들을 존경하고 그들의 영향을 받았다. 그러나 그에게 가장 많은 영향을 준 이들은 영국의 개혁자들이었다. 그는 토마스 크랜머로 거슬러 올라가는 영국 종교개혁 그룹의 일원이었으며, 그들은 로마 가톨릭교회와 대륙의 종교개혁자들 사이에서 "중도의 길(라틴어 *via media*)"을 모색하는 이들이었다. 그러한 식으로, 영국성공회는 루터와 칼빈의 경우와 달리, 로마 가톨릭교회와 정교회를 포함하는 교회의 전통의 우물에서 보다 많은 물을 마실 수 있었다. 성서를 신앙에서 우선적인 권위로 인정하였지만, 동시에 교회의 전통 또한 (비록 이차적이지만) 진정한 신앙적 권위로 인정하였다. 성서의 가르침과 교회의

---

15 Wesley, "Minutes of Several Conversations," Q.32, *Works* (Jackson), 8.315.

전통이 서로 충돌하는 것처럼 보일 때 그리스도인은 그 사이에서 어떻게 결정해야 하는가?

성공회 전통에 따르면, 하나님은 인간에게 이성을 주어 성서와 교회 전통 가운데 신앙적인 권위를 분별할 수 있게 하셨다. 두 가지 표준이 역동적으로 상호작용하는 가운데, 그리스도인은 신앙의 문제들에서 하나님과 성령의 뜻을 훌륭하게 분별할 수 있게 된다. 헨리 매카두는 이러한 방법론적 접근을 가리켜, 로마 가톨릭교회의 권위주의에 빠지지 않으면서, 다른 한편으로 개인들이 스스로 성경을 읽고 해석할 수 있는 능력이 있다고 믿었던 대륙의 종교개혁자들의 믿음에서 나온 무제한적 자유를 피하기 위하여 영국의 개혁자들이 선택한 길이라고 설명하였다. 매카두의 말을 들어보자.

> 영국성공회의 신학방법론의 전체적인 특성은 이러한 양극성 혹은 긴장 속에 살아가는 능력으로, 17세기 동안 이성적인 요소가 전 분야를 휩쓸지 못한 이유를 설명하는 데까지 나아갔습니다. 이는 이전까지 한 번도 있어본 적이 없었기 때문입니다. 신학적으로 말하면, 성서와 초대교회 전통에 근거한 다른 요인들과 협력할 때 작동했다는 뜻입니다.[16]

성공회는 신앙적 권위의 우선성과 함께 전통과 이성에도 합리적으로 이차적인 권위를 부여할 것을 강조하면서 "오직 성서"를 절대적인 모토로 내세운 대륙의 종교개혁자들과 차별성을 가졌다.

성공회는 계몽운동의 발생 초기에 출발하였고, 그러한 지성적인 영향은 웨슬리와 그의 특정한 신학적 주제들을 평가할 때 중요한 배경이 된다. 웨슬리는 성서와 신학, 사역에 있어서 이성의 역할을 높이 평가하였다. 그러한 맥락에

---

16 Henry R. McAdoo, *The Spirit of Anglicanism: A Survey of Anglican Theological Method in the Seventeenth Century* (New York: Scriber's, 1965), 313.

서 보면, 대륙의 종교개혁자들은 인문주의와 명목론을 배경으로 탄생하였고, 이러한 경향은 루터와 칼빈의 교육과정에 깊이 퍼져 있던 사조였고, 그들의 신학에도 영향을 주었다. 루터와 칼빈이 그들의 신앙과 가치, 실천의 발전에 있어서 오직 성서만 의지했다고 믿는 것은 순진한 생각이다. 두 사람 모두 치밀한 기독교 사상가로 이성의 능력을 신봉하는 당시의 흐름을 잘 알고 있었다. 그러한 배경을 아는 것이 개신교회의 다양한 신학 전통들을 이해하는 데 절대적인 요소이기는 하지만, 두 사람의 신학적 성취를 축소시킬 수는 없다. 오히려 그러한 상황 이해는 웨슬리와 칼빈, 두 사람을 잘 이해하는 데 도움이 된다.

웨슬리와
중도의 길

웨슬리는 교회 전통과 비판적 사고를 자신의 신학과 사역에 유용한 도구로 받아들이는 한편 성서의 우선성을 강조하는 방식으로 영국교회의 중도의 길 방법론을 수용하였다. 그는 이 방법론이 대륙의 종교개혁자들의 "오직 성서"의 원칙과 대립된다고 생각하지 않았다. 오히려 반대였다. 웨슬리는 루터나 칼빈처럼 다른 신앙적 권위들과 신학적이고 교회적인 대화를 하지 않는 성서해석 방법론을 택하지 않았다. 웨슬리는 "오직 성서"의 원칙이 성서를 신앙에 관한 주제들에서 가장 최종적인 권위로 확인하는 것이 아닌가 염려하였고, 기독교 신앙과 실천에서 독점적 권위가 아닌 우선적 권위로 보았다.

웨슬리는 항상 성서의 최종적 권위를 인정하면서 자신의 신학과 사역에서 성서의 권위를 높게 부여하였다. 예를 들어 설교와 논문을 모은 『전집』(Works) 1771년 판에서 이렇게 말하고 있다. "이 전집에서 나는 진지하고 정직한 독자들에게 최종적으로 완성된 사상을 보이고자 한다. 나의 사상이 성서와 이성,

초기 기독교 전통에 부합하기를 바란다."[17] 그는 "초기 기독교"가 "가장 순수한 시대의 교회 가운데 초대교회의 신앙"을 대표한다고 생각하였다. 그는 모든 교회 전통이 동일한 가치를 지닌다고 생각하지 않은 것이 분명하다. 그는 로마 가톨릭교회보다 개신교회에, 대륙의 종교개혁보다 영국의 성공회 개혁에, 중세교회의 발전보다 초대교회에 더 높은 가치를 두었다. 그러나 역사적으로 등장한 여러 가지 정통 사상에서 많이 배웠고, 논리학과 비판적 사고 역시 그에게 많은 영향을 주었다.

하지만 기독교 신앙과 가치, 실천을 바르게 이해하고 적용하는 데 있어 이성은 논리학이나 비판적 사고에서 기능한 것과 달리 지식의 직관적인 근거가 되지 않았다. 논리학의 중요성을 논하면서 웨슬리는 이렇게 말했다. "만일 내가 바르게 이해했다면, 뛰어난 감각적 기술, 사물에 대한 분명한 이해, 올바른 판단, 종합적 사고의 목적이 무엇입니까?"[18] 물론 이성과 이성적 사고는 하나님께서 주신 선물이다. 하나님의 형상으로 사람을 창조하셨기 때문에 피조물 가운데 인간에게 준 것이다. 인류는 분명한 한계와 함께 죄성을 가지고 있기 때문에 본성과 이성의 범주를 신실하게 분별해야 할 필요가 있다. 웨슬리는 여전히 하나님이 주신 선물인 이성에 대한 믿음을 가지고 있었다. "우리 감리교인들의 근본적인 원칙은 이성을 포기하는 것은 신앙을 포기하는 것과 같다는 것입니다. 신앙과 이성이 함께 갈 때, 모든 비이성적인 신앙은 잘못된 신앙이 될 것입니다."[19]

웨슬리는 신학적으로 혁신적인 결과물을 보이기 위해 노력하지 않았음에도 불구하고 경험을 전통, 이성과 함께 진정한 신앙의 권위로 인정할 것을 제안해서 기독교의 지성적 발전에 크게 공헌하였다. 다시 말하면 웨슬리는 칼빈처럼

---

17   Wesley, "Preface," §6, *Works* (Jackson), 1.iv.
18   Wesley, "Address to the Clergy," I.2, *Works* (Jackson), 10.483.
19   Wesley, "To Dr. Rutherford," 28 March 1768, *Letters* (Telford), 5.364.

새로운 것을 만들어내려는 의도가 없었지만, 예수 그리스도의 시대 이후로 교회사를 관통하여 믿어온 유산을 회복하기 위해 노력하였다. 경험의 중요성을 강변하면서, 지금까지 우리의 삶과 우리가 살고 있는 세계 안에서 매일매일 눈에 보이는 변화를 만들어온 복음의, 소위 의도적인 방법론은 아닐지라도 웨슬리 자신의 입장이 교회가 지금까지 일관되게 주장해온 믿음과 가치, 실천을 명료하게 만든다고 생각했다. 웨슬리는 『설교집』 서문에서 "진실하고, 성경적이며, 체험적인 믿음"이 "진정한 믿음"이라고 주장하였다.

> 나는 진실하고, 성경적이며, 체험적인 믿음을 설명하기 위하여 노력해 왔습니다. 때문에 여기에 해당하는 것을 빠트리지 않기 위하여, 해당하지 않는 것을 포함하지 않기 위하여 애썼습니다. 이 책에서 내가 가장 우선적으로 열망하는 것은, 이제 막 하늘나라를 향하여 얼굴을 든 사람들(그리고 이제 하나님의 일을 조금씩 알아가는 사람들과 자신의 길에서 돌이켜야 할 책임이 있는 사람들)을 형식과 세상적인 생각에 대부분 흔들리는 순진한 신앙으로부터 보호하는 것입니다. 두 번째로 원하는 것은, 진실한 믿음과 사랑으로 역사하는 믿음을 가진 사람들이 믿음으로 율법을 완성하는 삶을 회피하지 않도록, 그래서 다시 마귀의 올무에 걸리지 않도록 경계하는 것입니다.[20]

웨슬리에게 체험적인 믿음은 하나님과 하나님의 구원의 경험이라는 의미로, 신자들이 믿음과 소망뿐 아니라 사랑으로 경험해야 하는 일이었다. 그들은 하나님의 사랑을 느끼고, 그 사랑을 구체적인 표현으로 다른 이들에게 돌려주었다. 웨슬리는 하나님과 인간의 구원을 생생한 실재로 받아들였다. 그는 이 실재를 구체적으로 느꼈고, 이는 성경의 약속을 추상적으로 인정하는 차원이 아

---

20   Wesley, "Preface," §6, *Sermons, Works*, 1.106.

니었다. 웨슬리는 신앙의 올바른 근거로서 체험을 확신하면서 감정의 변화를 분별하는 것이 대단히 어려운 일이지만 중요하다고 이야기하였다. 웨슬리의 말을 들어보자.

> 영국교회의 교리에 의하면, 이 (성경) 본문들을 통하여 모든 그리스도인들이 원하는 "성령의 임재"를 경험하는 것은 충분하지 않습니다. 그러나 이 본문들을 통하여 앞으로도 분명하게 알 수 있는 사실이 있습니다. 여기에서 독자들은 하나님이 스스로 우리에게 보여주시는 계시와 성령의 *감동* 그리고 그리스도의 영이 그들 안에서 강력하게 일하시는 것을 느끼는 신자들의 *감정*을 분명하고 이성적으로 발견할 것입니다.[21]

웨슬리는 성령의 임재, 즉 성령의 증언을 느끼는 것에 대하여 특별한 관심을 가졌다. 칼빈은 성경의 유효성이라는 관점에서 성령의 증언을 이야기했지만 웨슬리는 그리스도인의 삶의 여러 차원들 속에서 성령의 역사와 임재의 경험적인 유효성 역시 중요하고 하나님의 진리에 대한 유효한 확증이라고 생각하였다. 기독교는 성서적, 교리적, 명제적 실존을 넘어서는, 성령충만과 관계적이고 역동적인 차원을 가지고 있다. 웨슬리는 경험이 ─이차적일지라도─ 성서의 우선적인 권위와 함께, 전통과 이성의 차원에서 신앙의 진정한 근거가 된다고 믿었다.

웨슬리와
사중 표준

웨슬리가 성서와 전통, 이성과 체험을 신앙의 권위로

---

21 Wesley, "A Father Appeal to Men of Reason and Religion, Part I," V.24, *Works*, 11.167. 진하게 표시한 부분은 필자 강조.

사용하면서, 이 네 가지를 가리켜 "웨슬리의 사중 표준(Quadrilateral)"이라고 부른다. 물론 웨슬리는 이러한 표현을 사용하지 않았다. 그것은 마치 칼빈이 "오직 성서"라는 모토를 직접 사용하지 않은 것과 같다. 그럼에도 불구하고 이 두 명제는 두 사람과 결합된 용어가 되었다. 알버트 아우틀러가 사중 표준이라는 말을 만들어냈다. 사중 표준에 대한 아우틀러의 설명을 들어보자.

이 용어는 웨슬리의 신학방법론에서 사용된 네 가지 신앙의 정통적인 기준을 비유적으로 잘 설명하기 위한 의도로 만들어졌다. 이렇게 네 가지를 하나로 묶어 볼 때, 성경은 분명히 특별하다. 그러나 다음으로, 사도 시대부터 지금에 이르기까지 다른 시대들과 문화들이 축적해온 그리스도교의 지혜가 우리를 밝혀주고 있다. 이 지혜는 비판적 이성의 훈련을 통하여 반계몽주의에서 복음을 구해 낼 수 있도록 도와준다. 그러나 언제나 중요한 것은, 인간은 믿음을 통하여 성경을 통해 주어진 계시를 진정한 마음으로 받아야 한다는 것이다. 이것이 바로 "체험"이 요구하는 것이다.[22]

사중 표준이 신화라고 비판하는 이들도 있다. 만약 그렇다면 그 신화는 유익한 신화다. 그리스도인들이 그들의 신앙과 가치와 관련하여 결정하고 행동하도록 서로 교훈하고 영향을 주는 도구가 되기 때문이다. 마치 개념이나 도식, 혹은 자율적 발견과 같이 사고를 돕는 도구라 할 수 있다. 마찬가지로 칼빈이 말하지 않은 것이 말한 것처럼 전해오기 때문에 칼빈의 "오직 성서"도 신화라고 말할 수 있다. 이 신화 역시 성서의 권위에 관한 탁월한 강조점을 제공했다는 점에서 유익한 신화다. 분명히 웨슬리와 칼빈이 성경과 정경, 해석학에 대하여 보여준 입장은 겉으로 드러난 것보다 많이 복잡하고 서로 연관되어 있다.

---

22   Albert C. Outler, "The Wesleyan Quadrilateral in John Wesley," *Wesleyan Theological Journal* 20, no. 1 (Spring 1985): 11.

그러나 사중 표준과 "오직 성서"라는 방법론은 두 사람의 신학적이고 방법론적인 관점의 차이를 파악하는 데 도움을 준다.[23]

웨슬리가 칼빈이 "오직 성서"를 강조한 것에 대하여 반대하지 않은 것으로 보이지만, 기독교 신앙과 가치들 그리고 특별히 목회의 관점에서 사람들의 매일의 삶을 힘들게 하는 실제적인 문제들을 다루는 데 있어서 부족하다고 생각했을 것이다. 웨슬리는 그리스도인들이 다양한 방식으로 신학적인 응답을 하기를 원했다. 즉 개인들과 교회들, 그 외의 신앙고백들이 만들어낸 역사적인 성취들을 분명하게 인식하기를 원했다. 그리고 앞선 성취들을 삶 속에서 비판적으로, 상황적으로 그리고 경험적으로 완성하기를 원했다. 특별히 웨슬리가 성령의 지속적인 현존과 역사를 강조하였기 때문에, 사람들 속에 내재하며, 관계성 속에서 함께 일하며, 은혜 가운데 강하게 하는 성령을 이해하기 위하여 신앙의 바른 근거를 전체적으로 이해하는 것이 필요했다.

웨슬리는 신앙의 바른 근거로서 독점적인 우선성을 갖는 것은 아니라고 생각하였다. 물론 웨슬리와 칼빈 모두, 궁극적인 의미에서 하나님이 우리의 신앙의 권위라고 말할 것이다. 그러나 하나님은 사람들이 살아가야 할 방식을 알려주기 위한 증언들을 선택하셨다. 하나님의 말씀인 성서는 그러한 증언들을 우선적으로 담고 있는 책이다. 그 위에, 그리스도인들은 −비록 이차적이라 할지라도− 진정한 신앙적 권위를 가진 근거를 추가할 수 있다. 그들이 반드시 전통과 이성과 체험의 차원에서 논의할 필요는 없다. 그들은 창조, 문화 그리고 다른 상황적인 영역에 관하여 이야기할 수 있다. 그러나 웨슬리는 스스로 유익하다고 생각한 관점들, 즉 성서와 전통과 이성과 체험을 제시하였고, 이 네 가지는 오늘까지 감리교회의 중요한 전통으로 이어져 왔다. 사중 표준의 네 가지 원

---

23 사중 표준에 관한 더 많은 정보를 보려면 Don Thorsen, *The Wesleyan Quadrilateral* (Grand Rapids: Zondervan, 1990), W. Stephen Gunter et al., *Wesley and the Quadrilateral* (Nashville: Abingdon Press, 1997)을 참조하라.

리는 지극히 유익한 것으로 여겨져 왔다. 이 원리는 인생의 변함 없는 필요와 요청에 대하여 그리스도인으로서 이해하고 적용하는 과정에서, 개인적·집단적으로, 물리적·영적으로, 교회적·목회적으로 아주 유용한 도구가 되었다.

내가 쓴 책 중에서 웨슬리의 사중 표준에 대하여 설명한 내용을 인용하고자 한다. 이 책에서 나는 칼빈의 특징인 "체계적인 전체성"보다 웨슬리가 주장한 "살아 있는 믿음"을 더 높이 평가하는 이유를 설명하였다.

> 웨슬리의 사중 표준은 마지막 결과의 질을 마지막 결과에 도달하는 방법이나 혹은 접근의 질만큼 크게 강조하지 않는다. 웨슬리의 관점에서, 신학은 복잡하고 조직적으로 전체를 그려내는 결론 부분보다 신앙적 주제들을 설명하는 과정에 더 많이 관심을 가져야 한다. 전체성은 과정을 통하여 이루어지는 것이지 완결함으로 주어지는 것이 아니다. 사중 표준은 (긍정적으로 보면) 교리적이고, (부정적으로 보면) 변증적인 기능을 갖고 있다. 그러나 사중 표준은 교리적 차원이 아닌 살아 있는 믿음에 강조점을 두고 있다.[24]

정리

웨슬리와 칼빈 모두 하나님의 궁극적인 권위를 믿었다. 더 나아가 두 사람은 성경이 감동으로 기록되고, 권위가 있으며, 신뢰할 만하다고 믿었다. 특히 그들은 성경을 그리스도인의 생활과 신앙의 문제를 결정하는 데 우선적인 권위로 인정하는 문제에 많은 관심을 가졌다. 칼빈과 웨슬리는 신학적 응답을 통하여 성서의 권위에 대한 탁월한 연구와 결과를 보여주었고, 그 결과 칼빈은 종교개혁의 구호가 된 "오직 성서"를 주장한 인물로 알려졌다.

---

24   Thorsen, *The Wesleyan Quadrilateral*, 248.

웨슬리도 성서적 권위가 우선적이라는 사실에 동의하지만, 그는 신학적으로 다른 권위들도 진정한 −비록 이차적이라 할지라도− 근거가 될 수 있다고 강변하였다. 그는 자신이 유럽 대륙의 종교개혁과 로마 가톨릭교회의 신학적 월권 사이에서 "중도의 길(*via media*)"을 간다고 보았다. 웨슬리는 성서를 정경화하고, 그것을 정통 기독교 신앙에 전해준 교회 역사에 나타난 전통들의 가치를 높이 평가하였다. 그는 비판적 사고와 설득을 위한 논쟁 그리고 가르치는 일의 가치를 인정하였다. 끝으로 웨슬리는 성서적 기독교와 사람들의 삶 속에서 일하는 성령의 계속적인 현존과 역사를 확인하는 올바른 체험의 가치를 중시하였다.

토론을 위한 질문

Q1 웨슬리와 칼빈의 성서 이해에서 두 사람이 동의하는 부분은 무엇인가요? 또 동의하지 않는 부분은 무엇인가요?

Q2 종교개혁의 구호인 "오직 성서"에 대하여 어떻게 생각하나요?

Q3 당신의 신앙과 가치, 실천에서 성경보다 더 높은 권위를 가지고 영향을 주는 요인들이 있나요?

Q4 당신이 성서의 본질과 권위에 대하여 말하고 믿는 것과 매일의 삶에서 성경을 실제로 적용하는 것 사이에 어떤 차이가 있나요?

Q5 웨슬리가 성서적 권위의 우선성과 함께 교회 전통, 비판적 사고, 올바른 체험을 −이차적이라 할지라도− 진정한 신앙의 표준으로 보는 것에 대하여 어떻게 생각하나요?

Q6 웨슬리의 사중 표준이, 그리스도인들이 생각과 말과 행동을 신학적으로 결정하는 데 유익한 개념이라고 생각하나요?

3

인간

예정보다
자유

대학원 재학 시절, 친구 부부가 첫 아이로 아들을 얻었다. 일주일 후에 그들을 방문하였는데, 갓난아기가 칭얼거리더니 곧 발버둥치며 울었다. 친구는 단호한 어조로 말했다. "이게 바로 우리의 원죄에 대한 증거 같아. 자기가 원하는 것을 원하는 때에 갖지 못하면 저렇게 울거든!" 나는 친구의 말에 동의하지 않았다. "저 아이는 말을 할 줄 모르잖아. 그래서 울고 떼쓰는 것이 유일한 의사 표현인 거야." 그러나 친구 역시 내 말에 동의하지 않았다. 친구는 갓난 아들을 보면서, 그 모습이 인간이 죄에 매여 있는, 그들이 의식하든지 못하든지 전적인 타락의 증거라고 생각하였다.

친구와 이런 대화를 할 때만 해도 나는 아직 부모가 아니었다. 현재 내게는 다 자란 세 딸이 있다. 그러나 딸들이 태어났을 때, 나는 아이들이 우는 것을 —적어도 갓난아기는 아니었을지라도— 유전된 죄의 성향을 보여주는 증거라고 생각하지 않았다. 물론 그 아이들이 전적으로 타락했다고 생각하지도 않았다. 대신 나는 아이들이 미숙한 상태에서 성숙한 단계로 발전한다고 생각하였다. 나와 아내는 아이들이 배우고, 올바른 결정을 내리도록 계속하여 도와주었다. 우리는 아이들이 학교와 교회에서 친하게 지내는 친구들과 함께 창조적으로 배우는 경험을 갖고 바른 분별력을 키울 수 있도록 돌보았다. 우리는 아이들이 어른이 되어가는 긴 과정에서 우리의 생각과 말과 행동이 중요하다고 생각했다. 우리는 좋은 부모가 되기 위하여 책을 읽고, 세미나에 참석하고, 친구들과 대화를 나누고, 하나님께 기도드렸다. 아이들이 좋은 사람이 되기를 바라는 마음으로, 특히 신앙과 성품에서 좋은 그리스도인이 되기를 바라는 마음으로.

나는 부모의 말과 행동이 아이들의 장래에 중대한 영향을 미친다는 사실을 모르면서 부모로 살아간다는 것은 이해할 수 없다. 부모가 좋은 사람이나 나쁜 사람으로 살아가는 것과 그들의 아이들이 좋은 사람이나 나쁜 사람이 되는 것 사이의 관계 말이다. 내가 완전한 부모가 아니고 내 아이들이 완전하지 않은 것은 분명하다. 그리고 부모의 영향과 함께 아이들이 성숙해지는 데 영향을 주는 요인들은 무수히 많다. 생물학적, 문화적, 계층적, 인종적, 국가적 요인들과 성별과 언어의 영향 등 말이다. 그러나 나는 부모로서 아이들과 함께 자유롭게 선택하였고, 그들이 미래에 지식과 지혜와 신앙을 갖추며 성장하는 데 가장 도움이 되는 결정을 내릴 수 있도록 도와주었다.

나는 그러한 과정에서 인간의 자유, 혹은 자유의지가 매일의 삶에 분명하게 작용한다고 느꼈다. 비록 우리의 삶에 영향을 주는 여러 가지 제약-영적이고 육체적인-으로 우리의 자유가 절대적이지 않지만, 진정한 의미에서 자유의지는 어느 정도 존재한다. 우리의 선택이 이미 결정되었다는 (그래서 궁극적인 의미에서 자유로운 선택이 아니라는) 생각은 심리학적으로, 철학적으로, 신학적으로 심각한 논쟁을 일으킨다.

놀라운 것은 인생과 그 안에서 이루어지는 결정들이 이미 정해져 있고, 자기 삶을 살아가는 것보다 삶을 관찰하는 입장이라고 확신하는 사람들의 수가 아주 적다는 것이다. 생물학적으로나 심리적으로나 신학적으로나 이미 결정되어 있다고 보는 관점은 개인뿐 아니라 사회에 중대한 도덕적 영향을 미친다. 신학적으로 칼빈의 신학은 인간의 삶에 대하여 하나님과 하나님의 뜻이 강력한 영향력을 갖는 것으로 보고, 죄도 강력한 영향력을 가지고 있다는 입장을 지지하였다. 그러므로 인간은 하나님께 무조건 의존해야 한다는 입장이다. 웨슬리 역시 인간에 대한 하나님과 죄의 영향력이 강력하다고 생각하였다. 그러나 그는 하나님이 은총으로 주시는 능력으로 인하여 인간의 자유가 완전히 없어지지 않았다고 생각했다. 그리스도인들이 이 문제에 대해 어떻게 생각하는가는 그들이 매일 어떻게 살아가고, 그들의 결정에 얼마나 책임감이 있으며, 미래를 어떻게 계획하는지에 영향을 미친다. 따라서 웨슬리와 칼빈의 차이를 살피고, 특별히 인간과 인간의 자유의 본질과 범주에 대한 그들의 이해를 논하는 것은 중요하다.

하나님의
형상과 죄

　　　　　웨슬리와 칼빈은 모두 인간이 하나님의 형상에 따라 창조되었다(창 1:26~27)는 것을 믿는다. 칼빈은 이렇게 말했다. "하나님의 영광이 인간의 외형을 비추고 있지만, 하나님의 형상이 자리하는 적절한 위치가 인간의 영혼이라는 사실에는 의심의 여지가 없습니다. … 인간을 위하여 준비한 분명한 원칙은 외적으로 보이거나 빛나는 하나님의 형상이, 실제로는 영적이라는 사실입니다."[1] 웨슬리도 비슷하게 말하고 있다.

> 그러므로 하나님은 당신의 형상으로 사람을 창조하셨습니다. … 마지못해 주신 하나님의 본성적 형상이 아니라, 불멸성을 지닌 고유한 모습과, 이성과 자유의지와 여러 가지 능력을 지닌 영적 존재로 지으셨습니다. 단순히 하나님의 정치적 형상이 아니라, "바다의 물고기와 하늘의 새와 가축과 온 땅과 땅에 기는 모든 것을 다스리게" 하는 이 세상의 관리자로 지으셨습니다. 하나님의 도덕적 형상을 흉내낸 것이 아니라, 사도를 통해 주신 말씀처럼 "의와 진리의 거룩함"입니다.[2]

　　웨슬리와 칼빈은 하나님이 하나님의 형상과 모양을 따르는 특별한 방식으로 인간을 창조했는데, 이 모든 것은 하나님의 선한 창조의 일부라고 믿었다.
　　인간이 하나님의 형상을 가졌음을 보여주는 여러 가지 증거들 중에 대표적인 것은 자유의지다. 그러나 인간의 자유는 유익과 함께 책임을 가지고 있다. 자유를 가졌다는 것은 그만큼 잘못된 선택, 어리석은 선택, 악한 선택을 쉽게 할 수 있다는 말과 같다. 웨슬리와 칼빈은 인간이 창조를 통하여 주어진 특권적인 지위에서 타락하고 하나님을 거역하는 죄를 범했다고 믿었다. 웨슬리와

1　　Calvin, *Institute*, I.xv.3 (1.186).
2　　Wesley, "The New Birth," I.1, *Works*, 2.188.

칼빈 모두 이렇게 유전된 영향을 "원죄"라고 불렀다. 칼빈은, "그러므로 원죄는 인간의 영혼 모든 영역에 퍼져 있는 유전적 타락이고, 본성의 부패로, 일차적으로 하나님의 진노의 대상이 되게 하고, 다음으로 성경이 경고하는 '육체의 일(갈 5:19)'을 우리 안에 행하도록 한다."[3]고 말했다. 칼빈은 타락의 성격이 집중적이기보다 광범위하다고 보았다. 즉 죄는 인생의 모든 차원에서 나타난다. 칼빈과 마찬가지로, 웨슬리도 하나님의 형상을 입은 우리의 조상이 물려준 원죄는 타락이며, 그러므로 구원이 필요하다고 믿었다. 웨슬리는 죄를 범함으로 인간의 삶과 지식, 의지와 자유 그리고 행복이 무너진다고 보았다.[4]

칼빈은 원죄의 영향력으로 인하여 인간은 돌이킬 수 없을 정도로 부패하고 타락했다고 생각하였다. 칼빈과 웨슬리는 인간의 본성을 두 가지로 말했는데, 죄로 인한 인간의 타락 이전의 본성과 죄의 딱지가 붙은 타락 이후의 인간의 본성이다. 그러므로 두 사람이 인간의 본성에 대하여 논하는 특정한 맥락을 이해하는 것이 중요하다.

먼저 하나님이 창조한 선을 잃어버린 인간의 원죄에 대한 웨슬리와 칼빈의 차이를 살펴보자. 칼빈은 인간의 책임을 이야기했다. "결국 인간은 하나님의 예정대로, 그러나 자기의 잘못으로 인하여 타락했다."[5] 그러므로 인간은 자기의 죄에 대하여 책임을 져야 하는데, 이는 하나님의 예정 안에서 일어났다. 그러면 하나님의 예정이 모든 인간과 조직과 나라들을 통치하고, 포함하고, 세밀하게 인도하는 것이 아니란 말인가? 그래서 칼빈은 하나님이 명하신 대로 (혹은 예정한 대로) 모든 일이 일어난다고 성경에 분명하게 기록되었다고 설명하였다. 이러한 명제가 서로 모순되는 것처럼 보이지만, 칼빈은 하나님의 "숨겨진" 혹은 비밀스런 계획의 일부이므로 서로 연결되었다고 강하게 주장하였다.

---

3   Calvin, *Institute*, II.i.8 (1.251).

4   Wesley, "The Image of God," ii.2-5, *Works*, 4.298-99.

5   Calvin, *Institute*, I.xxii.8 (2.957).

우리는 반드시 (죄를 범하는 인간의 본성과 함께) 하나님의 예정을 의심하지 않고 믿어야 한다. 모든 일의 목적은 하나님께 영광을 돌리는 것이기 때문이다.

> 이제 우리가 마음으로만 생각해야 할 것은 이런 것입니다. 처음 사람과 그에게 타락한 본성을 물려받고, 유전된 죄와 연결된 후손들은 전적으로 다릅니다. … 그러나 하나님이 인내의 덕을 베풀어 사람을 내버려두지 않으신 이유는 그의 계획 속에 감춰져 있습니다. 절제는 인간에게 해당되는 지혜의 덕목입니다. 사실 인간은 자기의 의지를 훈련할 수 있는 능력을 받았습니다. 그러나 능력을 사용할 수 있는 의지는 없었습니다. 오직 인내를 가지고 의지를 훈련해야 비로소 가능하기 때문입니다. 그러나 인간들은 스스로 타락한 본성을 너무나 많이 받았기 때문에 용서받을 수 없습니다. 사실 사람이 하나님께 보일 수 있는 것은 그저 평범하고 일시적인 의지뿐이고, 하나님은 자신의 영광을 위하여 타락한 인간과 함께하셨습니다. [6]

칼빈은 죄에 대하여 말하면서, 하나님이 아닌 인간에게 책임이 있다고 확신하였다. 칼빈의 관점에서 성경의 교훈에 따르면, 죄는 언제나 사람의 잘못이었다. 하나님의 통치 명령을 받은 존재임을 감안할 때, 사람의 죄성은 논리적으로 이해하기 어렵다. 그러나 그리스도인은, 비록 숨겨져 있지만, 인간의 범죄가 사람을 향한 하나님의 영원하신 계획의 한 부분이라는 사실을 겸손하게 받아들여야 한다.

이미 칼빈 당대에 죄에 대한 근본적인 책임이 하나님에게 있는지, 사람에게 있는지에 대한 물음이 크게 일어났다. 당시 제네바에는 칼빈이 말하는 하나님의 섭리와 예정의 분명한 뜻을 질문하는 사람들이 많았다. 가장 널리 알

---

6   Ibid., I.xv.8 (1.196).

려진 인물은 제롬-허메스 볼섹(Jerome-Hermes Bolsec)이었다. 1551년, 그는 칼빈의 신학을 비판하면서 하나님을 죄의 원인으로 만들었다며 칼빈을 고소하였다. 그는 칼빈의 개혁신학이 불합리하다고 여기며 칼빈을 공격했다가 결국 제네바에서 추방되었다. 하나님의 섭리와 예정에 대한 칼빈의 관점에 의혹을 제기한 것이 처음은 아니지만, 당시 칼빈과 제네바 사람들은 그러한 도전을 배척하였다.

볼섹과 알미니안 그리고 칼빈에 대한 다른 비판자들처럼 웨슬리도 하나님의 통치와 능력과 영광이 하나님의 자기통제를 가로막아 인간의 삶을 조정하여 결과적으로 범죄하여 타락하게 했다고 믿지 않았다. 웨슬리는 성경이 하나님과 하나님의 역사하심에 대하여 다른 관점을 전하고 있다고 생각하였다. 웨슬리는 하나님이 인간을 하나님의 형상으로 창조하고, 창조 이전이나 이후에 -은혜로서- 참된 자유의지를 실행할 수 있도록 허용했다고 생각하였다. 사람과의 관계 안에서 하나님의 모든 역사는 여전히 신비로 남아 있는 것이 분명하다. 그러나 웨슬리는 칼빈이 하나님을 궁극적으로 죄에 대하여 책임 있는 분으로 만드는 것을 피할 수 없다고 보았다. 칼빈은 모든 일이 하나님의 "예정된 원리"라고 일관되고 강력하게 주장했기 때문이다.[7] 웨슬리는 칼빈의 성서해석과 신학방법론에 동의하지 않았다. 웨슬리는 모든 사건을 주관하시는 하나님의 감춰진 뜻을 확인하기 위하여 성서를 투사할 필요는 없다고 생각하였다. 또한 사람이 죄에 대하여 책임이 있다는 것을 확증하기 위하여 성서를 인용할 필요도 없는 것이다. 성서와 교회사는 모두 그리스도인이 하나님의 통치와 인간의 책임을 인식할 수 있는 방식에 대하여 신학적 설명을 준비해 왔다.

웨슬리는 칼빈과 칼빈주의자들이 죄에 대하여 책임지지 않으면서 모든 일을 주관하는 하나님을 증명하기 위해 사용하는 모든 논리에 동의하지 않았다. 웨

---

7   Ibid., I.xviii.2 (1.232).

슬리는 인간이 죄성을 가지고 있으며, 스스로 구원을 얻을 수 없다는 입장에서 있었다. 그러나 웨슬리는 인간에게 죄에 대한 책임이 있는가 하는 문제에서 칼빈과 의견이 엇갈렸다. 하나님은 은혜로서 어느 정도 인간에게 책임을 허용하고, 또한 가능하게 하셨다. 다시금 은혜 안에서 사람들은 그들의 삶에서 성령의 인도하심에 응답하고 하나님의 구원 선물을 받아들일 것을 결정할 수 있게 되었다. 그들은 또한 성령을 거스를 수도 있다. 그러므로 인간의 죄성은 그들의 결정에 따라 이루어지는 것이지, 세계의 기초를 만들기 전에 이미 하나님의 저항할 수 없는 예정으로 정해진 것이 아니다.

예정과 죄

웨슬리와 칼빈 모두 성경이 가르치는 예정을 믿었다. 예정은 종종 하나님이 구원받을 사람들을 이미 정해 놓았고, 인간의 다른 조건들도 이미 하나님이 정했다는 차원으로 이해되었다. 예정은 세계와 사람들에 대한 하나님의 전적인 돌보심이라는 차원에서 "섭리"로 알려졌다. 섭리는 하나님이 세계와 사람들을 위하여 명하신 것을 반드시 행하는 것이다. 전부가 아니라 해도, "창세 전에(엡 1:4)" 이미 주어진 하나님의 명령이 있다. 인간의 관점에서, 그러한 명령은 예정되었다고 할 수 있다. 그러므로 우리가 지금 여기에서 경험하기 이전에 하나님의 섭리는 이미 정해진 것이다.

웨슬리와 칼빈은 하나님의 예정된 명령의 성격과 범위에 대하여 서로 다른 관점을 가지고 있었다. 칼빈은 이 땅에서 발생하는 모든 일에 하나님의 섭리가 있다고 주장하였다. 그는 "이로부터 우리는 하늘과 땅과 생명이 없는 피조물뿐 아니라 사람의 계획과 목표에서 시작하여 예정된 목적까지 하나님의 섭리가 주관한다고 선언한다."[8]고 말했다. 하나님의 섭리가 자연적인 사건이든 인

---

8 Ibid., I.xvi.8 (1.207).

간의 결정이든 상관없이, 모든 일의 발생을 아주 세밀하게 명했다고 여겨지기 때문에 칼빈은 하나님의 섭리를 "세밀하신 섭리"라고 설명했다. 앞장에서 설명한 것처럼, 칼빈 신학에서 하나님이 구원받을 사람들과 저주받을 사람들을 미리 정하셨다고 생각한 것이 바로 이러한 성격을 보여준다. 칼빈은 "우리는 하나님이 각 사람에게 이루어지도록 뜻한 일들을 위하여 하나님께서 직접 함께 일하신다는 점에서 예정을 하나님의 영원한 명령이라고 부른다. 모든 사람이 동일한 조건에서 창조되지 않았다. 그 때문에 어떤 이들은 영생을 얻고 다른 이들은 영원한 저주를 받기로 미리 정해졌다. 이 두 가지 중 한 가지 결과를 얻도록 창조되었기 때문에, 우리는 생명을 얻거나 죽음을 얻는 것이 예정되었다."고 말한다.[9] 물론 칼빈은 이러한 확신이 하나님이 자유롭게 행동하도록 뜻하신 인간의 책임을 전적으로 부정하는 것은 아니라고 생각했다. 다른 말로 하면, 사람은 하나님이 미리 정하신 방식으로 행하려고 한다는 것이다. 칼빈의 관점에서, 사람들은 칼빈주의자들이 "양립 가능한 자유"라고 부르는 자유를 가지고 있다. 인간의 자유의지에 따른 선택이 하나님의 뜻과 양립할 수 있기 때문이다. 칼빈은 아마 인간의 생각과 말과 행동이 하나님의 뜻―바로 하나님의 명령―에 부합할 때에만 자유로울 수 있다고 말할 것이다. 칼빈의 입장에서 이러한 이해는 논리적으로 일관성을 지녔다고 할 수 있고, 따라서 인간이 타락 이전과 이후에 어떻게 자신들의 행동에 책임을 질 수 있는지 설명한다. 이러한 삶에서 선택을 하는 것은 하나님이 아니라 인간들이다. 칼빈은 자유에 대한 자연적이고, 자발적이며, 불확실한 관점들을 거부하였다. 그러한 관점들은 결국, 사람이 세계에 대한 하나님의 통치에 따르지 않고 자연적으로 자유의지를 실천할 수 있다고 보는, 펠라기우스주의에 가까워질 것이라고 보았던 것이다.

웨슬리가 인간의 자유에 대한 자연주의적 (혹은 무신론적) 이해를 수용하지

9   Ibid., III.xxi.5 (2.926).

않은 것은 분명하다. 앞에서 언급한 것처럼, 웨슬리는 구원에서 선행의 기능을 강조한 펠라기우스주의 믿음을 반대하였다. 그는 『신앙론』(The Articles of Religion)에서 감리교회 운동의 입장을 확인하면서 "원죄는 (펠라기우스주의자들이 잘못 이야기한 것처럼) 아담에게서 전해오지는 않는다."[10]라고 설명하였다. 죄로 인하여, 사람들은 스스로 구원을 성취하거나 보상받을 수 있는 선천적인 능력을 상실하였다. 이 점에서 웨슬리는 죄의 본성이 유전된다는 개혁교회 신앙과 동일한 입장을 가졌다. 펠라기우스주의와 달리 웨슬리는 사람들이 의롭게 살고 그로 인하여 구원을 상으로 받을 수 있는 자연적인 능력이 있다고 생각하지 않았다.

그렇지만 웨슬리는 칼빈이, 어거스틴처럼 하나님의 섭리와 인간의 자유를 이해하는 데 있어서 신학적으로 지나치게 협소한 방식을 취한다고 생각하였다. 기본적으로 그들은 오직 두 가지 선택, 즉 어거스틴과 펠라기우스(즉 어거스틴주의와 펠라기우스주의)가 있다고 보았다. 사람들이 오직 이 두 가지 유형으로만 생각할 수 있다면, 이는 하나님의 섭리와 인간의 자유에 대하여 성서와 함께 교회 역사에서 오랫동안 논의해온 복잡성을 무시하는 것이다. 웨슬리는 어거스틴이 하나님의 예정을 결정론적으로 이해했을 뿐 아니라, 나중에 칼빈이 주장하는, 절대적 예정론의 입장에서 펠라기우스(그리고 반펠라기우스주의로 알려진 다양한 펠라기우스주의)의 입장에 지나치게 대응했다고 주장하였다. 웨슬리는 "예정론자와 그의 친구들"이라는 글에서 두 사람의 대화를 통하여 예정론의 역사를 설명하고 있다.

---

10 Methodist Episcopal Church, *The Articles of Religion*, 1784/1804, article 7: "Of Original of Birth Sin," in *Creeds and Confessions of Faith in the Christian Tradition*, vol.III, part 5, *Statement of Faith in Modern Christianity*, ed. Jaroslav Pelikan and Valerie Hotchkiss (New Haven: Yale University Press, 2003), 203.

어거스틴은 예정론을 지지하기도 하고, 반대하기도 했지. 그러나 초대교회의 모든 전통은 주후 사세기까지 자네의 입장-예를 들어 예정론-을 인정하지 않았네. 동방정교회 전체가 오늘날까지 그런 입장이고, 영국교회는 교리문답과 신앙고백 그리고 설교에서 예정론을 다루지 않지. 우리의 가장 거룩한 순교자 후퍼 주교와 라티머 주교가 특히 그랬지.[11]

웨슬리는 반어거스틴주의 관점이 성경과 초대교회 저자들에게 거슬러 올라가는 가장 오래된 기독교의 입장이라고 보았다. 하나님의 뜻과 인간의 자유라는 주제에서 웨슬리의 신학적 유산은 인간의 의지를 완전히 부속적인 상태로 이해한 어거스틴이나 개신교회 종교개혁의 대표자 루터와 칼빈에게 나온 것이 아니었다. 마찬가지로 웨슬리는 당시 식민지였던 미국에서 활동한 조나단 에드워즈의 개혁신학과도 대립하였다. 웨슬리는 말한다.

나는 에드워즈의 가설에서 도출된 결론을 받아들일 수 없다. … 그의 가정에 따르면, 인간의 의지는 저항할 수 없는 상태로 이끌려가고, 그래서 그들은 의지를 사용할 수 없거나 하지 않는다. 만일 그렇다면, 그들은 의지를 탓할 수 없고, 행동이 의지를 반영한다고 변명할 수도 없다. 그들의 행동이 의지의 필요성과 별개라면, 의지를 책망할 수 없다. 그들에게 자유와 의지가 없다면, 도덕적으로 선과 악을 적용할 수 없다.[12]

웨슬리는 역사적으로 인간의 자유를 타락 이전에 유효했던 하나님의 은혜의 선물로 이해한 로마 가톨릭교회와 동방정교회 그리고 영국교회의 신학적 관점을 따르지 않고 타락 이후에도 여전히 -축소된 모습이지만- 유효하다고 믿

---

11   Wesley, "A Dialogue between a Predestinarian and His Friend," *Works* (Jackson), 10.265.
12   Wesley, "Thoughts Upon Necessity," iii.7, *Works* (Jackson), 10.467.

었다. 미리 보내주신(선행은총으로 알려진) 은혜의 도구로 말미암아, 그리고 인간이 책임적으로 행동하도록 충분히 돕는 성령을 통하여 하나님은 어느 정도의 자유를 허락하셨다.

어거스틴도 선행은총을 이야기했다. 그러나 인간이 저항할 수 있는 은총이라고 생각하지 않았다. 이와 달리 대부분의 초대교회 그리스도인들은 인간의 입장에서, 예를 들어 하나님이 선물로 제안하는 구원에 대하여, 개인이 무언가 결정할 수 있는 자유를 은총으로 주는 것이 선행은총이라고 생각하였다. 그러나 그러한 은총은 하나님이 사람들에게 -거룩한 은혜를 통하여- 죄를 지을 수 있게 하는 것이기 때문에 사람들의 결정을 보장하지 않았다. 결론적으로 과거와 현대의 사람들은 그들의 결정, 즉 저항할 수 없도록 하나님이 미리 정해놓은 것이 아니라 하나님에게 저항하기로 한 그들의 결정에 따라 지은 죄로 인하여 유죄가 된다. 그러므로 사람에게는 자신의 죄에 대한 면제가 없다.

이중 예정론

웨슬리는 절대적 예정론의 관점으로 설명하면서 영생을 받기로 선택된 사람들과 영원한 저주를 받는 타락한 사람들이 "이중 예정"되었다고 표현하였다. 칼빈은 이중 예정이라는 용어를 사용하지 않았지만 그의 신학 곳곳에서 이러한 개념을 발견할 수 있다. 예를 들어 칼빈은 이렇게 쓰고 있다. "하나님은 영원부터 사랑으로 품에 안아줄 대상과 진노의 대상을 정하신 것으로 알려졌다."[13] 칼빈은 하나님이 선택한 사람들이 있고, 책망하는 사람들이 있다는 관점을 확실하게 유지하였다. 이렇게 미리 선택한 자와 진노하는 자들을 정한 것을 칼빈의 후계자들은 "이중 예정"이라고 명명하고, 그들의 개혁신학의 내용으로 설명하였다. 칼빈은 로마서 9장에서 11장까지 말씀

---

13 Calvin, *Institute*, III.xxiv.17 (2.985).

을 예로 들면서, 하나님이 어떻게 모든 사람의 영원한 신분을 무조건적으로 예정하였는지, 어떻게 만물이 하나님의 영광을 위하여 정해졌는지에 대하여, 그리고 인간이 하나님의 명령에 거역할 수 없는 이유를 성서적으로 해설하였다.

하나님은 자신의 명령에 조건을 달거나 영향을 주는 하나님의 영원한 지식(혹은 예지)에 근거하여 사람들의 영원한 지위를 정하지 않았다. 그와는 반대로 하나님의 명령은 무조건적이고, 인간의 편에서 나오는 어떤 사상이나 말과 행동으로부터 영향을 받지 않는다. 하나님의 선택과 배제는 전적으로 하나님의 뜻에 달려 있으며, 그리스도인은 특별히 하나님의 측량할 수 없는 뜻을 깨닫기 위하여 의식적으로 노력해야 한다. 칼빈은 말한다. "이제 우리는 하나님의 비밀하고 헤아릴 수 없는 계획으로 스스로 이유없이 고통스러워할 것이 아니라 궁극적인 원인을 찾고자 애써야 한다."[14]

칼빈은 하나님이 구원받을 사람들을 따로 택하셨다는 어거스틴과 루터의 신학 전통을 따랐다. 그러나 어거스틴과 마찬가지로 루터도, 칼빈이 주장한 것처럼 하나님이 저주받을 사람들을 선택했다는 입장은 취하지 않았다. 이러한 점에서, 어거스틴과 루터의 신학적 입장은 때로 "단일 예정"으로 불렸다. 즉 성경에서 영생을 받을 사람들이 선택되었다는 것은 분명하게 밝히지만 다른 사람들에 대해서는 언급하지 않고 있다는 것이다. 이렇게 지나쳐 버리는 사람들에 대해서는 "간과"라고 하는데, 하나님이 직접적으로 그들을 저주하는 것이 아니라 저주받을 사람들을 방치한다는 의미로 그렇게 부르기도 했다. 그러나 칼빈은 하나님의 통치의 확증은 모든 사람의 영원한 지위를 직접 명령하는 하나님에 대한 이해를 요청한다고 생각하였다. 칼빈의 추종자들은 하나님의 명령의 정확한 순서(예를 들어 예정이 원죄 이전에 이루어졌는지 이후에 이루어졌는지)에 대하여 논쟁을 벌였지만, 하나님의 예정은 인간의 응답에 따라 변하는 것

---

14 Ibid., III.xxiv.12 (2.978).

이 아닌 절대적인 것이다. 칼빈에게 있어서, 구원받는 사람과 저주받는 사람을 선택한 신비는 누구는 선택하고 누구는 방치하는 것만큼 무서운 일이었다. 그러므로 그리스도인들은 자신들을 향한 하나님의 명령이 어렵게 느껴진다는 이유로 신학적인 의미를 회피하기보다는 그 명령을 담대하게 받아들여야 한다.

웨슬리는 개혁교회가 신학적 원리로 제시한 단일 예정과 이중 예정 중에서 어느 것도 동의하지 않았다. 웨슬리는 어거스틴이나 루터를 따르는 그리스도인들은 성서적으로나 논리적으로 단일 예정을 주장할 수 없다고 생각하였다. 웨슬리의 말을 들어 보자.

> 여러분은 여전히 영원하고 저항할 수 없는 하나님의 명령으로 말미암아 인류의 대다수 사람들이 구원의 가능성이 전혀 없는 죽음에 속해 있다고 믿습니다. 아무도 그들을 구원할 수 없으며 오직 하나님만 하실 수 있습니다. 그러나 하나님은 그들을 구원하지 않을 것입니다. 여러분은 그분이 그들을 절대로 구원하지 않겠다고 작정했다고 믿습니다. 이는 그들을 저주하는 것이 아닙니까? 실제로 그 이상도 이하도 아니고 동일한 것입니다. 죽은 후에 스스로 살아날 사람은 아무도 없습니다. 하나님이 절대적인 영원한 죽음을 명하시면, 절대적으로 저주에 던져지는 것입니다. 그러므로 간과든 단일 예정이든 아무리 부드럽게 표현하더라도, 똑같은 상황입니다.[15]

칼빈 신학에서 이중 예정의 의미와 관련하여 웨슬리의 표현은 더욱 정곡을 찌르고 있다. 그는 신학적 언어로 어떻게 표현되든지 간에 칼빈주의의 모든 신학적 변주를 거부하였다. "'선택', '간과', '예정', '유기' 등은 결국 같은 내

---

15 Wesley, "Free Grace," §9, *Works*, 3.547. 필자가 "누락이나 단일 예정이나"를 추가하였음. 참고. "Free Grace," §9, sermon 110, *Works*, 3.547.

용이다."[16]

웨슬리의 관점에서, 칼빈은 하나님의 통치와 같이 하나님의 다른 특성들, 즉 사랑, 거룩하심, 의로우심, 공의, 선하심의 의미를 축소시키고 있었다. 웨슬리는 하나님이 불변하는 분이면, 영생의 선물을 받아들이는 사람들에 대한 불변하는 사랑과 선하심도 포함된다고 믿었다. 하나님은 오직 죄에 남아 있기로 선택한 사람들만을 심판하신다. 웨슬리는 말한다. "하나님의 명령과 관련하여 하나님은 불변하는 분이다. 그러나 그 명령이 무엇인가? 하나님이 모든 피조물들에게 가르치라고 명령하신 것과 같다. 즉 그를 믿는 자는 구원을 얻고 그를 믿지 않는 자는 저주를 받으리라는 것이다."[17]

하나님의 선택은 상황과 무관한 영원한 명령에 기초하는 것이 아니라, 하나님의 예지에 근거한다. 웨슬리는 하나님이 "모든 만물에게 동시에 보이신 바 되셨고, 한 번에 모든 피조물의 영원을 보는 분"이며, 누가 하나님의 은혜를 신뢰하여 "세상의 기초에서 택함을 받을지" 아는 분이라고 믿었다.[18] 인간의 편에서 볼 때 그 지식은 그들이 세상에 나기 전에 알고 계신 것이므로 예지라고 할 수 있다. 사실 인간은 과거와 현재, 미래를 경험하는 유한한 시간의 한계 안에 있다. 그러나 하나님의 지식은 영원하고, 사람이 시간을 경험하는 것과 같은 한계가 없다.

웨슬리는 선택과 관련해서 개인의 삶에 영향력을 가지고, 저항할 수 없이 일하시는 하나님의 특별한 의지보다는 모든 사람을 위한 보편적인 의지라는 차원으로 이해하였다. 우리의 유한한 인간적 관점에서, 하나님의 영원하고, 무소부재하며, 전지전능하신 초월적 특성을 이해하는 것은 어려운 일이다. 웨슬리는 하나님의 영원한 지식을 생각하면서 사람들이 하나님은 미래를 아는 분

---

16 Ibid., §9, 3.547.
17 Wesley, "Predestination Calmly Considered," §58, *Works*, (Jackson), 10.238.
18 Ibid., §18, *Works*, (Jackson), 10.210.

으로 여기게 되었다고 믿었다. 사람은 과거와 현재, 미래로 구성되는 시간과 공간의 제한을 가지고 있기 때문에 하나님의 특성을 온전하게 이해하지 못했다. 하나님은 인간과 같은 한계가 없으시고, 모든 것을 눈으로 보는 것처럼 아는 분이다.

예지는 인과관계의 지식이 아니다. 하나님이 우리의 미래를 아는 것은 영원의 차원에서 알기 때문이다. 이는 그 일들이 우리에게 일어나기 전에 하나님은 구원하고 축복하기 위하여 그 사람들과 함께 할 행동을 선택함으로 하나님의 지식을 알려준다는 뜻이다. 물론 우리는 그러한 지식을 충분히 이해할 수 없고, 신비한 차원으로 남을 뿐이다. 하나님과 하나님의 특성들 그리고 하나님의 다스리심에 대한 우리의 신학적 확신들은 궁극적으로 인간의 유한한 지식을 초월하는 것이 분명하다. 그러나 성경의 가르침으로 인하여 우리는 그러한 주제들을 의미있고 그럴듯하게 말할 수 있다. 왜냐하면 하나님이 그것들을 알려주기로 선택하셨기 때문이다. 웨슬리의 관점에서, 성경은 인간의 자유가 하나님의 통치로 인하여 사라지는 것이 아니라 오히려 조화를 이룬다고 말하고 있다. 그러므로 하나님의 예지에 대한 성경의 가르침은, 감춰져 있는 만큼 끔찍한 칼빈의 설명에 의존하지 않고도, 그리스도인이 어떻게 하나님의 예정과 인간의 자유를 모두 확인할 수 있는지 설명해 준다.

하나님의 성령의 위격과 사역에 대한 우리의 지식의 한계에도 불구하고, 웨슬리는 하나님은 인간의 자유를 박탈하는 대신 은혜를 베풀어 제대로 누리게 한다고 확신했다. 인간은 하나님의 명령에 따라 배타적으로 구원을 받거나 저주를 받는 것이 아니다. 구원은 은혜를 통한 하나님과 인간의 협력으로 정해진다. 반대로, 사랑과 정의를 베푸시는 하나님을 신앙하지 않는 경우를 생각해 보자. 웨슬리는 "한낱 기계에 주는 보상이나 징벌이라면 정의는 의미가 없다."고 말했다.[19] 다른 곳에서도 웨슬리는 이렇게 말했다. "어떻게 심판의 주님이 자신의 행위의 영향 아래 있는 이 땅의 모든 자들–예를 들어 타락한 자들–을 영원한 불에 던질 수 있겠는가?"[20]

자유의지는
거저 주시는 은혜

웨슬리의 신학과 관련하여 자유의지를 말하는 것은 적절하지 않을 수 있다. 웨슬리는 "거저 주시는 은혜(free grace)"라는 표현을 좋아했기 때문이다. "거저 주시는 은혜"라는 설교에서 웨슬리는 말했다. "하나님이 세상을 대가 없이 얼마나 사랑하시는지! … 우리를 위해 주시는 하나님의 은혜 혹은 사랑은 전적으로 거저 주시는 것입니다. … 인간의 능력이나 공로에 영향을 받지 않습니다. … 그것은 구원의 이유가 아니라 결과일 뿐입니다. 사람에게 선한 것이 있든지, 아니면 사람이 무엇을 행하든지 간에, 구원을 계획하고 실행하는 분은 하나님입니다."[21] 신학적으로, 사람이 선택하는 능력은 자연적인 것이 아니다. 본래 하나님이 주시고, 은혜로 유지되는 것이다. 인간의 자유가 시작되고, 유지되고, 온전하게 되는 힘은 하나님의 은혜이다. 하나님은 사람과 맺기 원하는 은혜의 관계를 수용하거나 거부할 수 있는 인간의 진정한 능력을 손상시키지 않으신다. 그러므로 거저 주시는 은혜는 우리의 신학적 논의에서 자유의지보다 더 중요하게 다루어져야 한다. 우리를 영적으로 성장하게 하는 분이 하나님이기 때문이다.

거저 주시는 은혜(혹은 인간의 자유)는 인간의 삶의 여러 차원과 관계된다. 구

---

19 Ibid., §37, *Works*, (Jackson), 10.224.

20 Wesley, "The Consequence Proved," §8, *Works*, (Jackson), 10.373-74. 진하게 표시한 부분은 필자 강조.

21 Wesley, "Free Grace," §§1-3, *Works*, 3.544-55.

원의 문제를 이야기해 보자. 사람들은 자신의 구원에 어느 정도 관여하고 있는가? 죄의 영향에도 불구하고, 웨슬리는 하나님의 은혜로 말미암아 믿음을 갖고 죄를 회개하는 것을 선택하는 데 충분한 자유를 가지고 있으며, 하나님의 구원의 선물을 받을 수 있다고 믿었다. 이 점에서 웨슬리는 믿음을 통하여 은혜로 말미암아 의롭게 되는 종교개혁의 원칙에 이견을 보였다.

> (구원은) 모든 이들에게 거저 주는 것입니다. 이는 사람의 능력이나 공로에 좌우되지 않습니다. 여기에는 전체적이든, 부분적이든 아무런 영향이 없습니다. 그가 누구이고, 무엇을 하였는지, 사람의 선행이나 의로움은 전혀 중요하지 않습니다. 그의 노력도 변수가 되지 않습니다. 그의 좋은 성품이나 소망, 혹은 선한 의도와 목적도 구원의 조건이 될 수 없습니다. 모든 것이 하나님의 거저 주시는 은혜에서 나오기 때문입니다.[22]

하나님이 은혜로 구원을 주겠다고 준비하였기 때문에 사람은 하나님이 거저 주시는 구원의 선물을 받는 것을 선택한다. 웨슬리는, "거저 주시는 은혜로 인하여 사람이 동의하거나 저항할 수 있는 방법으로 인간을 구원하는 것보다 저항할 수 없는 방식으로 인간을 구원하는 것이 어떻게 하나님의 영광을 더 높이는 것이 될 수 있는가?"라고 물었다.[23] 웨슬리는 하나님의 영광이 순전히 하나님의 능력으로 사람을 구원하는 것보다 오히려 하나님의 완전한 사랑과 올바른 성품을 통하여 이루어질 때 더욱 빛난다고 보았다. 이러한 구원은, 인간과 하나님의 관계를 부족한 것으로 만드는 일방적인 방식보다 서로 사랑의 배경, 즉 사랑을 주고받는 관계에서 이루어질 때 더욱 선한 것이 된다.

하나님은 구원을 위하여 거저 주는 은혜를 수용하고 믿음을 갖는 사람이 누

---

22   Ibid., §3, *Works*, 3.545.
23   Wesley, "Predestination Calmly Considered," §49, *Works*, (Jackson), 10.231.

구인지 미리 알기 때문에 구원받을 사람들에 대한 하나님의 선택이 이루어진다. 이는 사도 바울이 말한 것과 같다. "하나님이 미리 아신 자들을 또한 그 아들의 형상을 본받게 하기 위하여 미리 정하셨으니 이는 그로 많은 형제 중에서 맏아들이 되게 하려 하심이니라(롬 8:29)." 웨슬리는 하나님의 선택을 믿었다. 그러나 그 선택은 특별한 (혹은 협소한) 선택이기보다 보편적인 선택이다. 보편적 선택은 모든 사람을 위한 은혜이고, 특별한 선택은 구원받기로 선택된 소수의 사람에게만 유효한 은혜다.

교회사 전체를 통하여, 주류 그리스도인들은 죄와 악의 위험에도 불구하고 인간에게 진정한 자유를 훈련시키기 위하여 하나님이 사람을 향한 당신의 능력을 의도적으로 제한하시는데 그렇게 한다고 해서 하나님의 영광과 위엄을 가린다고 생각하지 않았다. 실제로 하나님이 자신의 능력을 스스로 제한하는 것은 하나님의 통치권의 전체적인 표현으로 이해해야 한다. 만일 하나님이 미리 정하신 대로 사람을 항상 조종한다면, 항상 선한 일만 일어날 것이다. 확실히 자유의지는 쉽게 정의하거나 지속하기 쉽지 않다. 이 세상에서 우리의 결정에 영향을 미치는 다른 강력한 요소들을 인식하면 더욱 그렇다. 생물학적 요인과 관계성, 문화, 경제, 정치 등 다양한 요소들 말이다. 그러나 웨슬리는 초대교회와 경험뿐만 아니라 성서도, 다른 것—심지어 하나님이 원하지 않는 선택이라 할지라도—을 택하는 우리의 진정성을 확인시켜 준다고 생각하였다.

칼빈이 결정론의 관점에서 자신의 신학을 말하지 않은 것은 분명하다. 결국 결정론은 성서와 칼빈의 고유한 용어가 아닌 철학적 용어이고, 실제로는 기독교 신학에 대한 문화의 개입 그 이상은 아니지 않은가? 그렇다. 처음부터 그리스도인들은 성서에 분명하게 등장하지 않는 많은 용어와 표현들에 높은 가치를 부여하였다. 예를 들어 삼위일체, 성육신, 동정녀 탄생, 오직 믿음으로 얻는 구원 등의 문제를 보라. 이 용어들이 성경에 나온다고 생각하지만, 실제로는 교회사를 통하여 발전된 확증들이다.

신학적 용어들은 성경에 분명하게 사용되지 않았지만, 그리스도인의 신앙과 가치, 실천을 바르게 규정하고 있다. 철학적이고 성서 외적인 용어들은 특히 웨슬리와 칼빈 같은 이들을 비교하고 대조하는 데 있어서 그들의 신학적 개념들을 분석하고 평가하는 데 유용하다. 그러한 사용이 비성서적인 용어들을 성서에 투사하는 위험성을 갖고 있다고 생각하는가? 물론 그런 위험은 존재한다. 그러나 신약성경이 당시 그리스의 용어와 개념을 사용하고, 실제로 그리스어로 기록되었다고 해서 그리스 문화가 일세기 사도들의 기록에 투사되는 위험이 있었는가? (신약성서는 그리스어뿐 아니라 히브리어와 아람어, 라틴어를 포함하고 있다. 아마도 그들의 문화적인 영향도 가능할 것이다.) 다시 말하면 그런 위험은 있다. 그러나 교회사 전반을 통하여 대부분의 그리스도인들은 그러한 영향이 하나님이 사람에게 보여주시려 했던 하나님의 계시를 막을 수 없다고 믿었다. 마찬가지로 칼빈의 조직신학을 분석하고 평가하는 데 있어서 결정론과 같은 용어의 사용은 그렇게 지장을 주지 않는다.

단독설과
협동설

칼빈은 인간의 자유가 아닌 하나님의 자유를 전적으로 확증하는 결정론 중심의 신학을 전개한 것이 분명하다. 칼빈은 이렇게 말한다. "우리는 이 세상에서 일어나는 모든 변화들을 분별하면서, 하나님의 거룩한 손이 만들어낸 결과라는 것을 의심하지 말고 믿어야 한다. 하나님이 정한 것은 그 자리에 있어야 할 분명한 이유, 무조건적인 것이 아니고 피조물의 특별한 본질에 의한 것도 아니지만, 필요한 이유가 있다."[24] 칼빈은 때때로 하나님의 의지의 결정론적인 성격을 강조하면서 "단독설(monergism, 그리스어 "하

---

24 Calvin, *Institute*, I.xvi.9 (1.210).

나"와 "일하다"의 합성어)"이라는 말로 설명하였다. 이 말은 하나님의 능력 하나로 충분히 일할 수 있다는 말로, 하나님만이 존재하는 모든 것을 창조하고, 일어나는 모든 일을 다스리는 분이라는 뜻이다. 칼빈주의자들도 때때로 단독설개념을 받아들여 하나님의 관리 밖에서는 생명이나 구원이 일어날 수 없다는 신학적 확증을 설명하였다. 그들은 그 밖의 다른 방식으로 믿는 것은 하나님이 아닌 사람에게 영광을 돌리는 것이며, 믿음으로 은혜를 통하여 얻는 구원보다 의로운 공로를 우선시하는 것이라고 주장하였다.

웨슬리는 동의하지 않았다. 그는 믿음을 통하여 은혜로 말미암는 구원을 확인하면서, 성경과 함께 교회 전통과 비판적 사고 그리고 결정에 있어서 인간의 책임을 강조하는 올바른 경험을 통하여 보다 역동적으로 이해해야 한다고 믿었다. 웨슬리는 협동설(synergism, "함께"와 "일하다"의 합성어)로 표현할 수 있는, 사람이 하나님과 맺는 역동적인 관계성을 때때로 강조하였다. 이 말은 하나님이 은혜로 부여한 사람의 능력과 함께 협력할 때 하나님의 능력이 작용한다는 뜻이다. 하나님과 사람의 협력이라는 실질적인 설명이 웨슬리에게 새로운 것은 아니었지만, 협동설은 웨슬리가 사용한 용어는 아니었다. 반대로, 초대교회 대부분의 기독교 문헌들과 오늘의 문서들은 단독설보다 협동설에 더 가까운 입장을 갖고 있다.

단독설과 협동설에 대하여 강의하면서, 나는 이 두 가지 관점이 우리가 제기하는 모든 질문에 논리적인 답을 주지는 않는다고 말한다. 궁극적으로 말해서, 우리는 초월적인 하나님을 완전하게 이해할 수 없고, 그분은 우리의 지각을 넘어서기 때문에 두 입장에는 각각의 신비가 담겨 있다. 논리적으로 말하면, 두 입장은 각각 신학적인 유효성과 적절성을 포함하고 있다. 우리는 어느 쪽의 신비에 따라 살 것인지, 어느 쪽을 따르지 않을 것인지 결정하는 것 이상의 능력은 갖고 있지 않다. 예를 들어 우리 인생에서 얼마만큼이 이미 정해져 있고, 얼마만큼이 인간의 결정이나 부득이한 상황에 따라 달라지는가? 얼마만큼의 구원이 정해져 있고, 얼마만큼이 사람이나 상황에 달려 있는가?

불확실성에도 불구하고, 우리는 구원과 상황의 관계에 대한 성서의 진술이라는 차원에서 일관된 결정을 내릴 수 있다. 칼빈 신학의 강점은 하나님의 통치권에 대한 강력한 확증이다. 만일 칼빈의 신앙이 인간의 자유와 죄의 기원에 대한 우리의 이해에 의문을 제기한다면 우리는 반드시 겸허하게 수용해야 한다. 웨슬리 신학의 강점은 하나님의 통치를 믿으면서 인간의 자유를 확증하는 것이다. 만일 웨슬리의 신앙이 구원과 인생의 결정들에서 하나님의 책임과 인간의 책임을 쉽게 분별하지 못하게 한다면 우리는 겸손하게 받아들여야 한다.

칼빈은 인과관계의 관점에서 구원을 이해했기 때문에, 구원을 가능하게 하는 원인이 사람이 아니라 하나님에게 있음을 확증하고자 했다. 칼빈의 말을 들어보자.

> 나아가 우리의 마음이 하나님을 경외함 없이 하나님을 이해할 수 없음에도 불구하고, 그분이 모든 선하심의 근본이며 우리는 그분 안에서 다른 것을 찾아서는 안 된다고 확신하지 않는 한, 모든 사람이 경외하고 흠모할 대상이 한 분 있다고 단순하게 주장하는 것으로는 충분하지 않습니다. 지금 이 말을 하는 이유는 … 그에게서 흘러나오는 것이 아니라면 지혜와 빛, 혹은 의로움이나 능력, 혹은 정직이나 참된 진리 그리고 그분이 원인이 되지 않는 모든 것의 단 한 조각도 발견할 수 없을 것입니다.

그러나 웨슬리는 구원을 보다 관계적으로 생각하였다. 하나님은 사람들을 죄악의 조건에서 법적으로 구원하는 것을 원하지 않고, 그들을 의롭다고 할 수 있는 충분한 원인을 준비하셨다. 하나님은 사람과 화해하고, 사랑과 다른 성령의 열매들, 즉 "사랑과 희락과 화평과 오래 참음과 자비와 양선과 충성과 온유와 절제(갈 5:22~23)"의 성격을 갖춘 교제를 다시 시작하기 원하신다.

물론 하나님의 구원을 받아들이는 자유는 회심으로 완성되지 않는다. 그리스도인들은 하나님의 은혜로 자유롭게 행하고, 남은 생애 동안 하나님과의 사랑과 관계 속에서 자라도록 부름 받았다. 그들은 처음 창조될 때 가졌던 하나님의 본래 형상을 새롭게 함으로써 더욱 많이 그리스도를 닮아가도록 거룩하게 하는 성령과 관계 속에서 협력하며 행한다.

하나님이 사랑으로 사람을 지으셨고, 사람은 사랑으로 하나님과 관계를 갖는다고 보는, 웨슬리의 사랑에 대한 강조를 잘 보여주는 구절을 인용하면서 이 장을 마무리하고자 한다.

> 여러분은 이 점을 철저하게 인식해야 합니다. "하늘의 하늘은 사랑이다." 사랑보다 높은 것은 없습니다. 실제로 아무것도 없습니다. 만일 여러분이 사랑보다 귀한 무엇을 찾으려 한다면, 과녁에서 빗나간 것이며 왕도를 벗어나는 것입니다. 다른 사람들에게 "이런저런 복을 받은 적이 있습니까?" 질문할 때, 그것이 사랑보다 귀한 것을 의미한다면 여러분은 틀렸습니다. 여러분은 사람들을 옳은 길에서 벗어나게 하고 잘못된 길로 인도하는 것입니다. 여러분의 마음을 정하십시오. 하나님이 모든 죄에서 여러분을 구원한 그 순간부터 여러분은 다른 무엇을 바라는 것이 아니라, 고린도전서 13장에 기록된 사랑 이상의 것을 바라야 합니다. 아브라함의 품에 안길 때까지 여러분은 계속하여 더 높이 갈 수 있습니다.[25]

정리

웨슬리와 칼빈은 모두 인간의 죄성과 타락, 하나님에게서 멀어지고, 영생을 얻는 것이 불가능해진 인간의 상황을 믿었다. 그러나 하나님은 인간이 구원의

---

25 Wesley, "A Plain Account of Christian Perfection," *Works*, (Jackson), 11.430.

소망을 잃도록 내버려두지 않으셨다. 웨슬리와 칼빈은 하나님이 예수 그리스도의 생애와 죽음 그리고 부활을 통해 구원을 예비한 것을 찬양하였다. 그리스도인들은 믿음으로 말미암아 은혜를 통하여 구원을 얻었다. 이 구원은 인간의 공로나 노력으로 얻어진 것이 아니라 선물로 주어졌다.

칼빈은 하나님이 죄로 인하여 전적으로 타락한 인간을 구원하기 위해 일방적으로 행동하신다고 믿었다. 웨슬리는 하나님이 구원의 길을 시작하시고, 은혜로 가능하게 하며, 인간의 구원을 완성하신다고 믿었다. 웨슬리에 의하면, 하나님은 일방적으로 사람을 구원하지 않는다. 하나님은 사람이 스스로 원하여 진정으로 하나님과 화해하는 선택을 하기를 바라며 구원의 과정에서 사람과 협력하는 것을 기대한다. 그 선택은 자연적인 능력이 아니다. 하나님이 사람에게 구원을 받아들이고, 하나님과 인격적인 관계를 맺으며, 자유의지로 하나님을 사랑하는 선택을 하도록 허락하는 은혜를 베풀어 준 것이다. 그러한 자유는 한결같은 하나님의 은혜 안에서 개인이나 공동체가 그리스도를 더욱 닮아가며 성장하는 소망을 갖고 하나님과 이웃에 대한 사랑을 표현하며 살아가도록 그리스도인의 생애 전체에 걸쳐 계속된다.

토론을 위한 질문

Q1 하나님의 형상대로 창조되었다는 말이 어떤 뜻이라고 생각하나요?

Q2 당신의 삶에 죄가 미치는 영향은 무엇인가요? 당신과 주변 사람들이 전적으로 타락했다고 생각하나요?

Q3 인간을 위한 하나님의 구원을 어떻게 이해하고 있나요?

Q4 하나님이 구원받을 사람만 미리 선택한다고 생각하나요? 구원받을 사람뿐만 아니라 저주받을 사람도 모두 선택했다고 생각하나요? 하나님이 미리 아는 사람만 믿음을 갖는다고 생각하나요?

Q5 구원을 얻기 위해서, 또한 매일의 생활에서 사람들이 얼마나 자유롭게 행동한다고 생각하나요?

Q6 어느 정도로 죄를 용서받아야 구원받는다고 생각하나요? 어느 정도로 하나님과 화해를 해야 구원받는다고 생각하나요? 두 가지 관점이 모순된다고 생각하나요, 상호보완적이라고 생각하나요?

4

은혜

불가항력보다
먼저 주어진

사람들에게 가장 널리 알려진 찬송을 꼽으라면 존 뉴튼이 지은 "어메이징 그레이스(Amazing Grace, 한국찬송 제목 '나 같은 죄인 살리신')"가 꼽힐 것이다. 참으로 인상적인 이 노랫말은 사람이 스스로 도울 수 없을 때 하나님이 어떻게 도우시는지 잘 보여준다. 특별히 구원에 관한 고백이 은혜가 되는데, 하나님이 죄와 불안, 생명의 위험으로 잃어버린 사람을 어떻게 구원하시는지 노래하고 있다. 1779년 뉴튼이 동료 윌리엄 카우퍼(William Cowper)와 함께 펴낸 『올니 찬양집』(Olney Hymns)에 수록된 노랫말을 보자.

> 놀라우신 은혜! (얼마나 부드러운 음성인지)
> 나 같은 비참한 인생을 구원하셨네.
> 길을 잃었으나 이제 찾았고,
> 소경이었으나 이제 나는 보네.
>
> 많은 위험과 고통과 올무를 거쳐
> 이제 여기 왔네.
> 이 은혜가 여기까지 안전하게 이끌었으니
> 은혜가 나를 본향으로 인도하리.
>
> 주님은 나에게 선하심을 약속하셨네.
> 그의 말씀이 나를 평안케 하네.
> 내가 살아가는 동안
> 주님은 나의 방패가 되고 나와 한 몸이 되리.
>
> 그래, 이 육신과 마음은 쇠하고,
> 필멸의 삶은 끝나리니

주님의 장막에 거하리.

기쁨과 평화의 삶을 얻으리.

땅은 눈 녹듯이 사라지고.

태양은 광명을 그치나

우리 하나님은 나를 부르시니

나의 구원은 영원하리.

찬송 전체에 흐르는 일관된 주제는 은혜, 하나님의 은혜이다. 뉴튼은 파란만장한 삶을 살았는데, 그야말로 절망스러운 인생이 어떤 것인지 보여주는 삶이었다. 영국 해군으로 복무하던 그는 노예운반선의 선장이 되어, 아프리카에서 남자, 여자, 아이들 할 것 없이 잡아다 아메리카 대륙에서 판매하였다. 어느 날 항해하던 중 회심을 경험한 그는 결국 노예무역의 길을 버리고 사제의 길을 걷게 되었다. 그는 웨슬리를 알게 되었고, 웨슬리는 뉴튼에게 영국성공회 사제의 길을 가도록 격려하였다. 올니(Olney)에서 부사제로 사역하던 뉴튼은 카우퍼와 우정을 나누었고, 두 사람은 기독교 신앙과 함께 찬송을 복음적으로 발전시키는 데 크게 공헌하였다.

찬송 "어메이징 그레이스"는 부흥운동이 미국 전역으로 퍼져 갔던 19세기, 2차 대각성운동 기간에 사람들에게 많은 사랑을 받았다. 이 찬송 가사는 노예 해방운동가들에게도 많은 사랑을 받았다. 해리엇 스토우는 자신의 유명한 소설『톰 아저씨의 오두막』에 이 찬송 가사를 인용하였다. 소설에서 톰이라는 이름을 가진 노예는 절망스러운 시간을 보내며 "어메이징 그레이스"를 불렀다. 스토우는 뉴튼의 가사에 없던 부분을 덧붙였는데, 이는 흑인 영가의 전통에서 온 것이었다.

우리가 거기에서 천 년을 살 때

밝은 빛 해같이 비쳐

하나님을 찬양하는 날만 있으리

우리 처음 찬송한 날처럼.

이 가사들은 과거에 그랬듯 오늘 우리에게도 많은 감동을 주고, 사람들이 왜 "어메이징 그레이스"를 계속하여 사랑해 왔는지 보여준다.

은혜는 웨슬리와 칼빈 모두에게 대단히 중요한 주제였다. 두 사람은 하나님의 은혜를 그들의 신앙과 가치, 실천에서 본질적인 요소라고 생각하였다. 그러나 웨슬리와 칼빈은 사람들의 삶 속에서 그리고 삶을 통하여 은혜로운 역사를 이루는 방식에 대해서는 다른 관점을 가지고 있었다. 두 사람의 관점을 이해하기 위하여, 두 사람이 하나님의 놀라우신 은혜를 어떻게 이해하는지 연구할 필요가 있다.

은혜는
무엇인가?

은혜는 다양하게 정의된다. 하나님의 축복을 위한 거룩한 "사랑", "호의", "감사" 등이고, 또한 거룩한 "능력주심"으로 정의하기도 한다. 어원상 이 말은 그리스어 *charis*와 라틴어 *gratia*에서 왔다. 확실히 은혜는 프로테스탄트 종교개혁의 중심적인 신앙이 되었는데, 구원과 죄의 용서에 있어서 "오직 은혜(라틴어 *sola gratia*)"를 강조하였기 때문이다. 사람은 자신의 행위와 노력과 공로로 스스로를 영적으로 구원할 수 없다. 사도 바울은 구원을 인간의 성취가 아닌 선물이라고 밝혔다. 바울은 이렇게 말한다. "너희는 그 은혜에 의하여 믿음으로 말미암아 구원을 받았으니 이것은 너희에게서 난 것이 아니요 하나님의 선물이라 행위에서 난 것이 아니니 이는 누구든지 자랑하지 못하게 함이라(엡 2:8~9)."

　루터와 마찬가지로 칼빈도 인간의 구원에 역사하는 힘은 오직 하나님의 은혜라고 인식하였다. 인간의 죄와 전적 타락 때문에 오직 하나님만이 구원받을 사람을 택할 수 있게 되었다. 인간은 믿음으로 응답해야 한다. 그것이 프로테스탄트교회가 또 다른 명제 "오직 믿음(라틴어 *sola fide*)"을 확증한 이유이다. 그러나 인간의 그 믿음조차 구원에 필요한 구성요건은 아니다. 믿음은 하나님의 은혜의 결과이기 때문에 하나님과 사람 사이에 협력이나 공동의 행위를 의미하는 능동적인 사고는 없었다. 은혜는 사람들의 삶 속에서 적절하게 활동한다. 하나님은 세계의 기초를 창조하기 전에 미리 명하신 사람들 속에서 구원이 유효하게 한다.

　웨슬리 역시 에베소서 2장 8~9절을 언급하면서, 은혜를 통하여 믿음으로 말미암는 구원을 믿었다. 하나님은 사람을 구원하신다. 사람은 구원과 죄 용서를 받을 만한 공로가 없다. 그러나 웨슬리는 은혜가 아직 효과적으로 작용한다고 생각하지 않았다. 은혜는 인간 편에서 행하는 응답의 결정과 상관없이 하나님의 뜻을 언제나 효과적이게 하고, 성취하는 것으로 보았다. 웨슬리는 하나님에게서 나와서 사람들에게 미리 주어지는, 후에 "선행은총"으로 알려지는 "먼저 주어지는" 은혜를 생각하였다. 그 은혜가 하나님의 구원의 은혜에 응답할 수 있는 사람들의 능력을 이끌어내고, 유지하고, 완성시킨다. 그러므로 인간 편에서 구원을 위하여 행동하거나 보상으로 받을 만한 자격 등은 생각할 수 없다. 그러나 하나님이 예수 그리스도의 대속을 통해 제안한 구원의 초대에 대하여 사람은 수락이나 거부라는 두 가지 응답 중에 선택할 수 있는 존재로 인식되어야 한다. 웨슬리에게 선행은총 개념은 새로운 것이 아니었다. 영국 가톨릭교회 전통에 속한 그리스도인들은 수백 년 동안 그러한 믿음을 가지고 있었다. 이제 조금 더 나아가 웨슬리와 칼빈이 하나님의 은혜를 어떻게 다른 방식으로 믿고 행했는지 살펴보겠다.

유효한
은혜

칼빈은 하나님이 통치 법칙으로 사람들의 삶 속에 유효하게 (효과적으로, 혹은 적절하게) 일하신다고 믿었다. 하나님의 은혜에 저항할 수 있는 사람은 없다. 그들은 영적인 조건에서 은혜를 더하거나 덜어낼 능력이 없기 때문이다. 오직 하나님만 사람을 구원하고, 일시적이든 영원하든 사람을 존귀하게 하신다. 구원으로 나아가는 길에서 사람의 믿음은 "오직 수동적"일 뿐이다. 칼빈은 이렇게 말한다.

> 그러므로 우리는 반드시 이 회복의 자리로 나와야 합니다. 성도들은 하늘나라의 상속자가 되는 소망의 유일한 근거가 바로 그리스도의 몸에 연결되어 자유롭고 의로운 존재가 될 때라는 사실을 분명히 알아야 합니다. 칭의와 관련하여 믿음은 단순히 수동적이기 때문에, 하나님의 사랑을 회복하기 위하여 할 수 있는 일은 우리의 부족을 채우시는 그리스도에게 의지하는 것 외에 아무것도 없습니다.[1]

비록 회심의 결과로 사람들이 선행을 베푼다 해도, 그것은 사람이 주도하는 것이 아니라 하나님의 은혜의 결과이다. 이 점에서, 칼빈은 성서와 함께 어거스틴의 입장에 서는 일관된 모습을 유지하면서 "오직 은혜만이 모든 선한 행실을 가져온다."[2]고 말했다.

칼빈은 로마 가톨릭교회의 입장에 동의하지 않았다. 가톨릭교회는 사람이 "하나님의 은혜를 돕는 협조자로, 먼저 베풀어주신 은혜가 작용하지 않게 하거나 아니면 순종함으로 작동하게 하는 것이 사람에게 달려 있기 때문"[3]이라고 주

---

1   Calvin, *Institute*, III.xiii.5 (1.768).
2   Ibid., II.iii.13 (1.308).
3   Ibid., I.ii.6 (1.263).

장했기 때문이다. 이 은혜를 "협력하는 은혜"로 부르건 "수용하는 은혜"로 부르
건 상관없다. 칼빈은 인간에게 영적이고 영원한 삶을 향하여 갈 수 있는 진정한
능력이 없다고 믿었다. 그러한 일은 사람이 아니라 하나님의 일이라고 보았다.

후에 칼빈주의자들은 하나님의 은혜를 "저항할 수 없는(irresistible)" 은혜라
고 설명하였다. 칼빈은 "저항할 수 없는"이라는 용어를 사용하지 않았지만 하
나님의 은혜의 유효성을 이야기하였고, 하나님이 인간과 세계에 대한 하나님
의 계획을 유효하게 (실행하거나 성취하는) 하는 방식에 대하여 말했다. 성경에
서 하나님이 인간을 시험한다고 말하는 데 대하여, 칼빈은 인간에게 하나님의
은혜를 수용하거나 저항할 수 있는 자연적이거나 영적인 능력이 있다는 말은
형식적으로 성립하지 않는다고 주장하였다. 대신 그러한 예는 사람을 겸손하
게 하고, 인간이 "아무것도 아님"을 기억하게 하는 데 도움이 될 것이라고 말
했다. "하나님은 우리를 더욱 겸손하게 하신다. … 하나님이 바라보거나 시험
하는 데 대해 우리에게 자유의지가 어느 정도 있다고 생각하는 것은 잘못된 일
이다. 그렇게 하시는 이유는 우리가 아무것도 아님을 깨닫게 하는 것 외에 다
른 목적은 없다."[4]

선행은총

웨슬리는 인간의 삶에서 하나님의 은혜의 선행적인
역할-인간의 응답에 앞서서 하나님이 먼저 주시는 은혜-을 강조하였다. 선행은총
은 웨슬리가 자란 영국교회 안에서 일반적으로 받아들여지던 개념이었다. 선
행은총은 "선행하는 은총" 혹은 "앞서는 은혜"로 알려졌는데, 사람들을 하나
님에게 인도하기 위하여 그들의 삶에 나타나는 하나님의 보편적인 행위를 의
미했다. 오늘날에는 "앞서는(preventing)"이라는 말이 무엇을 "가로막다" 혹은

---

4   Ibid., II.v.13 (1.333).

"중단시키다"라는 뜻을 담고 있지만, 웨슬리 당시에는 "준비하다" 혹은 "가능하게 하다"라는 뜻으로 사용되었다. 그리스도인의 생활의 여러 차원과 구원에 있어서 하나님의 은혜는 사람들이 거룩한 인도에 응답하는 것을 가능하게 한다. 성경과 관련해 이러한 역사가 일어나는 방식과 과정은 신비로 남아 있다. 그러나 인간의 자유와 책임은 삶에서와 마찬가지로 성경에도 분명하게 나타나 있다. 만일 사람이 자신의 죄에 대하여 책임이 있다고 여겨진다면, 마찬가지로 구원에 대해서도 응답할 필요가 있다. 선행은총은 사람이 구원의 선물과 하나님이 주시는 다른 복들(그리고 선택들)에 대하여 응답하거나 응답하지 않는 것을 가능하게 한다. 구체적으로, 구원의 문제와 관련하여, 웨슬리는 선행은총을 통하여 "하나님을 기쁘시게 하는 것을 가장 큰 소망으로 삼고, 하나님의 뜻을 밝히는 것이 가장 높은 깨달음이 되며, 하나님을 거역하여 죄를 범하는 것을 일시적이지만 가장 먼저 느끼게 된다."고 말했다.[5]

반대로 칼빈은 오직 믿음을 통하여 은혜로만 구원을 얻는다고 주장하면서, 구원은 전능하신 하나님의 즉각적인 행위로 이루어지는 것이지 사람의 행위를 통한 것이 아니라고 하였다. 인간의 입장에서 은혜를 보장하고 정당화할 수 있는 방법은 없다. 그것은 인간을 위한 구원의 수단이나 조건이 없다는 말이다. 하나님의 능력과 뜻, 즉 그의 전능하심이 절대적이다. 그러므로 하나님의 은혜에 저항할 수 없다. 인간은 은혜가 작용하는 것을 막을 수도 없고, 도울 수도 없다. 마찬가지로 하나님의 선택도 무조건적이다. 구원을 얻겠다고 인간의 편에서 할 수 있는 조건이나 사전 준비는 아무것도 없다.

웨슬리는 하나님과 인간 사이의 협력을 강조하는 관계성이 마치 하나님이 아니라 인간이 영원한 생명을 책임지는 것처럼, 어떻게든 구원을 얻을 수 있는 사람들의 자연적인 행위라고 생각하지 않았다. 이것이 웨슬리가 (자유의지

---

5   Wesley, "Working Out Our Own Salvation," II.1, sermon 85, *Works*, (Jackson), 6.509.

보다) 거저 주시는 은혜를 기술한 이유이다. 인간에게는 여전히 능력을 주시는 하나님의 은혜의 역사가 필요하기 때문에 구원과 그리스도인의 생활에서 인간의 참여가 어떠해야 하는지 정확하게 기술하였다. 칼빈은 당연히 웨슬리의 입장에 동의하지 않을 것이다. 그는 구원에 있어서 어떤 방식으로든, 비록 은혜를 통할지라도, 인간에게 조건부를 허용하는 것은 하나님의 통치와 능력과 위엄을 손상시키는 것이라고 생각하였다. 그러나 웨슬리는 사람이 하나님과 화해할 때 그들에게 진정한 –"저항할 수 없는" 것이 아닌– 역할이 있다고 생각하였다. 그는 성도들이 그리스도의 대속을 통하여 준비된 영생의 선물을 자유롭게 받아들이는 것과 마찬가지로 성도들이 자유롭게 하나님을 사랑하길 하나님이 바라신다고 보았다. 지속적이고 역동적인 관계를 통해 사람들은 하나님의 성령을 받으므로, 구원과 그리스도인의 생활은 보다 역동적이고 관계적인 방식으로 생각되어야 한다. 구원은 하나님과의 교제를 새롭게 하는 중요한 과정으로, 단순하게 법적으로 상호작용하는 수동적이고 저항할 수 없는 방식이 아니기 때문이다.

이 점에서 웨슬리는 기독교의 오랜 전통에 서 있다는 것을 다시 한번 확인할 수 있다. 그 전통은 영국의 프로테스탄트 종교개혁과 가톨릭교회, 초대교회를 거슬러 성경에서 이어져온 것이다. 프로테스탄트교회 안에서 많은 지지를 받고 조직적인 신학으로 주목을 받은 칼빈은, 하나님의 은혜라는 주제에 있어서 역사적으로 기독교의 정통주의를 지켜온 입장에 서지 않았다. 특히 하나님이 인간과 교류하기 위하여 미리 은혜를 주신다는 점에 대해서 더욱 그랬다. 확실히 칼빈의 입장은 종교개혁 전통에 속한다고 자부하는 사람들에게 필수적이었으며, 칼빈과 종교개혁 신앙은 개혁교회 신앙에 광범위한 영향을 미쳤다. 그러나 모든 프로테스탄트교회가 칼빈주의와 종교개혁 신앙에 속하는 것은 아니다. 실제로 대다수의 프로테스탄트교회는, 웨슬리에게서 볼 수 있는 것처럼, 선행은총을 이해하는 데 있어서 가톨릭교회와 정교회, 영국교회의 관점에 보다 가까운 것으로 보인다.

사람들이 이 주제를 잘 모르는 이유는, 역사적인 관점의 결핍과 더불어 신학적인 주장들의 차이가 부정확하기 때문이다. 어거스틴주의나 펠라기우스주의 사이에 있었던 것으로 간주되는 하나님의 역할과 인간의 역할을 둘러싼 논쟁에는 일반적으로 잘못 이해된 개념들이 다시 등장한다. 초기 그리스도인들이 펠라기우스를 이단으로 정죄하였으니 어거스틴주의 외에 다른 어떤 대안이 있을 수 있겠는가? (개신교회 안에는 안타깝게도 신학적 범주에 대한 무지가 널리 퍼져 있다.) 그러나 앞에서 언급한 것처럼, 어거스틴조차 반펠라기우스적인 내용을 이야기했다. 그러나 웨슬리의 사상에 반영된 신학 전통들은 펠라기우스도 아니고 반펠라기우스도 아니었다. 대신 어거스틴주의의 다양한 형태들로, 굳이 표현하면 반어거스틴주의라고 칭할 수 있을 것이다. 웨슬리의 후예들은 하나님이 은혜로 인간의 구원을 시작하고, 유지하며, 완성한다고 주장하였다.

실제로 하나님의 통치에 제한이 있을 수 없지만, 하나님은 인간에 대한 당신의 능력을 스스로 제한함으로써 사람이 저항할 수 없어서가 아니라 책임적으로 응답하게 하는 분으로 생각되었다. 사람들의 삶 속에서 성령을 통하여 보편적으로 역사하는 하나님의 선행적인 은총의 행위는 하나님이 사람의 선택을 실질적으로 결정하지 않으면서 사람이 진정으로 책임지도록 하는 매개이다. 물론 사람이 응답하지 않고, 그래서 자신들의 죄와 악에 대하여 진정으로 책임지지 않을 수도 있다. 죄와 악은 하나님의 통치와 저항할 수 없는 은혜로 인하여 막을 수 없는 것이 아니라 하나님에 대한 인간의 적극적인 거역과 수동적인 무관심 때문에 일어난다.

다시 말하지만 웨슬리의 관점은 완전히 특별하거나 혁신적인 것이 아니었다. 그의 입장은 교회사 전 기간에 걸쳐 대다수 그리스도인들의 관점을 대표하는 기독교 주류의 관점이었다. 교회사에서 어거스틴이 차지하는 절대적인 신학적 영향에도 불구하고 대부분의 초대교회와 중세교회 그리스도인들은 그의 절대적 예정론을 거부하였다. 루터와 칼빈이 어거스틴의 신앙과 가치를 부활시켰으나 영국교회는 동의하지 않았고, 알미니안주의자들도 동의하지 않았다. 오늘날 세계 기독교의 대다수-가톨릭교회, 정교회, 영국성공회와 다수의 프로테스탄트교회-는 이론적으로는 그렇지 않지만, 실제로는 웨슬리의 입장에 동의한다. 어거스틴의 예정론을 강조하는 이들은 주로 루터교회와 개혁교회 전통에 있는 사람들이다. 점점 더 많은 그리스도인들이 성경과 그리스도인의 생활을 가장 정확하게 대표하는 관점으로 반어거스틴주의를 받아들이고 있다.

하나님은 사람의 생활과 세계 안에서 저항할 수 없도록 은혜롭게 행동할 수 있는가? 웨슬리는 당연히 그렇다고 말할 것이다. 결국 하나님은 당신이 원하는 모든 것을 다스리고 행할 수 있다. 만일 하나님이 선택하면, 인간의 삶과 역사의 모든 과정을 직접 바꿀 수 있을 것이다. 그것이 정확한 요점이다. 다만 하나님은 그렇게 하는 것을 선택하지 않았다. 적어도 항상 그렇게 하지는 않기로 했다. 하나님은 은혜롭게 세계와 사람에게 일정한 자유를 부여하면서 창조하셨다. 이 같은 하나님의 선택은 하나님의 능력의 한계가 아니라 사랑의 표현이었다. 하나님은 이미 결정된 대로 움직이는 로봇 같은 인간을 창조하는 것을 원하지 않았다. 대신 하나님과 소통하고, 하나님을 사랑할 수 있는, 비록 하나님과 구원의 축복을 거부하는 결과를 가져온다 하더라도, 충분한 자유를 가진 인간을 창조하기 원하셨다. 웨슬리와 칼빈, 두 사람의 신학적 논리에는 교회사 전 기간에 걸쳐 그리스도인들에게 오랜 논쟁거리가 된 수수께끼들이 들어있다. 그러나 웨슬리는 성경도 체험적인 증거들도, 저항할 수 없는 은혜보다 은혜로 사람을 인도하는 하나님과의 선행하는 관계를 확인해 준다고 믿었다.

두 이야기

하나님의 은혜는 사람의 구원보다 삶에 더 많은 영향을 미친다. 은혜는 사람들의 삶 전체에 영향을 미친다. 선행은총은 회심에만 관련된 것이 아니다. 삶의 모든 부분, 특별히 그리스도인의 삶에 관련된다. 하나님이 우리의 삶에서 행하는 것처럼, 우리도 하나님의 은혜로 말미암아, 성경이 증언하는 대로 하나님의 뜻에 따라 행해야 한다. 웨슬리는 "하나님은 여러분 안에서 일하십니다. 그러므로 여러분도 일해야 합니다. 여러분은 '그분과 함께 일하는 일꾼'이 되어야 합니다. (사도들이 말씀하신 대로) 그렇지 않으면 하나님도 일하지 않으십니다. … 하나님의 은혜의 덕 안에서, '믿음의 역사와 소망의 인내와 사랑의 수고' 안에서 계속하여 여러분을 보호하고, 동행하며, 인도하십니다."라고 말했다.[6] 그리스도인의 역사와 수고와 성취는 구원을 위한 공로가 아니지만 성령을 통하여 하나님의 은혜가 지속적으로 현존하는 것을 보여준다. 웨슬리와 같이 칼빈도 신자는 성경이 증언하는 것처럼 하나님의 법에 따라 순종의 삶을 살아야 한다고 생각하였다. 그러나 칼빈은 그리스도인이 순종의 삶을 살아야 하는 이유에 대하여 다른 입장을 갖고 있었다. 그것은 그리스도인의 영성에 대한 장에서 자세하게 다룰 것이다.

선행하는 은총과 저항할 수 없는 은혜의 대결은 웨슬리와 칼빈의 책에서 묘사되고 있다. 아마도 이러한 대조를 통하여, 사람들의 삶에서 하나님이 −은혜롭게− 행하시는 정도와 관련해 두 사람이 말한 두 이야기(혹은 담론)를 분명하게 보여줄 수 있을 것이다. 이 이야기들은 구원 그 이상을 말하고, 그리스도인의 삶 그 이상을 이야기하고 있다. 이 이야기들은 사람들의 삶 전체에서 하나님이 일하시는 방식−저항할 수 없는, 혹은 선행하는−을 이야기하고 있다.

칼빈의 이야기를 먼저 들어보자. 그는 궁극적으로 하나님이 선한 일이나 악한 일이나 상관없이 인생에서 일어나는 모든 일을 주관하고 있다고 말한다. 즉 하나님이 궁극적으로 모든 일을 주관하기 때문에 진정으로 악한 일은 없으며, 적어도 하나님의 영원한 뜻에 맞지 않는 일은 없다. 하나님이 모든 일을 저항

---

6   Ibid., III.7, *Works*, (Jackson), 6.513.

할 수 없도록 명하기 때문에 우연히 일어나거나 예상하지 못하는 일은 일어나지 않는다는 것이다. 칼빈은 이렇게 말했다.

> 우리 함께 생각해 봅시다. 예를 들어 신실한 사람들을 데리고 숲에 들어간 상인이 일행을 놓치고 말았습니다. 숲속을 헤매던 그는 강도 소굴에 들어갔다가 강도들에게 목숨을 잃었습니다. 그의 죽음은, 하나님이 미리 알고 있었을 뿐 아니라 하나님의 명령으로 이루어진 것입니다. 하나님은 각 사람이 얼마나 오래 살 것인지 예견한 것이 아니라 사람이 넘어갈 수 없는 한계를 정했기 때문입니다(욥 14:5). 그러나 우리의 사고 범위에서는 모든 일이 우연히 일어나는 것처럼 보입니다. 이 대목에서 그리스도인은 이렇게 생각해야 합니다. 이런 종류의 죽음은 자연적으로 그리고 우연히 일어난 것처럼 여겨지겠지만 하나님의 섭리가 이 일을 이끄는 힘이라는 것입니다. 이 사실을 의심하지 말아야 합니다. 장래에 일어나는, 우연으로 보이는 모든 일에 대해서도 이같이 생각해야 합니다.[7]

인간의 관점에서 악하든 선하든, 생명으로 인도하든 사망으로 인도하든 여부와 상관없이 모든 일은 하나님의 은혜로 일어난다. 칼빈은 선한 것이 하나님에게 나온다고 주장하면서, 다른 한편으로 (죄와 악을 포함하여) 나쁜 것들은 (사단이 했을지라도) 사람에게서 나온다고 주장하였다. 칼빈은 삶에서 일어나는 일들을 인도하는 하나님의 은혜와 통치의 유효한 본성을 일관되게 주장했지만, 죄와 악이 발생하는 이유는 여전히 과제로 남아 있다. 칼빈은 모든 선한 일들의 근원이 하나님이라는 사실에 의심이 없었다. 동시에 고통이나 고난, 죄 혹은 악에 대하여 인간은 책임을 갖지만 하나님은 책임이 없다고 믿었다. 다시 말하면 모든 일이 하나님께 영광을 돌려야 한다고 주장하면서 하나님의 저항

---

7 Calvin, *Institute*, I.xvi.9 (1.208-9).

할 수 없는 인도를 받는 사람에게 비난의 책임을 돌리는 것인데, 이는 논리적으로 받아들이기 어려워 보인다.

반대로 웨슬리는 사람들을 회심으로 불러 믿음을 갖게 하고 죄를 회개하는 것을 이야기하고 있다. 그는 회심으로 부르는 소명이 진정한 것인지 확인하고, 그 다음에 하나님의 은혜로 그 부름에 응답할 것인지 결정해야 한다고 믿었다. 영생뿐 아니라 지상에서의 일시적인 삶도 그러한 응답에 달려 있다. 웨슬리는 칼빈의 믿음과 대조적인 믿음을 이야기하면서 실질적으로 은혜의 저항할 수 없는 성격에 대하여 질문하고 있다. 웨슬리의 이야기를 들어보자.

우리의 복되신 주님은 "모든 사람이 회개의 자리로 나올 것"을 분명하게 명하고 초대하십니다. 그는 모든 사람을 부르셨습니다. 주님은 "모든 피조물에게 복음을 전하라."고 당신의 이름으로 대사들을 파송합니다. 하나님이 직접 "포로된 이들에게 구원을 선포하면서" 어떠한 제한이나 암시를 두지 않으셨습니다. 그러나 지금, 칼빈을 따르는 여러분은 구원에 대하여 어떻게 설명하고 있습니까? 여러분은 마치 하나님이 감옥 문 앞에 서서 열쇠를 손에 들고, 포로들을 불러 초대에 응답하라고 요청하면서, 그들이 수용할 수 있는 모든 종류의 유인책을 제시하는 모습으로 그리고 있습니다. 순종하는 이들에게는 가장 귀중한 약속을 주고, 순종하지 않는 이들에게는 가장 끔찍한 협박을 하는 분으로 그립니다. 그 순간에 주님은 그들에게 절대로 문을 열어주지 않겠다고 이미 결정한 분으로 가정하고 있습니다! 주님이 "어서 그 악한 곳에서 나와라. 무엇 때문에 거기에서 죽으려 하느냐? 오, 이스라엘 집이여!" 하고 부르짖을 때 그들 중 한 사람이 이렇게 답할지 모릅니다. "우리가 도저히 할 수 없기 때문입니다. 우리는 우리를 스스로 구할 수 없습니다. 하나님도 우리를 돕지 않으실 것입니다." … 애통합니다! 나의 형제들이여, 그것은 우리 구주이신 하나님을 도대체 어떤 종류의 신실함을 가진 분으로 설명하는 것입니까?[8]

웨슬리는 "칼빈 선생"의 신앙이 성경의 가르침뿐 아니라 하나님의 정의와 사랑에도 반하는 것이라고 생각했다.[9] 반대로 칼빈은 구원이 전적으로 사람들의 책임 밖에서 이루어지기 때문에 자신의 믿음이 그들에게 용기를 불어넣을 것이라고 생각했다. 실제로 칼빈은 인간이 자신의 영원하고 영적인 행복을 책임지지 않는 것이 다행이라고 생각하였다. 그들은 하나님이 모든 일을 완전히 주관하시는 것을 자신들이 알고 있다고 확신할 수 있다. 그러나 웨슬리는 인간의 책임이 하나님의 통치와 믿음을 통하여 은혜로 말미암는 구원의 확신, 혹은 하나님의 영 안에서 사는 것을 결코 약화시키지 않는다고 생각했다. 실제로 인간의 책임은 하나님의 영이 사람들과의 관계에서 은혜롭게 역사하는 관계적이고 책임 있는 방식임을 보여줌으로써 하나님의 통치와 사랑, 정의 그리고 다른 특성들을 보다 확실하게 증명한다.

은혜의
유형들

웨슬리와 칼빈은 다른 유형의 은혜를 이야기하였다. 따라서 그들의 신앙과 실천을 완전하게 이해하기 위해서는 차이점을 살피는 것이 중요하다. 예를 들어 칼빈은 "일반적 은혜"를 하나님이 사람들에게 주는 은혜라고 믿었다.[10] 칼빈이 그대로 표현한 것은 아니지만 후에 "일반적 은혜"라고 설명하였다. 일반적 은혜는 모든 사람에게 주는 하나님의 능력으로, 사람들 사이에 다양성이 존재하도록 하고, 그들의 죄와 악이 파멸의 길로 이어지는 것

---

8   Wesley, "Predestination Calmly Considered," §491, *Works*, (Jackson), 10.226-27.
9   Ibid., §42, *Works*, (Jackson), 10.227.
10 Calvin, *Institute*, II.ii.17 (1.276).

을 막아준다. 이러한 의미에서 일반적 은혜는 모든 사람이 현재의 삶에서 받을 자격이 없음에도 불구하고 하나님이 주는 유익의 증거다. 그러나 그 유익은 일시적이다. 일반적 은혜는 사람들을 구원으로 인도하지 않는다. 구원을 위해서는 하나님의 "특별한 은혜" 혹은 유효한 은혜가 필요한데, 하나님은 모든 사람에게 특별한 은혜를 주지는 않는다. 칼빈은 말한다. "이제 생각해 보자. 어리석거나 부족하게 태어난 사람이라도 그 결점 때문에 하나님의 일반적 은혜를 깨닫지 못하는 것은 아니다. … 어떤 사람이 다른 사람보다 뛰어난 이유가 무엇인가? 사람들이 그냥 지나치고, 일상적인 상황에서 보이지 않는다고 해서 하나님의 특별한 은혜가 아무에게도 임하지 않는다고 확신할 수 있는가?"[11] 하나님은 구원하는 특별한 은혜를 모든 사람에게 베풀지는 않지만, 유익한 일반적 은혜는 모든 사람에게 베푸신다. 칼빈은 일반적 은혜가 사람 안에 남아 있는 하나님의 형상의 흔적을 보여주고, 바로 그 이유로 사람에게 인성과 지성, 성취와 관련하여 숱한 개성과 다양성이 존재한다고 생각했다. 그는 특별히 일반적 은혜를 율법의 세 번째 용도와 연결하였는데, 즉 선택한 자들과 함께 타락한 자들에게 일반적 은혜가 도덕 교사로 작용하여 그들에게 도덕적인 삶의 방식을 보여주었다고 생각하였다. 국가는 하나님의 율법의 도움을 받았는데, 그러한 법이 사람들을 보다 정의롭고 질서있게 살도록 다스리는 데 도움이 되었다.[12] 실제로 하나님은 사람 안에 율법을 주시는데, 십계명의 경우처럼, 율법을 주는 것은 일반적 은혜의 행동이다. 사람들은 율법을 통하여 개인적으로 그리고 공동체적으로 크나큰 유익을 얻는다. 그러나 일반적 은혜는 여전히 일시적이며 인간의 구원에 직접적인 동력을 발휘하지 않는다.

일반적 은혜에 대한 칼빈의 믿음은 선행은총에 대한 웨슬리의 믿음과 차이가 있다. 웨슬리는 선행은총이 사람들의 구원을 돕는다고 생각하였다. 웨슬리

---

11 Ibid., II,ii.17 (1.276).

12 Ibid., II,ii.17 (1.276-77). 참조. *Institute*, IV.xx.15-16 (2.1503-05).

에 의하면, 선행은총은 구원과 함께 그리스도인의 영적 성장을 이끌어내는 긍정적이고 건설적인 역할을 한다. 그러나 일반적 은혜는 사람들에게 미치는 죄와 악의 즉각적인 영향력을 억제하는 이 세상에서의 능력과 더 많이 관련된다. 그러므로 선행은총은 성령이 지속적인 상호작용을 통하여 사람들을 영적 성장에 참여하도록 이끌고, 안내하고, 능력을 부여하기 때문에 사람들의 영적 삶에 더욱 역동적이고 유익한 영향을 미친다.

선행은총에 대한 웨슬리의 강조에도 불구하고, 선행은총은 사람들의 삶에 일반적으로 나타나고, 신자들의 삶에 구체적으로 나타나는 하나님의 은혜가 역사하는 다양한 방식 가운데 하나라고 할 수 있다. 웨슬리는 사람들의 구원에 주된 관심을 가졌지만 동시에 사람들의 삶에서 하나님이 은혜롭게 역사하는 다양한 방식들을 구별하였다. 웨슬리는 선행은총, 확신의 은혜, 의롭게 하는 은혜 그리고 거룩하게 하는 은혜를 이야기했다. 물론 은혜에 대한 각각의 설명은 구원에서 은혜가 갖는 다양한 기능을 보여준다. 웨슬리가 선행은총을 말할 때, 강조점은 인간의 협력자 역할에 있는 것이 아니라, 인간의 구원이 하나님의 은혜에서 시작한다는 데 있었다. 그 후에 사람들은 믿음과 회개로 응답하게 하기 위하여 하나님이 은혜로 허락한 책임성을 갖게 되었다. 웨슬리의 말을 들어보자.

> 구원은 은혜를 확신함으로 이루어지는데, 성경에서는 일반적으로 회개라는 말을 씁니다. 회개를 통하여 우리 자신에 대하여 보다 많이 알게 되고, 돌 같은 마음이 구원으로 나아갑니다. 그리고 나서 우리는 그리스도인의 올바른 구원을 경험합니다. 우리는 두 가지 큰 줄기인 칭의와 성화로 나아가게 하는 "은혜로 말미암아", "믿음을 통하여 얻는 구원"을 경험합니다.[13]

---

13   Wesley, "Working Out Our Own Salvation," II.1, sermon 85, *Works*, (Jackson), 6.509.

웨슬리에 의하면, 회심은 믿음과 회개를 통하여 나타나고, 거기에는 하나님의 의롭다 하시는 은혜가 동반된다. 칭의를 통해 사람들은 죄의 형벌로부터 구원을 받고 하나님의 사랑과 교제를 회복한다. 그 후에 하나님의 거룩하게 하는 은혜로, 성화된 신자들은 죄의 능력에서 해방되고 하나님의 형상을 회복하는 길을 걸어간다. 웨슬리와 칼빈은 칭의의 문제에서 전혀 이견이 없었다. 앞에서 언급했듯이 웨슬리는 은혜로 말미암아 믿음을 통하여 의롭게 되는 문제와 관련해서는 칼빈의 관점에서 머리카락 한 올만큼도 더 나아가지 않았다. 그러나 거룩하게 하는 은혜에 있어서는, 잘 알려진 것처럼 두 사람의 의견이 일치하지 않았다. 웨슬리에 따르면, 은혜는 칭의뿐만 아니라 성화를 위해 선행적으로 유효하다. 그리스도인들은 하나님이 성경을 통하여 정하신 은혜 안에서 성장하는 수단을 취함에 있어 책임적으로 행동해야 한다.

은혜의
수단들

웨슬리와 칼빈은 그리스도인의 은혜의 수단에 대하여 서로 다른 관점에서 기술하였다. 칼빈은 하나님이 신자들의 삶에 유효한 은혜의 수단을 사용한다고 보았고, 웨슬리는 하나님이 신자들과 함께 선행적으로 은혜의 수단을 사용한다고 보았다. 칼빈은 『기독교 강요』 4권에서 "하나님이 우리를 그리스도의 교회로 초대하고, 함께 하도록 하는 외부적 수단 혹은 지원"에 대한 이야기를 했다. 때로는 이 "수단이나 지원"을 "은혜의 수단"으로 불렀는데, 이는 하나님이 사람들의 삶, 특별히 성도들의 삶에서 은혜롭게 역사하시는 방법이나 통로를 의미한다. 하나님은 사람의 내면에서 믿음과 구원으로 역사하지만, 또한 그들의 삶에서 외적으로도 역사한다. 칼빈은 하나님이 교회, 설교 및 성례전을 통해 어떻게 역사하는지 우선적으로 이야기하였다. 그는 키프리안 교부의 말을 인용하면서 이렇게 말했다. "그들에게 하나님은 아버지이고, 교회는 어머니가 된다."[14] 그는 하나님에 관해 가르치는 효과적인 방법으로 목회자 중심의 사역이 중요하다고 강조하였다. 구체적으로 목회자는 "천국의 교리"를 선포하고 가르치기 위하여 파송되었다.[15]

성례전은 하나님이 사람들의 삶에서 은혜롭게 역사하는 "가시적 말씀"을 보여준다는 점에서 다른 은혜의 수단들보다 중요하다. 칼빈은 "어거스틴은 성례전이 하나님의 약속을 우리가 볼 수 있도록 각각의 형상들을 시각적으로 묘사하기 때문에 '가시적 말씀'으로 부른다."고 말했다.[16] 칼빈은 계속하여 "또는 우리에게 주어진 하나님의 은혜의 풍성함을 생각할 수 있는 거울이라 부를 수도 있다."고 말했다.[17] 성례전은 모든 사람에게 주어진다. 그러나 성령이 영의 양식으로 은혜를 더해주므로, 성례전은 믿음으로 받아들이는 사람들에게만 효력을 발휘한다.

칼빈은 일곱 개의 성례전에 대한 로마 가톨릭교회의 전통을 거부하고 오직 두 가지, 세례와 성만찬만 성경적이라고 믿었다. 세례는, 심지어 유아 세례까지, 신앙을 확인하고 강화시키는 데 도움이 된다고 봤다. 칼빈은 세례가 구원을 위한 조건은 아니지만 유아들이 구원에서 배제되어서는 안 되기 때문에 세례를 받을 수 있다고 믿었다.[18] 또한 칼빈은 성만찬이 성도들의 신앙을 키워주고 확신을 강화하며 구원을 유지시킨다고 믿었다. 성만찬은 구원을 위해 주시는 하나님의 특별한 은혜의 수단은 아니지만 영적으로 우리를 유지시켜주는 은혜의 수단으로 남아 있다.

---

14 Calvin, *Institute*, IV.iv.1 (2.1017). 각주 2에 인용된 구절에 키프리안 교부의 가르침이 전문으로 인용되었는데, 다음과 같다. "교회를 당신의 어머니로 여기지 않는다면 하나님을 당신의 아버지로 섬길 수 없다."

15 Ibid., IV.iv.5 (2.1017).

16 Ibid., IV.xiv.6 (2.1281).

17 Ibid.

18 칼빈은 유아세례를 변증하기 위하여 몇 가지 주장을 제안하였다. 참조. Ibid., IV.16.1-32 (2.1303-23).

웨슬리 또한 은혜의 수단을 믿었고, 그리스도인의 삶 전체에 걸쳐 나타나는 구원의 모든 단계에서 필수적인 것으로 인정하였다. 그는 "나는 '은혜의 수단' 을 통하여 하나님이 정하신 외형적인 표지나 말 또는 행동을 이해하고, 그 목적을 위하여 사람들을 파송하여, 그들이 선행하거나, 의롭게 하거나, 혹은 거룩하게 하는 은혜를 전하는 보편적인 통로가 되게 하였다."고 말했다.[19] 칼빈과 달리 웨슬리는 하나님이 사람들을 구원으로 부르고 그들을 통해 일하실 뿐 아니라 은혜의 수단을 사용하여 구원으로 부른다고 생각하였다. 웨슬리에게 은혜의 수단은 칼빈이 제안한 교회와 설교 및 성례전에 국한되지 않았다. 여기에는 하나님이 은혜롭게 사람과 교회 안에서 일하는 여러 가지 방법들이 포함되어 있다. 그러므로 은혜의 수단은 사람들의 성화와 마찬가지로 칭의에 있어서도 중요했다.

웨슬리는 여러 가지 경우로 은혜의 수단을 배열하였다. 그는 "제도화된" 것과 "재량권이 있는" 은혜의 수단을 구분하였다. 웨슬리는 "대화록"에서 하나님이 성경에서 제정한 은혜의 수단은 기도, "성경 읽기", 성만찬, 금식 그리고 "그리스도인 모임"이 있다고 말했다.[20] 그리스도인 모임을 통하여, 웨슬리는 소그룹 모임에서 가장 잘 발휘되는 그리스도인들의 책임을 강조하였다. 그는 주일 아침예배 이외에 주중에 만나는 몇 가지 소그룹의 효율적인 네트워크를 만들었다. 작은 단위 교제를 위한 속회와 적은 수의 인원이 성별로 구별하여 모이는 밴드는 영적 성장을 위해 매일 의무를 정하여 실천하기 원하는 사람들의 모임이었다.

성경에서 제정한 은혜의 수단들에 더하여, 웨슬리는 사람들이 정할 수 있는 (또는 현명한) 은혜의 수단에 대하여 말했다. 이러한 은혜의 수단은 성경에 직접적으로 분명하게 언급되지 않았지만, 사람들의 경험과 함께 교회의 역사에

---

19   Wesley, "The Means of Grace," II.1, sermon 16, *Works*, 1.381.

20   Wesley, "Minutes of Several Conversations," Q.48, *Works*, 1.381. (Jackson), 8.322-23.

서 형성된 영적 구조에서 시도되고 증명된 방식들을 보여준다. 대부분 가난한 사람들을 위한 자비와 자선에 관한 것이지만 사람이 만들어낸 은혜의 수단은 거의 없었다. 기독교 신앙과 소망, 사랑의 성장을 위해 사용할 수 있는 현명하고 유익한 여러 가지 실천들이 있다. 웨슬리는 그러한 실천들이 "보이는 것과 자신을 부정하고 자기 십자가를 지는 것, 그리고 하나님의 현존의 훈련"을 포함한다고 말했다.[21]

칼빈처럼 웨슬리도 신앙적 실천 그 자체가 목적이 아니라는 점을 분명히 하고자 했다. 즉 은혜의 수단은 구원을 보장하지 않으며, 실제로는 우리가 은혜로 말미암아 믿음으로 구원받은 것을 기억하지 못하게 할 수도 있다는 것이다. 그러나 성경이 그러한 은혜의 수단들에 대하여 길든 짧든 전하기 때문에, 웨슬리는 은혜의 수단들이 구원의 모든 단계와 그리스도인의 생활에 도움을 준다고 확신하였다.

이와 관련하여 웨슬리는 미리 주시는 은혜의 성격을 강조하며 사람들의 회심과 인내 그리고 영적 성장을 위하여 하나님과 사람들이 신비하게 함께 일한다고 확언하였다. 하나님의 뜻은 은혜의 수단이 인간의 책임 있는 행동과 함께 역사하는 것이다. 그러한 행동은 하나님의 보편적인 뜻과 은혜에서 나오는 것으로 간주되었다. 그러나 사람들은 은혜의 수단에 관한 성서의 가르침을 포함하여 모든 영적인 문제에 있어서 스스로 결정하고 책임감 있게 행동해야 한다. 성경은 그리스도인이 은혜의 수단을 배우고 실행할 수 있도록 그 수단들에 관하여 말한다. 사람들이 은혜의 수단을 실행하는 이유는 구원을 위한 인간의 노력과 공로에 의존하기 때문이 아니다. 하나님이 은혜의 수단을 당신과 사람들의 관계에서 협력하는 방법으로 보여주셨기 때문이다.

---

21 Ibid., 8.323-24.

정리

웨슬리와 칼빈은 하나님과 우리의 관계 중심에 하나님의 은혜가 자리한다고 분명하게 밝혔다. 인간은 은혜로 말미암아 믿음을 통하여 구원을 받는다. 그것은 인간의 노력이나 공로가 아니다. 두 사람 모두 인간의 구원을 시작하고 유지하고 완성하는 분이 하나님이라는 사실에 완전하게 동의한다. 하나님의 주권을 부인하는 자연적이거나 인간적인 능력은 절대로 없다.

두 사람은 인간의 삶에서 하나님의 은혜가 작용하는 방식에 대하여는 다른 입장을 가지고 있었다. 칼빈은 하나님의 은혜가 실제로 역사한다고 믿었다. 하나님의 뜻에 저항할 수 있는 사람은 궁극적으로 아무도 없다는 것이다. 그는 하나님이 이 세상에서 일어나는 모든 일을 주관하기 때문에 사람은 자신의 구원을 위하여 무엇을 하거나 도울 수 없다고 믿었다. 반대로 웨슬리는 하나님의 은혜가 사람들에게 하나님의 은혜에 협력하는 것을 선택하거나 하지 않는 자유를 준다고 믿었다. 하나님은 사람들의 삶에 선행하는 은혜를 역사하게 하여 그들이 하나님을 사랑하거나 거부하는 것이 가능하게 하셨다. 그러한 은혜는 하나님의 주권을 약화시키지도 않고, 능력을 주는 성령의 사역에서 사람들을 멀어지게 하지도 않는다.

웨슬리는 선행은총이 성경의 가르침과 언약들 그리고 요청을 가장 합리적으로 이해하게 한다고 믿었다. 모든 일이 하나님의 은혜로 말미암아 저항할 수 없이 일어난다면 삶은 굉장히 단순할 것이다. 하지만 인생은 –현세와 영생의 차원에서 모두– 사람들이 책임감 있는 방식으로 생각하고 행동해야 하며, 하나님의 은혜로 말미암아 그렇게 해야 함을 항상 인식할 필요가 있다는 것을 성경과 체험이 분명히 해준다.

토론을 위한 질문

Q1   찬송 "나 같은 죄인 살리신(Amazing Grace)"이 수백 년 동안 사람들의 사랑을 받는 이유가 무엇이라고 생각하나요?

Q2   하나님의 은혜가 사람들의 삶에서 저항할 수 없을 정도로 역사할 수 있는데, 하나님은 왜 사람들과의 관계에서 선행은총을 통하여 일하기를 원하실까요?

Q3   웨슬리와 칼빈의 이야기에서 어떤 부분이 하나님의 은혜의 본질과 하나님이 사람들과 함께 일하기 원하시는 방법을 아는 데 도움이 되었나요?

Q4   하나님의 은혜로 말미암아 사람들에게 어느 정도의 자유가 있다고 믿는다면, 어느 정도까지 자유롭게 행동할 수 있나요? 무엇이 우리의 삶에서 하나님의 은혜를 제한할 수 있을까요?

Q5   웨슬리가 말하는 선행은총과 칼빈이 말하는 일반적 은혜를 비교하여 같은 점과 다른 점을 이야기해 보세요.

Q6 다양한 은혜의 수단은 우리에게 도움이 되나요? 오직 구원을 얻는 데 도움이 되나요, 아니면 그리스도인의 삶을 사는 데 지속적인 도움이 되나요? 된다면 어떻게 도움이 되나요?

5

제한적이기보다
무제한적인

중고등학교 시절 교회 학생부 모임에서 극적인 회심의 간증들을 듣다가 가끔 두려워지곤 했다. 그 간증들은 당시 사람들이 좋아하는 책이나 영화의 소재가 될 법한 내용이었는데, 알코올이나 마약 중독, 혹은 성과 관련한 구렁텅이에 빠졌다가 구원받은 사람들에 관한 이야기였다. 그러한 간증들을 듣다 보면 머릿속이 복잡해졌다. 생생한 스토리에 관심이 갔지만, 한편으로는 내가 무언가 놓친 것 같은 느낌을 받았다. 마치 방탕한 인생을 경험할 수 있는 기회나, 그들처럼 극적인 회심의 간증을 할 수 있는 기회를 놓친 것 같은 기분이었다. 독자들은 당시 내가 느꼈던 감정이 어리석어 보일 수 있겠지만, 상대적으로 평화로운 마을에서 안전한 교회와 부모의 보호 속에 자라던 아이는 그러한 환경이 오히려 영적으로 속는 것처럼 느껴졌다.

나이가 들고 기독교 신앙을 더 깊이 공부하면서, 극적인 회심 체험과 다른 사람보다 더 많은 축복을 받는 것은 거의 상관 없다는 사실을 깨달았다. 사람들이 회심을 경험하는 특별한 방법들은 하나님에게 받는 은혜의 양 또는 질보다 사람들의 인성, 신앙적 배경, 그리고 사회문화적 환경과 더 많은 관련이 있다. 19세기에 들어서면서 윌리엄 제임스를 비롯한 여러 학자들은 사람들의 회심 경험을 연구하고 분석했는데, 『신앙 체험의 다양성』이 좋은 예가 될 수 있다. 제임스는 회심이나 신앙 체험의 특수성은 하나님과 불공평한 영적 관계에 있기보다 인성의 특수성과 더 관련이 있다고 결론지었다.

1738년 5월 24일, 웨슬리는 올더스게이트 집회에서 극적인 신앙 체험을 했다. 그는 일기에 이렇게 기록하였다.

> 저녁에 나는 별로 내키지 않는 마음으로 올더스게이트 거리에 있는 한 집회에 참석하였는데, 한 사람이 루터의 로마서 서문을 읽고 있었습니다. 8시 45분경에 그가 그리스도 안에 있는 믿음을 통하여 하나님께서 마음의 변화를 일으키시는 일을 설명하고 있을 때, 나는 내 마음이 이상하게 따뜻해지는 것을 느꼈습니다.

나는 내가 그리스도를 신뢰하고 있다고 느꼈으며 구원을 위해, 다만 그리스도만 믿고 있음과 주께서 내 죄를, 아니 내 죄까지도 다 거두어 가시고 나를 죄와 사망의 법에서 건져주셨음을 믿는 확신을 얻었습니다.[1]

그날 웨슬리에게 어떤 일이 일어났는가? 안타깝지만 이 문제는 여전히 논쟁 중이다. 웨슬리는 회심했는가? 구원에 대한 확신을 받았는가? 완전히 거룩해졌는가? 아니면 단순히 그리스도인들이 삶에서 경험할 수 있는 정도의 신앙 체험이었는가?

칼빈의 회심을 둘러싼 논쟁도 있다. 1533년, 칼빈은 신앙 체험을 하고 여러 가지 방식으로 서술하였다. 시편 주석에서 칼빈은 이렇게 말했다.

하나님은 갑작스러운 회심을 통하여 내 마음을 가라앉히시고, 배우고자 하는 마음을 주셨습니다. 살아오면서 젊은 날 예상했던 것보다 훨씬 더 강력한 경험이었습니다. 그렇게 참된 거룩함의 맛과 내용을 접하면서, 더 깊이 들어가고 싶은 갈망이 즉각적으로 뜨겁게 불타올랐습니다. 다른 공부들을 중단하지 않았지만, 그전만큼 좋아하는 마음으로 열심을 내지 않았습니다.[2]

여기에서 칼빈은 회심을 거룩한 삶을 살고자 하는 열망이 불타오르는 갑작스러운 "마음"의 변화로 설명한다. 다른 곳에서 칼빈은 자신의 회심을 감정적이면서 몹시 힘든 과정으로 묘사하면서 회심으로 인하여 하나님의 심판에서 구원을 얻기 위해 간구했다고 적고 있다.

---

1   Wesley, *Journal* (Curnock ed.), 1:475-76.
2   Calvin, "Preface," *Commentary on the Book of Psalms*, vol. 1, trans. James Anderson (Grand Rapids: Eerdmans, 1948), xl-xli.

제가 저지른 죄로 인한 비참함에 두려움을 느끼고 영원한 죽음에 대한 절망으로 더 큰 공포를 느낍니다. 이제 저는 의무에 얽매여 한탄과 눈물에 머물지 않고, 지난날을 저주하면서 제 자신을 깨트려 주님의 길로 나아가는 것을 가장 우선적인 삶의 목적으로 삼습니다. 오! 주님, 이제 저같이 비참한 인간에게 남은 것은 변증이 아니라, 주님이 저를 버리지 마시기를 간절하게 구하는 것입니다. 저로 광야에 버려지게 마시고, 주님의 놀라운 선하심으로 저를 구원하소서.[3]

웨슬리와 칼빈의 신앙 체험은 구원을 단순하고 확실하게 설명하는 것이 얼마나 어려운지 잘 보여준다. 그 때문에 그리스도인은 성경에서 가르쳐주는 교훈과 함께 자신이 체험한 방식으로 구원을 증언한다. 구원은 웨슬리와 칼빈 모두에게 핵심적 주제이지만, 그들은 구원의 시작을 전혀 다르게 이해하였다. 그 차이를 보다 분명하게 인식하기 위하여, 두 사람이 그리스도의 대속의 교리부터 하나님의 은혜에 이르는 구원에 대하여 어떻게 이해하고 있는지 살펴보자.

대속

웨슬리와 칼빈은 모두 전적인 하나님의 은혜로 일어나는 구원을 믿었다. 구원은 사람의 노력이나 선행으로 얻어지는 것이 아니라 하나님의 선물이다. 그렇다면 하나님은 구원을 어떻게 준비하는가? 그것은 성육신한 메시아[히브리어 "마시아"("기름부음 받은 자"), 그리스어 "크리스토스"], 예수 그리스도의 삶과 죽음과 부활을 통해 이루어졌다. 그는 인류의 죄를 사하였고, 하나님은 그를 통하여 사람들을 구원하고 사람들과의 관계를 다시 정립하였다. 대속(영어 어원으로 "한 번에 이루어진", at-one-ment)의 교리는 하나님이 어떻게 예수를 통하여 구원을 준비하고, 성령의 임재와 역사를 통해 사람들을

---

3 Calvin, Bruce Gordon, *Calvin* (New Haven: Yale University Press, 2009), 34. 인용.

구원하는 일을 계속하고 있는지 정리하고 있다.

교회사에는 대속에 대한 몇 가지 중요한 관점들이 등장하였다. 칼빈은 역사적인 대속의 교리를 확정하였다. 이 관점에서 예수는 죄의 결과로 심판과 죽음을 받아야 할 인간들을 대신하여 죽은 것이다. 칼빈은 "우리가 죄가 없다는 판단을 받은 이유는, 우리가 징벌을 받아야 할 죄를 범했지만, 그 죄가 하나님의 아들의 머리로 옮겨졌기 때문이다(사 53:12). 우선적으로 기억해야 할 것은, 마땅히 받아야 할 하나님의 의로운 징벌로 인해 우리의 생명이 불안하고 염려스러울 때 하나님의 아들이 그 징벌을 직접 감당하셨다는 사실"이라고 말했다.[4] 사람들은 믿음을 통한 은혜로 말미암는 대속의 은혜를 입었다. 칼빈이 인간의 행위를 대신한 예수의 객관적인 구원 사역에서 징벌(또는 법적, 법의학) 측면을 강조했기 때문에, 칼빈의 대속 교리는 때때로 "형벌을 대신하는 대속"으로 불렸다.

웨슬리는 징벌을 대신하는 대속의 관점에 대체로 동의했다. 웨슬리는 예수의 대속에 관하여 "예수님은 우리의 죄에 대한 징벌 때문에 고난을 받았다. 그분은 '우리의 평화를 위하여 징계를 받으셨다.'"고 말했다.[5] 웨슬리와 칼빈은 예수의 대속의 보편성에 대하여 서로 다른 관점을 가지고 있었던 것으로 보이는데, 그렇지 않더라도 예수의 대속이 사람들에게 보편적으로 유효한가에 대해서는 이견이 있었다. 웨슬리는, 예수의 대속은 "온 세상의 모든 죄를 위한" 것이지, 단지 선택받은 사람들만을 위한 것이 아니었다고 주장하였다. 사람들은 반드시 믿음을 통한 은혜로 말미암아 대속의 은혜를 받아야 한다. 그러나 모든 사람이 믿음으로 응답하지 않으며, 하나님의 은혜에 저항하는 사람들도 있다는 것이 웨슬리의 입장이었다.

이 대목에서 웨슬리와 칼빈은 차이를 보이고 있다. 비록 칼빈이 예수 그리스

---

4   Calvin, *Institute*, II.xvii.5 (1.509-10).

5   Wesley, "The Doctrine of Original Sin," pt. V, *Works* (Jackson), 9:412.

도가 모든 사람의 죄를 대속하였다고 강력하게 주장하지만, 결국 선택된 사람들만 대속의 은혜를 받을 것이라고 보았다. 이것은 예수가 모든 사람을 대신하지 않고 선택된 사람만을 위해 죽었다는 뜻이 된다. 칼빈의 말을 들어보자.

> 성경이 분명하게 가르쳐주는 것처럼, 우리는 하나님의 영원하고 변함없는 계획에 따라 구원받는 사람들과 멸망당하는 사람들이 오래전에 이미 결정되었다고 말합니다. 우리는 택함을 받은 사람들을 존중하면서, 하나님의 구원 계획이 인간의 가치에 좌우되지 않고, 하나님의 거저 주시는 은혜로 이루어졌다고 확신합니다. 그러나 멸망당하는 사람의 입장에서 보면, 하나님의 심판은 공의롭고 정당하지만 이해할 수 없는 과정이 되고, 그 결과 생명의 문을 닫으셨다고 볼 수 있습니다. 이제 택함을 받은 사람들은 소명을 택함받은 증거로 봅니다. 다음 단계로 믿음으로 의롭게 되는 칭의가 소명의 또 다른 징표라고 믿습니다. 선택된 사람들이 사명을 완수하고 영광에 들어가는 때까지 말입니다. 그러나 하나님이 택함받은 사람들을 소명과 칭의로 인칠 때, 택함받지 못한 사람들은 하나님의 이름을 아는 지식이나 성령의 인도함을 받는 성화의 길에서 끊어지고, 그러한 징표들은 택함받지 못한 사람들을 기다리는 심판이 어떤 것인지 보여줍니다.[6]

예수가 선택된 사람들만을 위해 죽으셨다는 관점은 "제한적 대속의 교리"로 알려져 있다. 칼빈은 그러한 표현을 사용하지 않았지만, 후대의 칼빈주의자들이 칼빈 신학의 논리적 함의로 받아들였다. 제한적 대속의 교리는 칼빈주의자들 사이에서 논쟁이 지속되고 있다. 이러한 논쟁은 칼빈에 대한 올바른 해석의 필요성을 보여준다.

요한복음 3장 16절에 대한 칼빈의 주석을 보자. 칼빈은 이렇게 말했다. "하

---

6   Calvin, *Institute*, III.xxi.7 (2.931).

나님은 한 사람도 예외 없이 모든 사람을 그리스도를 믿는 믿음으로 초대하며, 온 세상과 화해를 이루는 모습을 보여주시니, 이는 영생으로 들어가는 문입니다."[7] 이 말은 무제한적 대속을 말하고 있다. 그러나 이어지는 주석에서 칼빈은 다른 입장을 보여준다. "모든 사람이 그리스도를 보고 알 수 있었습니다. 그러나 오직 택함을 받은 사람들만이 하나님이 열어주신 눈으로, 믿음으로 그를 알아볼 수 있었습니다."[8] 따라서 칼빈이 예수 그리스도의 대속의 보편성을 분명하게 말하고 있음에도 불구하고, 최종적으로 구원의 은혜를 입는 사람들은 창조 이전에 택함을 받기로 정해진 사람들뿐이다.

웨슬리는 예수의 대속이 어떤 식으로든 제한적이라는 입장에 강력하게 반대하고 인류에 대한 구속의 보편성을 제시하였다. 그러자 칼빈주의자들은 웨슬리의 보편주의를 비판하였다. 궁극적으로 모든 사람이 구원을 받는다고 가르친다는 것이었다. 예를 들면 웨슬리가 "거저 주시는 은혜"라는 설교에 "보편적 구원"이라는 찬송을 수록한 경우였다.[9] 그러나 보편주의에 대한 공격은 웨슬리의 선행은총과, 구원의 수용과 거부에 대한 결정을 사람들에게 허락하신 하나님의 자비하심에 대한 강조를 오해한 것이었다. 하나님이 사람들에게 보편적으로 구원을 제공하지만, 믿고 회개하는 사람들만이 예수의 대속의 선물을 받게 된다. 복음을 듣고도 믿음과 회개로 응답하지 않는 사람들은 구원받지 못하고, 또한 하늘의 영생도 얻지 못하게 된다.

칼빈주의자들은 인간에게 하나님의 뜻을 거스를 수 있는 능력이 전혀 없다고 보았다. 그러니 모든 사람이 구원받지는 못하는 상황에서 예수 그리스도가 모든 사람의 대속을 위하여 죽었다고 보는 것은 논리적이지 않다고 생각하였다. 때문에 오직 하나님이 택하신 사람들만 구원을 받아 영생의 유익을 누린다

7　Calvin, *Commentaries*, John 3:16. Cf. 무제한적 대속을 말하는 요한일서 2:1~2 주석 참조.

8　Ibid.

9　Wesley, "Free Grace," §30, *Works*, 3.559-63.

는 믿음을 강조하기 위하여 제한적 대속의 교리를 주장하였다. 비록 칼빈이 제한적 대속의 교리를 명시적으로 단언하지 않았더라도, 그의 후예들이 예수의 대속 사역을 제한하는 인상을 주는 이 교리를 받아들이고 발전시켜 이 교리는 칼빈의 신앙 체계 안에서 논리적 함의가 되었다.[10]

구원의 순서

그리스도인들은 대속을 말할 때, 구원을 위한 하나님의 "객관적" 역사, 즉 인간의 구원을 위한 분명한 역사적 확인이라고 설명한다. 그리고 하나님의 역사에 응답하는 "주관적" 행동을 통하여 사람들이 삶에서 구원을 적절하게 또는 경험적으로 느낄 수 있다고 말한다. 이 장의 앞부분에서 나는 웨슬리와 칼빈의 신앙 체험을 둘러싼 논쟁에 대하여 이야기하였다. 나는 그들의 체험이 구원의 "주관적" 차원이 될 수 있다고 보았다. 그러므로 우리가 주관성과 다양성의 차원에서 사람들이 느끼는 구원의 확신이나 경험을 범주화하는 것은 놀라운 일이 아니다.

구원의 주관적 차원과 관련하여, 교회사에는 "구원의 순서(라틴어 *ordo salutis*)"에 대한 논쟁이 일어났다. 종교개혁이 일어나기 전까지, 구원의 순서를 특별하게 설명하려는 신학적 노력은 많지 않았다. 로마 가톨릭교회는 성례전적 관점에 따라 구원을 이해하는 것이 일반적이었다. 로마 가톨릭교회는 일곱 가지 성례전을 행하는데, 그 가운데 다섯 성례전이 구원과 관련되어 있다고 믿었다. 성례전 차원에서, 구원은 (1) 세례로 시작된다. 그 다음에는 (2) 견진의 성례전으로 이어진다. 이때 사람들은 세례받을 사람들의 그리스도교 신앙을 확인한다. 적절한 나이(혹은 능력)가 되어 그리스도교 신앙을 확인한 신자

---

10 제한적 대속 교리에 대한 추가적인 정보를 원하는 독자는 부록을 참조하시오.

들은, (3) 성만찬에 참여하여 영적인 성장을 도모하고, (4) 고해성사에 참여한다. 병자와 임종을 앞둔 이들은 긴급하게 기름부음을 베푸는 (5) 병자성사를 받는다. 이 다섯 가지 성례전은 모두 실제적인 목적으로 이루어지며, 일반적으로 구원의 순서로 기능하였다.

종교개혁 이후에 프로테스탄트교회의 신앙과 실천은 로마 가톨릭교회와 구별되는 정체성과 차별성과 함께, 프로테스탄트교회 안에 있는 다른 신앙전통들과 차별성을 찾는 일을 중요한 과제로 여기게 되었다. 그러나 구원의 순서를 명시적으로 작성하려는 노력은 18세기까지 공식적으로 나타나지 않았다. 구원의 순서에 대한 관심은 칼빈 이후 오랜 시간이 지난 후에, 웨슬리와 지리적으로나 신학적으로 동떨어진 독일 루터교회에서 시작되었다. 웨슬리나 칼빈 모두 구원의 순서를 공식적으로 정하는 데 크게 관심을 두지 않았다. 두 사람의 저술에 구원의 순서에 대한 내용들이 암시적으로 담겨 있는 것은 분명하다. 예를 들어 웨슬리는 "구원의 성경적 방법"이라는 설교에서 구원 사건을 단계적으로 연결하는 것보다 믿음으로 구원을 얻는다는 사실을 강조하는 데 더 많은 노력을 기울였다. 결과적으로 웨슬리와 칼빈의 추종자들이 열심히 노력했지만 두 사람에게서 구원의 순서를 찾는 것은 적절하지 않다.

구원의 순서를 규정적으로 정하는 것보다 설득력 있게 표현하려는 사람들이 나타났다. 그들은 구원의 순서를 불변하는 교리적 차원에서 기술하기보다 사람들의 구원 경험에서 일어나는 일반적인 과정으로 설명하고자 하였다. 그러한 설명은 사람들이 구원과 영적 성장 그리고 사람들이 구원받는 방법을 이해하는 데 도움이 될 수 있다. 그러나 구원의 순서를 규정적으로 정하려는 사람들도 있었다. 구원의 순서를 규정적으로 정하면 사람들에게 순서를 구체적으로 분명하고 열정적으로 알릴 수 있기 때문에 동의할 사람도 있을 것이다. 그러나 반대로 일반적인 삶을 살거나 구원의 순서가 적용되지 않는 사람들에게 교리적인 설명은 너무 협소한 (아니면 너무 넓고 부정확한) 이해가 될 수 있다. 일세기 사람들이 서로 다른 시간과 장소에서, 하나님의 은혜를 각기 다른 방식으로 경험하고 그리스도인이 된 이후, 성경조차 규범적인 구원의 순서를 제시하지 않는 것으로 보인다.

분명히 그리스도인들이 이해하는 구원과 함께 성경에 자주 등장하는 구원의 차원들이 있는데, 은혜, 믿음, 회개, 칭의, 성화, 영화 등이 그러한 것들이다. 그러나 모든 그리스도인들이 사용하는 것은 아닌 (아니면 같은 의미로 쓰지 않는) 신학적 개념들이 있는데, 예지, 예정, 택함, 사명, 계시, 회심, 중생, 용납, 확신, 신비적 연합, 인내, 절망, 완전 성화 등이다.

이러한 용어들이 익숙하지 않은 독자들은 용기를 내기 바란다. 특별히 (그리고 신학적인 의미에서 일반적으로) 구원과 관련된 용어들의 나열은 기독교 신학을 공부하지 않은 사람들에게 두려움을 줄 수 있다. 나는 앞에서 언급한 모든 개념들을 간략하게 정의하고 싶다. 그러나 독자들이 분명하게 인지해야 할 것은, 그러한 용어들을 정의하고 신학적으로 내포된 분위기를 파악하는 데 반드시 의견의 일치가 필요한 것은 아니라는 점이다. 예를 들어 예정이라는 말은 특별한 의미나 일반적 의미에서 사용될 수 있고, 은혜라는 말도 역사하거나 선행하는 의미로 분류될 수 있다. 그러한 순서를 정하는 것은 결국 이론(신학)이기 때문에 구원의 순서(그리고 이를 설명하는 도표)가 도움이 될 수도 있지만 (그리스도인의 삶에서) 문제가 될 수도 있다. 그러므로 구원의 순서를 규정하는 것이 인간의 삶에 대한 신학적 논의에서 유용할 것이라는 기대는 크게 하지 않는 것이 좋다.

여기서는 웨슬리와 칼빈의 신학을 서술하면서 정식으로 구원의 순서를 논하기보다 더 일반적이고 친숙한 방식으로 말하고자 한다. 역사적으로 웨슬리와 칼빈의 저술들 속에서 구원의 순서가 분명하게 나타나지 않는다는 입장에 동의하고 싶지 않다. 두 사람의 저작에서 관찰할 수 있는 구원의 일반적인 순서나 경로에 대한 논의가 신학적으로 여전히 가능하고 중요하다고 생각한다. 물론 두 사람의 후예들 간에는 두 사람의 탁월한 사고에 나타나는 특별한 요소들이 아직 논쟁점으로 남아 있다. 웨슬리와 칼빈이 구원을 이해하고 발전시켰던 서로 다른 방식들을 대조할 수 있는 분명한 상이성들을 그들이 말하는 구원의 순서에서 찾아볼 수 있다.

칼빈의
구원론

칼빈이 강조하는 하나님의 주권으로 인하여, 구원은 처음부터 끝까지 하나님의 역사하심이다. 칼빈은 하나님의 은혜를 말하면서, 영생을 받기로 선택된 사람들에 대한 하나님의 유효한 (혹은 불가항력적) 본성과 영원한 형벌을 받을 사람들에 대한 배척을 강조하였다. 다시 말하면 칼빈은 예정론이 사람들에게 큰 이익이 될 것이라고 생각했다. 그들 스스로는 구원의 소망이 전혀 없기 때문이다. 그들은 오직 죄 가운데 있으며, 그들 가운데 구원받을 사람들은 오직 하나님의 은혜와 선택으로 구원받도록 예정된 사람들뿐이다. 그리스도인들은 구원에 대해 궁극적으로 책임질 수 없기 때문에 구원에 대하여 염려할 필요가 없다는 사실을 알고 위로와 용기를 얻어야 한다.

"하나님의 신조"와 "선택" 같은 용어들을 사용하는 순간, 나는 구원의 정확한 순서에 대하여 논쟁하는 칼빈의 후예들로 인한 압력을 느끼게 된다. 예를 들어 인간의 타락을 하나님이 허락하기 전에 이미 하나님의 선택이 있었다고 보는 것이 논리적인 순서(supralapsarianism: 원죄 전 예정론)라고 말하는 사람들이 있는 반면, 어떤 이들은 하나님이 인류의 타락을 허락한 후에 택하신 것으로 보는 것이 논리적인 순서라고 주장한다(infralapsarianism: 원죄 후 예정론). 이 책의 전개를 위하여 칼빈주의자들 간에 벌어지는 논쟁에는 개입하지 않을 것이다. 마찬가지로 웨슬리의 후예들 간에 벌어지고 있는 구원의 정확한 혹은 표준적인 순서에 대한 논쟁에도 개입하지 않을 것이다. 칼빈주의자들과 웨슬리

안들 간에 논쟁이 벌어지고 있기 때문에, 여기서는 양자가 말하는 구원의 순서에 대하여 협의의 차원이 아닌 광의의 차원에서 설명하고자 한다.

예를 들어 칼빈의 구원론에서 예수 그리스도와의 연합은 대단히 중요한 주제였지만, 구원의 순서에서 그리스도와의 연합의 위치는 칼빈주의자들 사이에서 다양하게 해석되었다. 칼빈은 그리스도와의 연합을 "우리의 마음속에 내재하는 그리스도, 즉 신비한 연합"으로 보았다.[11] 대부분 성례전의 맥락에서 그리스도와의 연합을 이야기했지만, 칼빈은 그리스도와의 연합이 칭의와 성화에 앞서 일어나는 사건으로 보았다. 그리스도와의 연합을 통하여 사람들은 예수의 대속의 공로로 의롭다고 칭해질 수 있다. 그리스도와의 연합은 사람들이 구원에 이를 수 있는 실질적인 부르심을 확인하고, 또한 그들이 거듭나고, 믿으며, 회개할 수 있게 한다.

믿음을 통한
은혜로 말미암는 칭의

의심의 여지없이, 칼빈의 칭의론은 그의 구원론에서 가장 뚜렷한 강조점을 보여준다. 사람들은 믿음을 통하여 은혜로 말미암아 의롭게 되며, 이는 종교개혁이 강조한 "오직 은혜(*sola gratia*)"와 "오직 믿음(*sola fide*)"을 반영하고 있다. 사람들은 의롭다고 여겨지게 되었고, 그들에게 의로움이 들어왔다. 칼빈은 법적인 방식으로 신학을 세워가면서, 바울의 칭의 교리가 하나님의 구원 방식을 분명하게 설명하는 가장 좋은 방법이라고 인정하였다. "그러므로 칭의를 단순하게 설명하면, 하나님께서 우리를 당신이 기쁘게 받아들일 수 있는 존재로 만들기 위하여 의롭게 하셨다는 것입니다. 그리고 칭의를 통하여 우리의 죄가 사해지고 그리스도의 의로움을 입었다고 말할 수 있게 되

---

11 Calvin, *Institute*, Ⅲ.xi.10 (1.737).

었습니다."[12] 칼빈은 계속하여 말한다.

> 그러므로 "칭의"는 징벌을 피할 수 없는 죄인을 마치 죄가 없는 것처럼 확인하
> 여 풀어준다는 의미입니다. 하나님께서 그리스도의 중보를 통하여 우리를 의롭
> 게 하셨기 때문에, 우리의 결백이 아니라 그리스도를 통하여 우리 안에 주어진
> 의로 말미암아 우리를 용서하셨습니다. 그로 인하여 우리는 우리 안에 의로움이
> 없지만 그리스도 안에서 의롭다고 인정을 받게 된 것입니다.[13]

예수님의 의가 우리 안에 주어지지 않았다면, 하나님은 우리를 의로운 존재
들인 '것처럼' 볼 수 없었을 것이다. 하나님은 우리의 의를 대신하여 예수의 의
를 받으셨고, 택함을 받은 사람들은 죄인으로 남아 있을 수 있지만 예수의 대
속의 사역을 통하여 용서받았다. 결국 우리는 인간의 의로움이 하나님의 선물
이지 우리의 공로가 아니라는 사실을 반드시 기억해야 한다. 칼빈은 "믿음이
가지고 있는 칭의의 능력은 우리의 공로에 있지 않다. 우리의 칭의는 오직 하
나님의 자비와 그리스도의 공로에 따라 이루어진다."[14]고 말했다.
　칭의를 입은 사람들은 그들의 삶에 더해지는 하나님의 은혜의 역사를 즐겁
게 누린다. 그들은 성화의 과정과 하나님의 자녀로 변화된 영혼을 경험한다.
칼빈의 말을 들어보자.

> 칭의는 하나님이 인간을 용서하심으로 이루어지는 것이 아니라 인간이 거듭남
> 으로 이루어진다는 것을 증명하기 위하여 하나님께서 의롭다 하신 인간들의 악
> 한 본성을 전혀 바꾸지 않고 그대로 내버려 두실 것인지 묻게 됩니다. 이 물음에

12　Ibid., Ⅲ.xi.2 (1.727).
13　Ibid., Ⅲ.xi.3 (1.728).
14　Ibid., Ⅲ.xviii.8 (1.830).

대한 답은 아주 간단합니다. 즉 그리스도께서 나누어질 수 없는 것처럼, 우리가 그리스도 안에서 분명하게 알아야 하는, 불가분 관계에 있는 두 가지 요소가 있는데, 바로 공의와 성결이라는 것입니다. 그러므로 하나님이 은혜로 받아주신 사람들은 누구든지 하나님의 능력을 힘입어 하나님의 형상을 회복함으로 양자의 영을 받게 됩니다(롬 8:15).[15]

칼빈은 루터보다 성화를 더욱 강조하였다. 즉 칼빈은 하나님이 그리스도인들을 영적으로 더욱 더 성숙해지고, 그리스도를 닮은 신자들이 되기를 얼마나 소망하는지 강조하였다. 칼빈과 루터는 모두 믿음을 통한 은혜로 말미암아 칭의와 성화가 이루어진다고 믿었다. 그러나 칼빈은 성경이 그리스도인의 생활에 대하여 많이 이야기하고 있다고 강하게 주장하였고, 성화의 과정을 서술하면서 고통과 활력이라는 용어를 사용하였는데, 이는 율법의 세 번째 용도인 도덕적 기준에 따라 살아야 할 필요를 주장하기 위한 것이었다. 성화에 대한 칼빈의 관점은 당연히 웨슬리와 달랐고, 그 점이 필자가 다음 장에서 영성이라는 주제를 다루면서 웨슬리의 성화를 설명하려는 이유이다.

칼빈은 하나님이 선택한, 택함받은 사람들은 마지막 날 영화롭게 될 때까지 인내할 것이라고 믿었다. 칭의와 같이, 그리스도인의 인내는 하나님의 선물이다. 칼빈은 "어떤 이들은 여정을 시작하자마자 넘어지는 반면에 어떤 사람들은 끝까지 참아내는데, 다른 이유는 없습니다. 인내는 실질적으로 하나님이 주시는 선물이지만 모든 사람에게 차별없이 주어지지 않고 하나님이 기뻐하시는 사람에게 주어집니다."[16]라고 말했다. 그는 계속하여 말했다. "오직 그분(즉 하나님)이 선택한 사람들만이 살아 있는 믿음의 뿌리를 받을 자격이 있는 사람

---

15 Ibid., Ⅲ.xi.6 (1.723).
16 Ibid., Ⅱ.v.3 (1.320).

들로 여겨지고 그로 인하여 마지막 때까지 견딜 수 있게 됩니다."[17] 어거스틴은 칼빈의 후예들이 성도들의 인내에 대하여 논한 것과 같이 이야기했다. 구원의 확실성을 설명하기 위하여 사용한 문구들 가운데 사람들에게 좋은 인상을 준 표현들은 "영원한 보장" 혹은 "한 번 구원받은 사람은 영원히 구원받는다"는 문구들이었다. 칼빈은 이러한 용어들을 사용하지 않았으므로 칼빈이 사용했다고 주장하기 위해서는 세심한 주의가 필요하다. 그러나 그 용어들은 하나님이 사람들 속에 믿음을 심어주고, 사람들은 하나님의 선택에 저항할 수 없기 때문에, 믿음을 갖게 되면 믿음으로 사는 것을 기뻐한다는 점을 설명하고 있다.

웨슬리의 구원론

웨슬리와 칼빈은 구원론에서 많은 유사점을 공유하고 있지만, 구원의 순서에서 하나님의 은혜가 역사하는 방식에 대해서는 의견의 차이를 보이고 있다. 칼빈의 관점에서, 은혜는 실질적으로 (또는 저항할 수 없게) 역사한다. 그 은혜는 선택된 사람들, 즉 구원을 받기로 예정된 사람들에게 제한된다. 실제로 멸망할 대상으로 저주가 예정된 사람들은 영생을 받을 의지와 능력이 없는데 그 또한 하나님의 뜻이며, 하나님의 뜻은 모든 사람의 영원한 지위를 선포하거나 결정한다. 칼빈과 달리 웨슬리는 보편적이거나 무제한적으로 선행하는 하나님의 은혜를 주장하였다. 즉 하나님은 은혜로 모든 사람에게 먼저 구원을 제시하고, 다음으로 사람들이 하나님의 구원 선물을 받을 것인지 거부할 것인지 결정할 수 있는 기회를 갖게 하셨다는 것이다.

사람들에게 은혜가 미리 보편적으로 주어졌다는 사실은 하나님이 모든 사람을 구원하기 원한다는 것을 확인한다. 구원받지 못하는 사람들이 있다는 사실

---

17 Ibid., Ⅲ.ii.1 1 (1.556). 괄호는 필자 주.

은 그들이 하나님의 은혜를 거부할 수 있는 자유를 가지고 있다는 것을 보여준다. 이는 하나님이 세상의 기초를 놓기 전에 미리 정한 계획의 문제가 아니다. 하나님은 미래를 미리 알고 생명의 조건들을 대략적으로 정할 수 있지만, 특정한 사람들의 구원이나 멸망을 구체적으로 미리 결정하지 않았다. 은혜가 실질적으로 역사한다고 보았던 칼빈과 달리 웨슬리가 선행적으로 역사하는 은혜를 말하는 것을 지나치게 강조할 필요는 없다. 이러한 입장은 구원의 순서와 관련하여 웨슬리와 칼빈이 가지고 있는 차이의 예가 될 것이다.

웨슬리에 따르면, 선행은총은 사람들이 하나님의 소명을 듣고 회개하여, 예수 그리스도와 구원의 복음으로 나아갈 수 있도록 한다. 하나님은 영원 전부터 알고 있던 예지에 근거하여, 믿음을 갖고 회개하며 택함을 입도록 예정된 사람들이 누구인지 미리 알고 있다. 하나님은 그들을 미리 알고, 예정하고, 부르고, 확신을 주고, 의롭게 하고, 영화롭게 하신다. 이 순서가 구원의 전 과정을 정리하지는 않지만, 하나님이 죄와 심판에서 사람들을 구원하기 위하여, 사람들에게 칭의를 허락하는 방식을 묘사하고 있다.

웨슬리의 설교 가운데 믿음을 통하여 은혜로 말미암는 구원을 강조한 칼빈의 입장에 동의한 설교를 살펴보자. 웨슬리의 설교집 가장 첫 머리에 실린 설교는 "믿음으로 말미암는 구원"이라는 제목이 붙어 있다. 이 설교에서 웨슬리는 이렇게 말하고 있다.

> 만일 이 죄인이 하나님의 은혜를 발견한다면, 이것은 "은혜 위에 은혜인 것입니다!" 하나님께서 새로운 축복으로 가장 큰 은혜, 곧 구원을 우리에게 주신다면, 우리는 하나님께 말로 다할 수 없는 이 선물에 대하여 감사하는 말 외에 다른 말을 할 수 없습니다. 이것은 실로 "우리가 아직 죄인이 되었을 때에 그리스도께서 우리에게 대한 자기의 사랑을 확증하심"으로 된 것입니다. "여러분은 은혜 가운데서 믿음을 통하여 구원을 받았습니다." 은혜는 구원의 원천이요 믿음은 구

원의 조건입니다.[18]

웨슬리와 칼빈이 이견을 보인 주제는, 인간의 구원을 위하여 그들 안에서 역사하는 하나님의 은혜로운 활동으로 구원이 이루어진다면 믿음은 인간의 구원의 조건인가 결과인가 하는 것이었다. 칼빈의 입장에서, 믿음은 하나님의 실질적인 은혜의 증거였다. 반면에 웨슬리의 입장에서 보면, 믿음은 하나님의 선행은총을 보여주는 증거였다. 웨슬리는 성경이 말하는 믿음은 하나님이 미리 알고 계신 구원의 조건이라고 생각하였다. 실제로 웨슬리는 칼빈과 그의 후예들이 하나님의 절대적인 예정을 너무 강조하고, 믿음으로 말미암는 구원에 대한 성경의 교리를 혼란스럽게 했다고 주장하였다. 만일 무조건적 선택과 제한적 대속을 주장한다면, 인간의 믿음은 의미가 없어진다. 하나님이 구원받을 사람과 멸망할 사람을 그들이 태어나기 전에 이미 정해놓았기 때문이다. 웨슬리는 "절대적 예정을 주장하는 사람들은 전혀 상황에 맞지 않는 규정을 갖고 있으며, 믿음으로 말미암는 구원과 공로를 통한 구원을 거부하지 않는 한 그들의 주장은 일관성을 잃게 된다."[19]

선행적으로 역사하는 하나님의 은혜는 사람들을 구원으로 부르고, 회개가 필요한 존재라는 것을 깨닫게 하며, 의롭다고 인정받는 존재가 되게 한다. 그러나 웨슬리는 칭의가 구원의 전부가 아니라고 생각하였다. 칭의는 하나님과 친밀해지고, 그리스도를 닮은 존재로 성장하는 역동적인 기회의 출발점이었다. 하나님의 은혜는 사람들을 거듭나게 하고, 칭의를 경험하게 하는데, 중생과 칭의는 (적어도 처음에는) 사람들의 삶 속에서 자신들이 죄인이라는 확신과 지속적으로 활동하는 죄에 대한 지극한 예민함을 갖게 한다. 이러한 확신과 예

---

18 Wesley, "Salvation by Faith," §3, sermon 1, *Works*, 1.118. 참조. 마경일 역, 『존 웨슬리 표준설교집1 잠자는 자여 일어나라』, (서울: 도서출판kmc, 2015), 16.

19 Wesley, "Thoughts on Salvation by Faith," §10, *Works* (Jackson) 11.495.

민함은 보통 진정으로 회심할 때까지 계속되는데, 회심을 통하여 믿는 이들은 하나님이 계속 부어주는 축복이 필요하다는 것을 깨닫는다. 또한 거룩하게 하는 하나님의 은혜와 성령의 인격과 역사를 통하여 성장하게 된다. 실제로 웨슬리는 하나님의 영이 사람들을 축복하고 구원의 확신과 성화를 향하여 인내하며 나아가게 한다는 점에서 커다란 소망을 가지고 있었다.

칼빈과 웨슬리는 모두 성화를 강조했으나, 성화에 대한 웨슬리의 관점은 칼빈과 자주 구별되었다. 웨슬리는 "성경은 구원의 길"이라는 설교에서 구원의 본질적인 성격에 대하여 말하면서, 구원은 "두 가지 기본적인 요소, 즉 칭의와 성화로 이루어진다"고 선포하였다.[20] 웨슬리는 믿음으로 이루어지는 칭의의 문제에서 종교개혁자들과 대체적으로 동일한 입장에 서 있었다. 구원을 전체적인 관점에서 이해하면서 이견을 보인 부분은 하나님이 신자들의 삶에 얼마나 역동적으로 은혜를 베풀고 그 은혜를 미리 베풀기 원하는가 하는 것이었다. 그러므로 하나님은 그들이 성령과 협력하여 영적인 성장을 이루기를 바라고 있다는 것이었다. 그것이 웨슬리가 전적 성화를 이야기하는 이유다. 그는 치유하고 기적을 일으키는 능력을 갖고 계신 우주의 창조자 하나님이 그리스도인들의 놀라운 변화를 완성하기 원한다고 믿었다. 하나님이 완전하다고 생각된다면, 하나님은 그리스도인들을 사랑과 사역에서 그리스도를 닮아 더욱 완전해지도록 인도하는 것 외에 어떤 다른 목적을 갖고 계시겠는가?

구원의
확신

웨슬리와 칼빈의 구원론에 나타난 근본적인 차이는 구원의 확신과 관련된 것이다. 칼빈은 사람들이 구원을 받으면 구원의 확신을

---

20 Wesley, "The Scripture Way of Salvation," Ⅰ. 3, sermon 43, *Works*, 2. 157.

갖게 된다고 믿었다. 칼빈은 이렇게 말했다. "요약하면, 그는 하나님 앞에서 홀로 참된 신앙인으로 서 있습니다. 하나님은 그에게 확신을 주십니다. 하나님은 당신이 아버지가 되고, 당신의 자비하심으로 모든 것을 약속하신 분이라는 사실을 친절하고 분명하게 보여줍니다. 또한 하나님은 그를 향한 당신의 자비하심으로 언약을 맺고 의심의 여지 없는 구원을 확실하게 기대하게 하십니다."[21] 칼빈은 자신이 주장한 예정론 교리와 인간을 위한 대속을 목적으로 하는 예수 그리스도의 사역에 근거하여 그러한 믿음을 확신하였다. 그는 구원의 확신이 없는 사람은 칭의를 입을 수 없다고 생각하였다. 인간의 믿음과 선행 그리고 성령에 대한 실질적인 체험이 구원의 확신에 도움이 될 수 있지만, 그런 것들은 최대한으로 봐도 부수적인 요소들이고, 최악의 경우 잘못된 방향으로 인도하기도 한다. 칼빈은 선행과 관련하여 다음과 같이 경고하고 있다. "인간의 공로를 중요시하면, 우리의 양심은 확신보다 두려움과 불안을 더 많이 느끼게 됩니다."[22] 칼빈은 구원을 의심하는 사람들을 외면하지 않았고, 선행과 신앙 체험을 통하여 성장할 수 있다고 생각하였다. 그러나 구원과 인내에 대한 확신은, 성경이 가르쳐 주는 것처럼, 주관적 체험보다 하나님이 행하신 객관적인 대속의 역사(그리고 약속)를 믿는 믿음에 의해 좌우된다고 믿었다.

칼빈이 율법과 복음에 대한 루터의 이해에 동의하지 않았던 핵심적인 부분은 예수 그리스도와 계속적으로 변화하는 관계 안에 있는 사람들의 역동성이었다. 칼빈은 율법의 세 번째 용도는 성도들에게 신앙의 목적으로 계속 작용하는 것이라고 생각하였다. 그는 예정(택하심)을 핑계로 신앙생활에서 적극적으로 활동하지 않는 것을 정당하게 여기지 않았을 것이다. 오히려 택하심을 인식하는 것은 언제나 개인적이고 종말론적 문제라고 믿었다. 그러한 인식을 통하여 성도들은 신앙생활에서 성장하고, 그리스도 안에서 하나님의 자녀가 되

---

21   Calvin, *Institute*, Ⅲ.ii.16 (1.562).
22   Ibid., Ⅲ.xiv.20 (1.320).

었다는 증거를 보이려 하는 것이다. 그러나 택하심에 대한 확신은 언제나 절대적인 "페타 꼼블리(fait accompli, 기정 사실)"가 될 수 없다. 한 사람이 그리스도 안에서 택하심을 입었다는 사실은 그의 유한한 인생이 끝날 때까지 언제나 임시적이기 때문이다.

후에 칼빈주의자들은 구원의 확신에 대한 칼빈의 가르침이 지나치게 엄격하다고 생각했다. 칼빈은 분명하게 구원이 보장된 사람은 아무도 없으며, 구원에 있어서 주관적이거나 개인적인 증거는 어떤 것도 신뢰할 수 없다고 가르쳤다. 우리는 믿는 사람들에게 구원을 약속한 성경 말씀에 큰 소망을 갖고 있지만, 성경은 일시적 죽음 이후에 오는 영원한 생명과 관련하여 소망을 주는 영적 삶의 유익에 대해서도 말하고 있다. 후에 칼빈주의자들은, 웨스트민스터 신앙 고백에서 볼 수 있는 것처럼, 사람들이 경험할 수 있는 구원의 확신에 대해 보다 낙관적인 입장을 갖게 되었다.[23] 그러나 칼빈은 구원의 확신이 회심 사건과 같은 종교적 체험 후에 갖게 된다고 생각하지 않았다. 대신 믿음의 우선성을 강조하면서, 성경이 말씀하는 것처럼, 사람들은 하나님의 구원의 약속으로 돌이켜야 한다고 믿었다. 그 약속들이 바로 확실하고 유일한 영생의 증거들이기 때문이다.

웨슬리도 구원의 확신을 강하게 믿었다. 그는 직접적 방식과 간접적 방식을 모두 사용하여 구원의 확신에 대해 이야기하였다. 성경의 약속에 추가하여, 웨슬리는 로마서 8장 15~17절에 나타난 성령의 증언을 강조하였다. "나는 '성령의 증언'이 영혼의 내적인 표현을 의미한다고 생각합니다. 내 안에서 하나님의 영이 내가 하나님의 자녀이며, 예수 그리스도가 나를 사랑하셔서 나를 위하여

---

23 웨스트민스터 신앙고백(1647) 18조, "은혜와 구원의 확신에 대하여"를 보라. *Creeds and Confessions of Faith in the Christian Tradition*, vol. II, part 4, *Creeds and Confessions of the Reformation Era*, ed., Jaroslav Pelikan and Velerie Hotchkiss (New Haven: Yale University Press, 2003), 627-28.

죽으셨다고 직접 분명하게 말씀하십니다. 그를 통하여 내 모든 죄가 사해졌고 나아가 하나님과 화목하게 되었습니다."[24] 이 확신은 그리스도인들이 경험할 수 있는 특권이고 축복이지만, 아직 모르는 사람들도 있다. 웨슬리는 기독교의 체험적 차원에 대하여 이야기하는 것을 마다하지 않았다. 하나님의 구원은 모든 삶에 들어온다. 체험은 사람들을 잘못 인도할 수 있기 때문에 잘 분별해야 하지만, 구원의 체험은 사람들의 의지와 함께 마음과 영혼, 능력에 감동을 준다. 그리스도인들은 하나님과의 관계 안에서 성장하면서, 하나님의 영의 임재와 축복을 더 많이 체험하게 된다.

웨슬리는 계몽주의 시대를 살았다. 계몽주의 시대는 체험에 대한 웨슬리의 강조를 종종 열광주의로 비난하였는데, 당시 열광주의는 신학적 의심과 함께 광신적인 예배의식을 가리키는 경멸적 용어였다. 그러나 웨슬리는 구원의 확신이 성경의 약속에 대한 인지적 확인보다 더 중요한 의미를 가진다고 생각하였다. 결국 사람들이 구원받는 것은, 성령의 중재를 통하여 하나님과 인격적으로 화해하고, 하나님의 자녀가 되는 것이다. 그와 같이 하나님의 "종의 믿음"을 가졌던 사람들이 하나님의 자녀의 믿음을 갖는 성장이 이루어지는데, 이는 믿음이 적은 사람들보다 더 강한 구원의 확신을 가진 사람들이 얻는 유익이다.[25] 웨슬리는 자신의 (구원의) 확신 교리가 감리교회의 위대한 가르침 중 하나라고 생각하였고, "하나님이 모든 인류에게 전하라고 (감리교인에게) 주신 증언의 중요한 부분"이라고 믿었다.[26]

웨슬리는 성령의 직접적인 증언에 추가하여 간접적 증언에 대해 이야기하였다. 성령의 증언에는 선한 양심과 성령의 열매가 포함된다. 성령의 증언은 모든 사람이 회심하면서 구원의 확신을 체험하지 않기 때문에 저마다 갖는 확신

---

24 Wesley, "The Witness of the Spirit, II" II.2, sermon 11, *Works*, 1. 287.

25 Wesley, "On Faith," I. 10-13, *Works* (Jackson), 7.198-200.

26 Wesley, "The Witness of the Spirit, II" I. 4, sermon 11, *Works*, 1. 285.

의 정도에 연관된다. 대부분의 사람들은 현실적으로 체험하고, 질문하고, 의심하지만, 성령이 직접적이고 간접적인 방식으로 그들에게 실제로 구원받은 하나님의 자녀라는 확신을 심어주기 위하여 역사한다.

정리

웨슬리와 칼빈은 개신교회가 강조하는 "믿음을 통하여 은혜로 말미암는 구원"의 교리를 강력하게 주장하는 대표적인 인물들이다. 구원은 예수 그리스도가 그의 삶과 죽음과 부활을 통해 인류의 죄를 대신하여 주신 선물이다. 예수의 대속으로 죄인인 우리가 치러야 할 대가를 대신 치르고 우리가 구원을 얻게 되었다.

칼빈은 예수 그리스도의 대속이 그 자체로 제한적이라고 주장하지 않았지만, 하나님의 구원이 모든 이들에게 유효하지 않다고 믿는 것은 분명한 사실이다. 구원받는 사람들은 하나님이 영생을 주기로 (결정하거나 예정하여) 무조건 선택하셨기 때문에 구원받는다. 또한 하나님은 영원히 저주받는 사람들도 징계하신다. 칼빈은 어떤 사람도 스스로 구원을 이루거나 받을 수 없기 때문에 인간의 영원한 지위를 결정하는 하나님의 주권이 커다란 위안이 된다고 믿었다. 그러나 웨슬리는 칼빈의 입장이 잘못되었다고 생각하였다. 웨슬리는 예수는 분명 모든 사람을 위하여 죽었다고 주장하였다. 즉 대속은 제한적이지 않다. 물론 모든 사람이 구원받는 것은 아니다. 하나님의 구원의 초대를 거부하는 쪽으로 자유롭게 선택한 사람들은 자신들의 죄로 인하여 심판을 받는다. 그러나 하나님의 은혜로 믿음을 가진 사람들은 구원을 얻는다. 믿음이 영생의 조건이기 때문이다. 웨슬리에 따르면, 구원은 하나님과의 관계를 회복하는 것이며, 하나님은 사람들이 자신과 화해하는 방향으로 선택하기를 원하신다.

토론을 위한 질문

Q1   당신은 예수 그리스도의 대속을 어떻게 이해하고 있나요? 우리는 그
의 삶과 죽음과 부활을 통하여 어떻게 구원받았나요?

Q2   구원의 순서에 관한 설명을 어떻게 생각하나요? 구원의 순서가 도움
이 된다면 어떤 면에서 도움이 되나요? 도움이 되지 않는다면 어떤
면에서 도움이 되지 않나요?

Q3   칼빈이 하나님의 은혜와 인도하심으로만 구원받을 수 있다고 강조하
는 이유는 무엇일까요? 사람들이 스스로 영생을 얻거나 받을 수 있다
고 믿는 것이 위험한 이유는 무엇일까요?

Q4   예수 그리스도의 대속이 무제한적이라는 웨슬리의 믿음은 어떻게 유
익할까요? 모든 사람이 구원받을 수 있다고 그리스도인들이 말하는
것은 무슨 뜻일까요?

Q5   당신은 믿음으로 구원받는다는 말을 어떤 뜻으로 믿고 있나요? 구원
에서 믿음이 차지하는 비중과 하나님의 선택이 차지하는 비중이 어느
정도라고 생각하나요?

Q6 당신은 구원의 확신을 어떻게 이해하고 있나요? 이 땅에서의 삶에서 사람들은 구원의 확신을 얼마나 경험할 수 있을까요? 웨슬리와 칼빈의 설명을 읽으며 도움이 된 말이 있다면 무엇인가요?

6

영성

금욕보다
경건

프린스턴신학대학원에서 공부할 때 가까워진 친구들이 있다. 우리는 학생식당에서 일주일에 한 번 정도 함께 식사하고, 모여서 공부한 후에 늦게까지 어울렸고, 때때로 즐거운 시간을 보냈다. 우리는 공부와 장래에 대한 고민들 그리고 개인적인 문제들을 서로 나누는 사이였다.

함께 어울리던 친구들 중에 주말이면 집에 가던 한 여학생이 있었다. 그 학생의 이름을 제인이라고 부르겠다. 제인은 어느 주말, 더 이상 집에 가지 않겠다고 말했고, 일 년 전에 졸업한 대학으로 갔다. 제인은 모교에서 가르치는 남자 교수와 교제를 했다. 그 교수는 자녀가 있는 기혼자였는데, 제인과 비밀리에 혼외 관계를 유지하였다. 제인은 격주 간격으로 그 교수를 만나러 갔고, 그들의 부적절한 관계는 계속되었다.

그러나 시간이 흐르면서 제인은 그 관계를 힘들어하며 우리에게 조언을 구했다. 우리도 그녀를 염려하고 있었기 때문에 보다 자세한 이야기를 듣고 싶었다. 제인은 그 교수를 찾아가는 길과 함께 보내는 시간, 비밀을 유지하는 일과 죄책감 그리고 부끄러움으로 지쳤다고 말했다. 그녀는 그 모든 것들이 자신을 짓누르고 있다고 했다.

나와 친구들은 가능한 한 제인의 입장에서 공감하고 지지하려고 노력했다. 그러나 나는 그녀가 그 관계를 적절하게 생각하는지 알고 싶었다. 제인은 그 교수와 관계를 지속하는 데 따른 현실적인 어려움들, 예를 들어 감정의 변화와 재정적 부담, 공부에 미치는 영향 등을 이야기했지만, 관계를 정리하겠다는 말은 하지 않았다. 내가 순진한 건지 모르겠지만, 제인이 말하는 중에 나는 그 남자를 만나는 것이 옳은 일이라고 생각하는지 물었다. 다시 말해서 제인이 유부남 교수와 불륜 관계를 갖는 것을 잘못된 일이라고 생각하는지 물었다.

제인은 즉각적으로 죄라고 대답하였다. 그녀는 자신의 은밀한 관계가 성서적으로 죄이고 다른 사람들에게 부정적인 영향을 줄 것이라고 솔직하게 말했다. 제인의 대답을 듣고 나서 나는 다시 물었다. 죄라고 생각한다면 그 관계를 더 이상 계속할 이유가 없는 것 아닌지, 왜 관계를 끝내지 않는지 물었다. 제인은 현실적인 이유를 말했는데, 요점은 그 교수와의 관계에서 잃는 것보다 얻는 것이 훨씬 많다는 것이었다. 하나님은 이해하셨겠지만 나는 그럴 수 없었다. 그녀의 입장에서, 사람은 전적으로 타락한 존재이기 때문에, 그래서 죄를 짓지 않고 살 수 없기 때문에 그녀의 불륜은 어쩔 수 없는 것이었다. 인간적인 연약함으로 인해 일어난 단순한 사건이었다. 제인은 관계를 청산하려는 생각이 전혀 없어 보였다. 그녀는 자신의 영적 상태와 감정, 재정 문제에 지장이 가지 않고, 다른 책임들을 잘 감당하는 방식으로 그 관계를 유지하였다. 제인의 입장에서 볼 때, 사람들은 모두가 단호하게 통제할 수 없는 유혹과 죄를 마주하며 살아간다. 그러므로 유혹과 죄를 마주할 때, 그리스도인들은 죄로 인하여 나타날 수 있는 최악의 상황을 피하고, 가능한 한 자신의 삶이 깨지지 않고 유지하는 쪽으로 반응한다.

제인에 대하여 이야기하면서, 그녀의 생활과 생각을 지나치게 과장했을 수 있다. 그러나 제인의 체념적인 모습은 다른 사람들에게도 자주 나타나는 것이다. 나는 그녀가 죄에서 떠난 미래를 살고자 하는 의지가 없다고 생각하였다. 그리스도인을 포함하여 모든 사람이 생각과 말, 행동으로 죄를 지으며 살고 있다고 생각하기 때문에, 우리는 죄짓지 않는 생활을 추구하기보다 죄로 인하여 우리의 삶이 입을 피해를 최소화하기 위해 노력하고 있다. 나는 개인적으로 제인이 장로교회에서 안수 받는 것이 도움이 되지 않을 것이라고 생각하였다. 칼빈주의 신앙과 가치에 기초한 장로교회 신학에 대한 그녀의 이해가 죄된 삶에 대한 체념을 강화하고, 최선을 다해 살아가게 하는 것으로 보였다. 물론 제인이 칼빈과 장로교회에 대하여 완전히 오해했다고 할 수 있다. 그러나 그러한 영향들이 죄를 피할 수 없다는 체념의 원인이 되었다고 볼 수 있다. (나는 제인이 칼빈을 바르게 이해하지 못했다고 생각하려 한다. 그러나 웨슬리는 칼빈주의가 도덕률 초월론 혹은 "반율법주의", 즉 그리스도인들이 은혜의 복음과 하나님의 경륜으로 인해 도덕률을 지키지 않아도 용서받을 수 있다고 여러 번 주장하였다.)

나는 기독교 세계관과 많이 다른 환경에서 성장하였다. 거기에도 내가 원하지 않던 죄된 생각과 말 그리고 행동이 나타날 때 극복할 수 있을 것으로 여겨지는 요인들이 많이 있었다는 사실은 의심할 여지가 없다. 또 나의 선천적인 기질이나 부모님의 양육 방식 그리고 사회적, 문화적 영향도 성장 배경이 되었을 것이다. 그러나 내가 받은 가장 건강한 영향은 웨슬리적인 세계관과 감리교회를 통해서였다. 웨슬리는 하나님의 은혜가 사람들을 영적으로 그리고 다른 방식으로 변화시킬 수 있다고 믿었다. 그러한 믿음은 개인적 성장에 국한되지 않고, 그리스도인들이 서로를 통하여 그리고 다른 사람들과의 사회적 관계에서도 이루어진다고 보았다.

기독교
영성

일반적으로 영성은 그리스도인의 영적 삶의 질과 성장에 관련된다. 성경은 참된 신앙인이 하나님과 더 친밀해지고 영적 삶에서 여러 가지 차원으로 풍성해지는 다양한 방식을 말하고 있다. 물론 구원에서 가장 중요한 부분은 예수 그리스도의 오심이고, 성령은 신앙인들이 영원한 하늘의 영광을 충만하게 받을 때까지 그들의 삶 속에서 지속적으로 역사한다.

교회사에서 영성은 다양한 방식으로 잉태되고 실행되었다. 성경이 말하는 것처럼, 한 가지 방식으로 그리스도인의 삶 전체를 요약할 수 있다고 주장하는 것은 말이 되지 않는다. 기도와 예배같이 우리가 계속 발견할 수 있는 유익한 요소들이 있다. 그러나 기독교 영성을 구체적으로 이해하고 훈련하는 데에는 여러 가지 방식이 있음이 분명하다. 예를 들어 복음전도를 강조하는 전통이 있는 반면에, 성찬이나 기도생활을 더 강조하는 전통도 있다. 또한 성경공부와 경건생활, 사회참여 혹은 성령은사를 강조하면서 기독교 영성을 실천하는 전통들도 있다.

신학적으로 기독교 영성은 성화의 차원에서 이해되었는데, 회심을 경험한 그리스도인의 삶에서 일어나는 것으로 믿었다. 칼빈과 같은 개신교회 개혁자들은 사람들의 법적 구원을 말하는 칭의를 말하였다. 또한 중생에 관하여 말했는데, 중생은 사람들의 구원에서 변화를 가리키는 것으로, 보통 성화의 근거가 된다고 믿었다. 그러나 성화는 어떻게 볼 수 있을까? 사람들은 어느 정도로 거룩해질 수 있을까? 성화는 어떻게 일어나는가? 또한 성화를 이루기 위하여 하나님이 개입하시는 정도와 사람이 감당하는 책임은 어느 정도일까? 얼마나 전적으로 성화되고 거룩해지고, 아니면 완전해지기를 기대할 수 있을까?

칼빈은 분명히 성화를 믿었다. 앞에서 말한 것처럼, 학자들은 루터와 칼빈의 분명한 차별성은 칼빈이 성화에 대하여 훨씬 더 많은 관심과 분명한 이해를 갖고 있다는 것이라고 말한다. 예를 들어 칼빈은 루터가 설명한 하나님의 법의 두 가지 용도, 즉 복음을 전하는 것과 세속사회의 적용이 전부라고 생각하지 않았다. 칼빈은 세 번째 용도를 말했는데, 그리스도인들이 중생을 체험한 후 살아가는 법을 가르쳐주는 도덕적인 용도이다. 칼빈은 "이제 모든 율법의 목적을 정하는 일은 그리 어렵지 않을 것이다. 인간의 삶을 하나님이 만드신 본래의 정결한 모습이 되도록 인도하는 것이 공의의 완성"이라고 말했다.[1]

웨슬리 역시 성화에 대한 가르침으로 잘 알려져 있다. 우리가 예상하는 것처럼, 칼빈과 웨슬리는 성화의 본질과 범주에 대하여 다른 관점을 가지고 있었다. 그러므로 두 사람이 그리스도인의 삶을 이해한 다양한 방식과 사람들이 그리스도를 닮아가며 성장하도록 하나님이 어떻게 의도하셨는지를 탐구하기 위해서는 시간이 필요하다.

---

1 Calvin, *Institute*, Ⅱ.viii.51 (1.415).

고통과
활력

　　　　　칼빈은 회심을 경험한 후, 하나님이 신자들에게 "고통(mortification)"과 "활력(vivification)"을 동시에 허락한다고 믿게 되었다. 그는 두 차원이 그리스도인의 삶의 본질적인 차원이라고 설명하였다. 회개한 후, 하나님은 회심한 사람을 고통스럽게 하여 오직 은혜로만 구원받은 것을 기억하게 한다. 그리고 그에게 위로(또는 활력)를 준다. 그렇게 하여 그 사람은 예수 그리스도의 부활에 함께 할 수 있다는 소망을 갖게 된다. 칼빈은 이렇게 말한다.

> 그러나 오래전부터, 참회에 익숙한 사람들은 성경의 법도에 따라 참회가 고통과 활력이라는 두 부분으로 이루어진다고 단순하고 신실하게 말하였습니다. 그들은 죄를 인식하고 하나님의 심판을 생각할 때 나타나는 영혼의 두려움이 그 고통이라고 설명합니다. … 더 나아가, 어떤 식으로든 하나님의 심판에 대해 느끼게 될 때 (생기는 감정은 곧바로 다른 감정과 연결되기 때문에) 사람은 엄청난 억압에 짓눌리고 넘어지게 됩니다. 그는 초라한 모습으로 요동하며 떨어지게 됩니다. 그는 용기를 잃고 절망하게 됩니다. 이것은 회개할 때 처음 나타나는 현상으로, 보통 "통회"라고 부릅니다. "활력"은 믿음에서 나오는 위로라고 이해할 수 있습니다. 사람이 죄를 깨닫고 하나님에 대한 두려움으로 요동하며 엎드려 하나님의 선하심―그리스도를 통하여 나타난 하나님의 자비와 은혜와 구원―을 구할 때 사람은 죽음에서 생명으로 돌이키게 되어 스스로 일어나고, 마음을 새롭게 하여 용기를 회복하게 됩니다.[2]

2　　Ibid., Ⅲ.iii.3 (1.595).

고통과 활력이라는 두 가지 활동은 사람의 역사가 아닌 하나님의 역사라고 보는 것이 올바른 관점이다. 칼빈은, "사단은 파괴하고, 저주하고, 혼란스럽게 하고, 쓰러트릴 수 있다고 유혹한다. 그러나 하나님은 당신의 자녀들을 통하여 증명한 것처럼, 시험을 통하여 그들의 신실함을 굳게 하고, 훈련을 통하여 강하게 한다. 그러한 과정을 통해, 유한한 육체가 정도를 넘어 방종하고 자랑하는 일에 빠지지 않는 한 고통당하고, 정화되고, 시험을 통과하게 한다"고 말했다.[3]

칼빈의 성화 개념을 적절하게 설명하면서, 다시 한 번 신학적으로 "반대의 결합(라틴어 *complexium oppositorium*)" 개념이 도움이 된다는 사실을 알게 된다. 칼빈은 고통과 활력을 포함한 성화가 루터가 한 말과 유사하게, "좋은 것(라틴어 *beneficium*)", 즉 선물이라고 말했다. 성화는 로마 가톨릭교회의 가르침처럼 사람에게 순종과 희생을 요구하지 않는다. 다른 한편으로, 칼빈은 그리스도인들의 삶에서 거룩하게 역사하는 은혜를 통한 성화의 과정에서 그들이 해야 할 적극적인 역할이 없다고 생각하지 않았다. 그리스도인들은 예수 그리스도 안에 거하는 존재로서 회개와 중생의 삶을 살아야 하기 때문에 전적으로 수동적인 존재들이 아니다. 성화는 내면에서 증언하는 성령을 통하여 그리스도의 부활의 삶을 전하고 싶어지고, 그리스도와 연합할 때 나타나는 두 가지 유익, 즉 고통과 활력을 통하여 말씀을 듣는 중에 믿음으로 나아가는 신비이다.

기도는 그리스도인들에게 가장 우선적인 의무 가운데 하나다. 기도는 하나님의 섭리와 능력을 드러내는 선물이다.[4] 다른 한편으로 기도는 그리스도인들이 견뎌내야 하는 의무다. 기도는 "경건의 의무"이며, 기도를 통하여 그리스도인들은 영성의 유익함을 많이 경험할 수 있다.[5] 칼빈이 말하는 기도의 여러 가

---

3   Ibid., Ⅲ.xx.46 (2.913).
4   Ibid., Ⅲ.xx.2, 10 (2.851, 862).
5   Ibid., Ⅲ.xx.27 (2.886).

지 유익을 보자.

> 첫째, 우리의 마음이 하나님을 찾고 사랑하고 섬기려는 열심과 뜨거운 욕망으로 타오른다는 것이고, 둘째, 하나님 앞에서 어떤 욕망이나 소원도 우리 마음에 들어오지 않는다는 것이며, 셋째, 그분의 좋은 것을 받을 때 진심으로 감사드릴 준비가 된다는 것이고, 넷째, 거기에서 더 나아가 그분이 우리의 기도에 응답했다는 확신과 함께 구한 것을 받아 그분의 자비하심을 더욱 깊이 마음에 새기는 단계로 나아간다는 것이며, 다섯째, 기도의 응답으로 받은 것들을 발견할 때 엄청난 기쁨이 밀려온다는 것입니다. 마지막으로, 우리의 연약함의 정도에 따라 기도의 실제와 체험은 하나님의 섭리를 확인해 줍니다.[6]

칼빈의 기도는 대부분 회중 앞에서 드렸지만, 개인적인 기도도 권장하였다. 개인적인 기도는 고통당하는 그리스도인들이 힘을 얻는 통로이다.

하나님이 그리스도인들에게 주는 고난도 있지만 사람들이 자초하는 고난도 있다. 사실 신자들의 성화는 고난을 당할 때 자기를 부인하는 중요한 의미를 갖는다. 신자들은 예수 그리스도와의 연합으로 인하여 외적 고난과 함께 내적 고난도 스스로 감수하고, 이를 통해 죄에 대하여 죽어야 한다. 칼빈은 이렇게 말했다.

> 만일 우리의 성화가 우리의 의지에 고통을 주는 방식으로 이루어진다면, 그것은 내적인 실재가 외적으로 아주 근접하게 드러나고 있다는 뜻입니다. 하나님이 우리 안에 역사하실 때, 우리는 완전한 쉼을 누려야 합니다. 우리는 반드시 우리의 의지를 내려놓고, 모든 육체적 욕망을 버려야 합니다. 쉽게 말해서 하나님이 우

---

6 Ibid., Ⅲ.xx.3 (2.852).

리 가운데 역사하실 때(히 13:21) 우리는 우리의 모든 활동을 완전히 멈추고 쉬어야 하며, 사도들이 가르치는 것처럼 그분 안에서 안식을 얻어야 합니다(히 4:9).[7]

신자들은 삶에서 계속되는 죄와 유혹, 그 밖의 여러 가지 악한 영향력들로부터 압력을 받으면서, 죄의 여파를 최소화할 수 있는 방법을 찾으려다가 고통을 느낀다. 루터와 마찬가지로 칼빈은 신자들이 "항상 죄인이지만 구원받은" 사람들이라고 믿었다. 칼빈의 말을 들어 보자.

> 그러므로 우리는 옛사람이 십자가에 못 박혔고(롬 6:6), 하나님의 자녀에게는 죄의 법(참조. 롬 8:2)이 폐지되어 흔적만 조금 남아 있다고 말합니다. 그것은 신자들을 다스리지 못하고, 대신 신자들이 연약함을 깨달아 겸손하게 만듭니다. 그래서 우리는 이 흔적들이 마치 존재하지 않는 것처럼 느끼고 전가되지 않는다고 생각합니다. 그러나 우리는 알아야 합니다. 이 흔적이 하나님의 자비 앞에 지나갈 때, 성도로 불리는 사람들 – 다른 말로 하면 하나님 앞에서 죄인으로 범죄한 것으로 판단되는 사람들–이 죄에서 해방되었다는 것을 말입니다.[8]

사람들은 예수의 대속으로 인하여 믿음으로 의롭다 함을 얻으며, 더 이상 죄를 범한 죄인이 아니게 된다. 그러나 사람들은 죄의 능력과 자연적이고 초자연적인 힘들에 맞서 계속 싸우고 있다. 실제로 싸움이라는 말은 사람들이 실질적으로 예상하는 그리스도인의 삶을 묘사하는 칼빈의 용어이다. 칼빈은 말했다. "이번 생에서 우리가 찾고 바랄 것은 이 싸움뿐이라고 생각합니다. 우리는 면류관을 생각하며 하늘을 향하여 눈을 듭니다. 이를 위하여 우리의 마음이 먼저 현재의 삶을 경멸하지 않으면 장차 올 세상을 바라고 생각하는 일이 절대로 일

---

7   Ibid., Ⅱ.vii.29 (1.396).

8   Ibid., Ⅲ.iii2, 11 (1.603).

어나지 않는다는 사실을 반드시 믿어야 합니다."⁹

그래서 하나님은 예수님을 통하여 우리를 의롭게 하시고, 하늘의 약속을 주셨다. 그러나 우리는 죄와 싸우고 하나님은 다양한 방식으로 고난을 주시기 때문에, 문제 없는 삶을 기대해서는 안 된다. 그리스도인은 스스로 고통 가운데 인내하면서 하나님의 영원 속에서 만물이 바르게 위치할 때까지 현재의 삶에서 보다 큰 의와 질서를 이루기 위하여 애써야 한다.

물론 자기를 부인하는 삶을 살면서, 그리스도인들은 이웃에 대한 사랑을 구체적으로 보여주는 "사랑의 역사"를 이룰 수 있다.¹⁰ 칼빈은 믿음을 통하여 은혜로 말미암는 구원을 강조했지만, 사랑의 역사가 함께 가야 한다고 생각하였다. 결과적으로 그리스도인들은 이웃을 사랑할 것이다. 물론 그러한 공로는 구원을 얻거나 보상받을 조건은 아니다. 그러나 사랑의 수고가 은혜에 반하는 것도 아니다. 칼빈은 이렇게 말했다.

> 이로부터 "수고"라는 말은 은혜에 대립하지 않고 애쓰는 것을 뜻합니다. … 한 번 복음과 성령의 밝혀주시는 것을 알게 되면, 그들은 그리스도와의 교제에 초대받고, 그 안에서 영원한 생명이 시작됩니다. 이제 그들 안에서 착한 일을 시작하신 하나님이 주 예수의 날까지 온전하게 이루실 것입니다(빌 1:6). 그러나 우리의 구원은 하늘 아버지의 의로우심과 거룩하심을 닮아가면서 본성으로 참된 자녀라는 것을 증명할 때 완전하게 됩니다.¹¹

지금 여기에 하나님이 정하신 시험과 고난이 주어지는데, 이는 그리스도인의 성화를 위한 것이다. 칼빈은 말했다. "하나님은 결코 가벼운 시험과 부드러

9   Ibid., Ⅱ.viii.1 (1.713).
10 Ibid., Ⅱ.vii.52 (1.416).
11 Ibid., Ⅲ.xviii.1 (1.822).

운 연단으로 자기 백성들을 증명하지 않고, 때때로 극단적인 위험으로 인도하고, 진창에서 오랫동안 고통당하는 것을 허용하십니다. 그 후에 하나님의 친절한 손길을 내미십니다."[12] 그러한 하나님의 섭리가 신자들을 위한 은혜를 예비한다고 볼 수 있다. 이 은혜를 힘입어 신자들은 예수 그리스도와 연합하고 있다는 사실을 다시 기억해야 하고, 하나님의 계획에 따라 변화되어야 하며, 모든 환경이 궁극적으로 하나님의 뜻에 따라 주어진 것임을 깨닫고 즐거워해야 한다. 칼빈이 말한 것처럼, "주님은 택하신 이들에게 아무런 이유 없이 매일의 시험을 허락하지 않습니다(창 22:1; 신 8:2; 13:3). 그들이 부끄러움을 당하고 가난과 고난과 그 밖에 다른 종류의 징벌을 받는 데에는 이유가 있습니다."고 할 것이다.[13]

칼빈은 로마서 7장 14~25절의 말씀이 우리가 예상할 수 있는 일반적인 그리스도인의 삶을 보여준다고 생각하였다. 바울은 원하는 것은 행하지 아니하고 원하지 아니하는 것을 행한다고 말하고 있다. 이 말씀을 놓고 그리스도인들은 몇백 년 동안 토론을 벌였는데, 이 구절이 거듭나지 않은 사람들을 가리키는 것인지, 아니면 거듭나고 구원받은 사람들의 삶을 말하는 것인지 하는 것이었다. 칼빈은 심지어 어거스틴의 해석을 소개하였다. 어거스틴이 처음에는 이 구절이 믿지 않는 사람들을 가리키는 말씀이라고 생각했는데, 결국 생각을 바꿨다는 것이다. 어거스틴과 같이, 칼빈은 로마서 7장 14~25절 말씀이 그리스도인의 삶에 대하여 그리고 "영원한 갈등"을 보아야 하는 관점을 설명하고 있다고 믿었다. 칼빈은 이렇게 말했다.

이제, 세상에 속한 사람(하나님을 두려워하지 않고 자신의 욕망에 사로잡혀 사는 사람)에게도 본성의 타락이 곧바로 나타나지 않기 때문에, 바울은 거듭난 사람의 실

---

12 Ibid., Ⅲ.xx.52 (2.919).
13 Ibid., Ⅲ.xx.46 (2.913).

례로 자신을 제시하였습니다. 그는 자신의 몸에 남아 있는 육체의 흔적으로 영원한 갈등을 가지고 있으며, 죄의 법에 사로잡혀 있으므로, 자신의 힘으로는 하나님의 법에 순종하여 거룩해질 수 없는 불쌍한 사람이라고 말하고 있습니다(롬 7:18~23). 그래서 바울은 고통스럽게 신음하며, "오호라 나는 곤고한 사람이로다 이 사망의 몸에서 누가 나를 건져내랴(롬 7:24)."고 외치고 있습니다.[14]

이러한 경험들은 신자들이 은혜로 구원받은 것을 잊지 않게 하고, 하나님의 선물을 받을 만한 자격이 있는 일을 했다고 생각하지 않게 한다는 점에서 유익하다. 칼빈은 신자들에 대하여 이렇게 말하고 있다. "그러나 그들은 육신의 괴로움을 더 이상 느끼지 못할 정도의 완전한 자유를 아직 소유하지 못했습니다. 그러나 그들에게 육체를 연단할 수 있는 싸움의 기회가 계속하여 남아 있습니다. 이는 연단할 뿐 아니라 자신들의 연약을 잘 배울 수 있는 기회가 됩니다."[15] 칼빈은 영원히 계속되는 영적 싸움으로 인하여 자신의 연약함을 겸손히 인정하게 한다는 점에서, 그리스도인들에게 고난이 유익하다고 생각하였다.

칼빈은 하나님의 계획 안에 이루어지는 성화의 단계를 조직적으로 배열하였는데, 하나님의 섭리와 구원을 통하여 사람 속에 있는 하나님의 형상이 새롭게 (혹은 다시 활성화)되는 데 영향을 주었다. 이로써 창조 때 하나님과의 관계 속에서 살아가도록 주어진 거룩한 예민함을 잃어버린 인간의 모습은 타락한 본성이 계속 발전하여 성숙한 활력을 지닌 삶으로 변화하였다. 신자들이 믿음과 사랑 그리고 하나님의 계획하신 때에 완전히 새롭게 되리라는 소망으로 예수 그리스도와 연합할 때, 그들은 하나님 말씀의 구원의 활동을 통하여 새롭게 된다. 따라서 신자들이 죄와 맞서는 모든 싸움은 그들의 순례길에서 일시적이다.

반대로 웨슬리는 로마서 7장 14~25절 말씀이 아직 거듭나지 않은 사람을

---

14 Ibid., Ⅳ.xv.12 (2.1313).
15 Ibid., Ⅲ.iii.10 (1.602).

말하고 있으며, 8장 말씀이 7장에 나타난 영적 싸움에서 승리하는 길을 보여준 다고 생각하였다. 특히 로마서 8장 37절 말씀이 결론이라고 보았다. "그러나 이 모든 일에 우리를 사랑하시는 이로 말미암아 우리가 넉넉히 이기느니라." 칼빈도 이러한 해석을 잘 알고 있었지만, 이렇게 해석할 경우 이번 생에서 영 적인 (혹은 도덕적인) 본성이 어느 정도 거룩해지거나 완전해질 수 있다고 본다 는 점에서 영적으로 위험하고, "실제로는 괴이하다고" 여겼다.[16] 반대로 칼빈 은 완전이나 거룩함, 그리스도인의 승리의 삶을 말하는 모든 이야기들은 성경 과 신앙 체험의 증언에 반하는 것이라고 생각하였다. 그러므로 그리스도인들 이 자신의 칭의나 성화에 어느 정도 기여했다고 믿는 유혹에 빠지지 않도록 그 러한 해석을 경계하였다.

인간의 고통은 일회적이지 않다. 고통은 평생 계속된다. 칼빈은 말했다. "그 리스도인의 삶에 대하여 정직하게 말하면, 그리스도인은 이 세상을 떠나 하나 님의 영적인 다스림에 들어가는 날까지 육신의 고통 속에서 계속 애쓰고 연단 하는 삶을 살아갑니다."[17] 하나님의 영이 우리 안에서 다스릴 수 있을까? 그렇 다! 신자들이 구원받았고, 예수 그리스도가 주신 의로움을 입은 신자들을 하나 님이 거룩하게 보는 것은 사실이다. 그러나 칼빈에 따르면, 신자들은 이 싸움 에서 아직 구원받은 것이 아니다.

성화에 대한 칼빈의 설명은 당연히 택하신 사람들만을 대상으로 한다. 택함 을 입지 못한 사람들은 칭의를 바랄 수 없고, 성화의 삶은 더욱 어렵다. 그러 므로 성화의 유익은 오직 택하신 사람들의 삶에만 나타난다. 칼빈은 말했다. "그러나 하나님이 아버지로서 베푸시는 사랑이 타락한 사람들을 대상으로 하 지 않는 것처럼, 그들도 하나님의 사랑에 온전하게 보답하지 않고 삯꾼처럼 행 동할 뿐입니다. 사랑의 영은 오직 그리스도와 그분을 구주로 고백하는 신자들

16   Ibid., Ⅲ.iii.14 (1.606).
17   Ibid., Ⅲ.iii.20 (1.615).

에게만 주어졌기 때문입니다. 바울 역시 택함받은 사람들만이 대상이라고 말하는 것이 분명합니다."[18] 이번 생에서 세례는 새롭게 신자가 된 사람들에게 고통과 활력을 주는 분이 하나님이라는 것을 상징하는 "고통의 표시"가 된다. "어린 가지가 뿌리에서 물과 영양을 끌어올리는 것과 같이, 바른 믿음으로 세례를 받은 사람들은 그들의 육신의 고난 가운데 그리스도의 대속의 죽으심이 역사하고 성령의 활력 가운데 그리스도의 부활이 역사하는 것을 진정으로 느끼게 됩니다(롬 6:8)."[19] 심지어 갓난아기들의 경우, 유아세례는 "그들의 부정하고 타락한 본성의 괴로움과 그들이 성숙한 후에 훈련할 수 있는 연단"을 상징한다.[20]

사람들은 믿음을 통하여 은혜로 말미암아 구원을 받는다. 구원은 선물이지 공로의 대가가 아니다. 마찬가지로 신자들이 영적으로 성장하고 보다 성숙한, 즉 거룩한 사람이 되는 것이 하나님의 뜻이라면, 하나님은 그들을 많아지게 할 것이다. 그러나 영적인 문제는 사람이 할 수 있는 문제가 아니라 하나님이 하시는 일이라는 것을 겸손하게 인식해야 한다. 사람들은 칭의와 성화를 위하여 하나님께 찬양을 드리고, 감사와 영광을 드려야 한다. 하나님이 그 수를 많게 하신다면 그것은 하나님의 뜻에 따른 것이지 사람의 생각이나 말, 혹은 행동 때문이 아니다. 인간의 고통은 하나님의 선물이면서 신자들이 감당해야 할 과제다. 그러나 그들의 영적 성장, 즉 활력에 그들이 기여한 것이 있기를 바라는 것은 잘못된 생각이다. 기본적으로 활력과 성화는 하나님의 역사로 이루어지며, 신자들은 단지 고통에 대하여 염려할 뿐이다. 비록 그리스도인의 삶에서 고통을 극복하는 일이 쉽지 않지만, 고통은 신자의 성화를 위한 것이라기보다 믿음으로 하나님께 순종하게 하는 데 더 큰 의미가 있다. 고난 중에 자기를 부인하는 것은 죄와 타락으로 가득 찬 인생의 한복판에서 삶의 질서를 회

18 Ibid., Ⅲ.ii.12 (1.557).
19 Ibid., Ⅳ.xv.5 (2.1307).
20 Ibid., Ⅳ.xvi.20 (2.1343).

복하는 데 도움이 된다. 삶의 불편한 환경을 극복하고 보다 정리된 질서를 세우는 데 유익하다.

경건과
그리스도인의 삶

웨슬리는 하나님이 신자라고 부르는 사람들의 신앙 생활과 성화에 대하여 다르게 이해하고 있었다. 그는 신자들의 계속적인 영적 성장을 위하여 하나님이 말씀에 담아 예비한 "은혜의 수단들"에 대하여 커다란 소망과 기대를 가지고 있었다. 하나님의 은혜로 신자들은 하나님이 바라는 거룩함을 추구할 수 있는데, 영적인 훈련으로 "심었고," "물을 주었으며," 하나님이 "자라게 하셨다"(고전 3:5~9)는 것을 알고 있다. 무엇보다 성경 전체에서 하나님은 사람들에게 거룩을 요구하셨다. 하나님은 은혜를 통하여, 예수 그리스도의 죽음과 부활을 통하여 거룩을 보여주셨다. 그리고 당신이 거룩한 것 같이 신자들이 거룩하기를 명하셨다. 베드로전서 1장 13~16절은 이렇게 말하고 있다.

> 그러므로 너희 마음의 허리를 동이고 근신하여 예수 그리스도께서 나타나실 때에 너희에게 가져다 주실 은혜를 온전히 바랄지어다 너희가 순종하는 자식처럼 전에 알지 못할 때에 따르던 너희 사욕을 본받지 말고 오직 너희를 부르신 거룩한 이처럼 너희도 모든 행실에 거룩한 자가 되라 기록되었으되 "내가 거룩하니 너희도 거룩할지어다." 하셨느니라(레 11:44~45 인용; 19:2, 20:7 참조).

거룩함은 오직 사랑이다. 특별히 거룩은 하나님과 이웃을 사랑하는 것이다. 가장 으뜸가는 계명에 대한 질문에 예수님은 두 가지 차원으로 응답하셨다.

서기관 중 한 사람이 그들이 변론하는 것을 듣고 예수께서 잘 대답하신 줄을 알고 나아와 묻되 모든 계명 중에 첫째가 무엇이니이까 예수께서 대답하시되 첫째는 이것이니 이스라엘아 들으라 주 곧 우리 하나님은 유일한 주시라 네 마음을 다하고 목숨을 다하고 뜻을 다하고 힘을 다하여 주 너의 하나님을 사랑하라 하신 것이요 둘째는 이것이니 네 이웃을 네 자신과 같이 사랑하라 하신 것이라 이보다 더 큰 계명이 없느니라(막 12:28~31).

웨슬리는 이 두 가지 차원이 불가능한 목표로 주어진 것이 아니라, 성령의 임재와 역사를 통하여, 하나님의 은혜 안에서 이룰 수 있는 목표라고 생각하였다. 하나님이 기적의 하나님이라면, 결국 그리스도인들은 헛된 영적 싸움을 추구할 필요 없이 영적 성공을 바라면 될 것이다. 웨슬리는 사람들이 이번 생에서 절대적인 완전을 완성할 수 있을 것이라고 믿지 않았지만, 하나님의 은혜 안에서 하나님의 동역자가 되어 지속적으로 사랑스러워지고, 거룩해지고, 예수를 닮아갈 수 있을 것이라고 믿었다. 성령의 역사는 그리스도인들이 능력을 받고, 주 예수를 위하여 생명을 바칠 수 있는 공의의 사람이 되게 한다.

칭의의 과정에서 하나님은 예수 그리스도의 대속을 통하여 인간을 의롭다고 인정하신다. 그리고 성화의 과정에서 거룩하게 하는 성령의 역사를 통하여 사람들에게 의를 부여하셨다. (성화의 첫 단계는 거듭남에서 시작한다.) 하나님은 당신의 의를 받는 것을 사람들이 믿음으로 결정하게 하였는데, 이러한 과정을 가능하게 하는 조건이 선행은총이다. 웨슬리는 구원의 단계에 믿음을 확증하고, 의롭다 칭하며, 성화의 길을 가게 하는 은혜가 있다고 보았다.

웨슬리는 지상의 삶에서 어떤 모습이든지 그리스도인의 완전을 확인하는 것은 문제가 된다고 생각하였다. 그러나 웨슬리의 관점에서 예수 그리스도의 명령은 분명한 것이었다. 산상수훈에서 예수님은 이렇게 말씀하셨다. "그러므로 하늘에 계신 너희 아버지의 온전하심과 같이 너희도 온전하라(마 5:48)." 물론 웨슬리는 완전에 대하여 논의하면서 예수의 가르침에 순종하는 것과 완전하게 사랑하는 것을 이야기했다. 결국 완전한 사랑이 지고의 거룩함, 예수를 닮은 모습을 보여준다는 것이다. 물론 마태복음 5장 48절 말씀이 우리에게 감동을 주지만 성취할 수 없는 목표(또는 이상)라고 생각하거나, 지금 우리가 사는 이 땅에서는 이루어지지 않을, 먼 장래에 가능한 상태를 투사하는 것으로 무시할 수 있다. 그러나 웨슬리는 성경 말씀처럼 사람들이 더욱 더 그리스도를 닮아가기를 하나님이 원하신다고 믿었다. 사람들이 영적이고 도덕적이며 이웃과의 관계에서, 평범하거나 헛된 차원에 머무는 것이 아니라 거룩한 사랑의 완성으로 나아가기를 원하신다는 것이다.

사람들이 어떻게 생각할지 모르지만, 웨슬리는 그리스도인의 생활에 대하여 현실을 직시했다. 그는 사람들을 완전하지 못하게 하는 길들을 이야기하였다. 웨슬리는 창조 때 사람 안에 있던 선을 생각하면서, 사람이 하나님처럼 되는 것은 고사하고 아담처럼 될 수도 없다고 생각하였다. 웨슬리는 말했다. "지상의 삶에서 육체와 피에 연결되어 있는 무지와 실수와 유혹에서 자유를 의미하는 완전은 없습니다."[21] 웨슬리는 그리스도인의 삶을 지나치게 낙관적으로 볼 때 문제가 일어나긴 하지만, 그리스도인의 생활을 지나치게 비관적으로 보거나, 체념적으로 보거나, 수동적으로 볼 때 발생하는 문제들이 더 심각하다고 생각하였다. 웨슬리는, 사람들이 하나님의 율법과 하나님이 주신 은혜의 수단에 신실하게 순종할 때 일어나는 은혜로운 결과를 칼빈이 너무 소홀하게 다루고 있다고 보았다.

칼빈도 순종의 필요성을 강조했지만, 하나님이 신자들의 영적 성장과 더불어 순종을 원하여 생기는 것은 아니라고 보았다. 웨슬리는 하나님이 원하지 않으시면, 신자들은 성화와 영적 성장의 가능성 그리고 하나님의 법에 순종하는

21　Wesley, "Preface," §1, *Hymns and Sacred Poems*, *Works* (Jackson) 14.328.

일에 무관심하거나 실망하게 될 것이라고 생각하였다. 하나님의 법에 대한 무관심은 하나님의 율법을 무시하는 반율법적 태도를 초래할 수 있다. 웨슬리는 그리스도를 닮아가는 일에 사람의 책임을 거의 강조하지 않는 칼빈주의가 사람들을 반율법주의로 인도할 수 있다고 염려하였다. 은혜 안에서 영적으로 성장할 수 있다는 소망이 없는 그리스도인들은 거룩한 삶을 살아가는 능력과 성령의 역사에 자신을 맡겨 칭의에 이르고자 하는 열심을 잃어버릴 수 있기 때문이다.

웨슬리의 관점에서, "절반의 그리스도인"은 있어서는 안 되는 사람이다. 그는 믿음으로 칭의를 입었지만 믿음으로 성화에 이르지 못하는 사람이다.[22] 또한 웨슬리는 "하나님의 자녀"의 믿음과 "하나님의 종"의 믿음을 대조하고 있다.[23] 종의 믿음은 칭의에 이르게 한다. 하나님의 아들이나 딸인 자녀의 믿음은 칭의와 구원의 확신 그리고 성화에 이르게 한다. 여기에서 하나님과 신자는 은혜의 수단을 통하여 동역하게 된다.

실제로 웨슬리는 하나님이 신자들의 삶 가운데 은혜롭게 역사하셔서, 신자들이 성령의 권면으로 더욱 거룩해지고, 그리스도를 더욱 닮아가고, 더욱 사랑하는 사람이 되는 방식에 희망을 품었고 낙관하였다. 분명히 인생은 의심과 문제들 그리고 본성이나 그 밖의 이유로 일어나는 엄청난 재난들, 인간의 내적이고 외적인 문제들로 여전히 가득 차 있다. 웨슬리가 그리스도인의 생활에 대하여 극단적인 낙관론을 가진 것은 아니었다. 그러나 그는 점진적인 희망을 갖고 있었다. 하나님의 은혜가 죄와 악, 사단의 힘보다 강하다고 믿었기 때문이다. 웨슬리가 그리스도인의 완전에 대하여 이야기하거나 "전적 성결"이라고 부르

---

22   Wesley, *A Plain Account of Christian Perfection: As Believed and Taught by the Reverend Mr. John Wesley from the Year 1725 to the Year 1777* (Kansas City: Beacon Hill Press of Kansas City, 1966) 11.

23   Wesley, "On Faith," I.10-13, *Works* (Jackson), 7.198-200.

는 차원 역시 그러한 희망에 기초하고 있었다.

완전 성화

웨슬리는 "그리스도인의 완전"으로 알려진 완전 성화에 대한 믿음을 강조하기 위하여 (혹은 다시 주장하기 위하여) 『쉽게 쓴 그리스도인의 완전』을 저술하였다. 이 책에서 웨슬리는 평생의 사역을 통하여 전한 완전 성화를 다음과 같이 설명하고 있다.

> [완전 성화]는, 기독교 경전들에서, 거룩이라는 말로 표현되는 영혼의 일상적인 성향입니다. 직접적으로는 "육신과 정신의 모든 추악한" 죄로부터 정결하게 된 상태를 의미합니다. 그다음에 그리스도 예수 안에 있었던 선한 덕목들이 들어오고, "우리 마음의 형상이 새롭게 되는" 상태가 되며, 그것은 "하늘 아버지가 완전한 것처럼 완전하게 되는" 단계에 이르게 됩니다.[24]

사람들은 회심을 통하여 칭의와 함께 거듭남을 경험하고, 신자들은 거듭남을 통하여 성화의 여정을 시작하게 된다. 하나님이 성화의 은혜를 통하여 역사하면, 신자들은 예수 그리스도가 본을 보여주신 그리스도인의 삶의 모습을 살아가는데, 이는 더 큰 확신과 죄에 대한 더 강한 민감성, 칭의 이후의 참회 그리고 거룩해지기 원하는 -하나님과 이웃을 사랑하는- 갈망이 주는 특권을 누리는 것이다. 사도 바울은 데살로니가전서 5장 23~24절에서 영적 성장의 단계를 이렇게 말하고 있다. "평강의 하나님이 친히 너희를 온전히 거룩하게 하시고 또 너희의 온 영과 혼과 몸이 우리 주 예수 그리스도께서 강림하실 때에

---

24 Wesley, *A Plain Account of Christian Perfection: As Believed and Taught by the Reverend Mr. John Wesley from the Year 1725 to the Year 1777* (Kansas City: Beacon Hill Press of Kansas City, 1966) 12. 괄호는 필자 추가.

흠 없게 보전되기를 원하노라 너희를 부르시는 이는 미쁘시니 그가 또한 이루시리라."

그리스도인들이 예수를 구원자와 하나님으로 표현하는 방식이 완전 성화를 이해하는 한 가지 길이 될 수 있다. 많은 사람들이 "예수는 나의 구원자며 주님이십니다!"라고 표현한다. 웨슬리의 관점에서 예수를 구원자로 받아들일 때 그리스도인이 된다. 이러한 수용은 즉각적으로 나타날 수도 있고 점진적으로 나타날 수도 있다. 어린 시절에 경험할 수도 있고 성인이 되어 고백할 수도 있다. 사람들은 다양한 방식으로 그리스도인이 된 과정을 증언한다. 성장 과정, 사회적·종교적 배경, 개인적 성향 등등 다양한 요인이 있다. 그러나 웨슬리는 대부분의 그리스도인들이 회심을 체험하기 전까지는 예수가 구원자가 되고, 인생의 주인이 되는 것을 원하지 않는다고 강력하게 주장하였다.

예수 그리스도는 언제나 주님이시다. 이는 아주 당연한 사실이다. 그러나 신자들이 언제나 주님을 위한 삶을 사는 것은 아니다. 예수의 주권은 하나님과 질적으로 차이가 있는데, 그는 하나님에게 순종하여 자신을 전적으로 하나님에게 맡기고, 성령의 능력을 향하여 자신을 열어놓았다. 사람들이 회심을 통하여 전적 성화를 이룰 수 있지만, 웨슬리는 대부분의 사람들이 영적으로 성숙해지고, 겸손해지며, 신앙생활의 마지막까지 헌신하는 단계에 이르지 못할 것이라고 주장하였다. 사람들은 웨슬리가 때때로 "두 번째 위기"라고 부르는 상황에 처하게 되는데, 그때 그들의 삶을 하나님께 전적으로 의탁하게 되고, 하나님의 성화의 은혜가 더욱 강하게 역사하게 된다. 그리스도인들은 성령의 임재와 능력을 통하여 비약적인 성화를 체험할 수 있는데, 예수가 단순히 구원자일 뿐 아니라 그들의 삶의 모든 차원에서 주인이 되는 단계이다.

웨슬리는 그리스도인들이 완전 성화 이후에 거룩한 삶을 살아가는 것에 대한 기대를 설명하면서 커다란 희망을 가졌다. 웨슬리의 영적 낙관성을 보여주는 한 가지 예가 있다. 웨슬리가 『쉽게 쓴 그리스도인의 완전』에서 인용하고 있는 두 번째 찬송집 서문에 있는 구절이다. 좀 긴 분량이지만, 이 구절을 가장 적절한 예로 소개하고자 한다. 그리스도인들에게 거룩한 삶을 살도록 권고하는 웨슬리의 목회적 열정이 잘 담겨 있기 때문이다. 그러나 우리는 웨슬리가 각주에서 말하는 강조점들을 기억해야 한다. 웨슬리는 목회적 필요에 따라 가르친 과거의 조언들 때문에, 사람들이 자신을 완전 성화를 부인하는 사람으로 해석하지 않도록 몇 가지 조건이 필요하다고 설명하였다. 웨슬리는 완전 성화된 그리스도인들을 묘사하면서 이렇게 말했다.

> 그들은 하나님의 거룩하고 완전한 뜻만 원하기 때문에 자신의 뜻에서 해방됩니다. 원하는 것을 찾지 않으며 고난을 피하지 않습니다. (이것은 너무 강합니다. 우리 주님은 고난을 받아들이기 원했습니다. 그는 자기를 포기하면서 고난을 받아들일 것을 요구했습니다. 내가 원하는 "내 뜻대로 마옵시고", "당신의 뜻대로 하옵소서.") 생명도 죽음도 아니고, 어떤 피조물도 아니었습니다. 그들의 영혼 가장 깊은 곳에서 계속하여 부르짖습니다. "아버지, 당신의 뜻이 이루어지이다." 그들은 악한 생각에서 해방되고, 다시 그 생각에 들어갈 수 없습니다. 단 한순간도 말입니다. 이전에는 악한 생각이 들어오면 고개를 들어 하늘을 보았고, 그 생각들이 사라졌습니다. 그러나 이제 악한 생각은 들어오지 않습니다. 들어올 틈이 없습니다. 그 영혼에 하나님이 가득 차 있기 때문입니다. 그들은 기도 중에 떠오르는 상념에서 해방되었습니다. 그들이 즉각적으로 하나님 앞에 그들의 마음을 부어 놓을 때마다, 과거의 일은 떠오르지 않습니다. 아니 하나님 외에는 아무것도 존재하지도 들어오지도 않습니다. (이것은 너무 강합니다. 설교 "상념들에 대하여"를 보십시오.) 예전에는 그들의 마음으로 상념이 몰려들었지만, 이제 그 생각들은 빠르게 사라지고 다시 나타나지 않을 것입니다. 그들은 이제 일반적인 말이나 특별한 행동을 더 이상 두려워하거나 의심하지 않습니다. (이런 경우가 자주 있지만 일회적입니다.) "성령의 기름부음"이 매순간 그들이 해야 할 일과 해야 할 말을 가르쳐 주십니다.

(필요한 경우에 그렇게 하지만 항상 그런 것은 아닙니다.) 그러므로 그들은 어떤 일에 대하여 염려할 필요가 없습니다. (그럴 필요가 없지만, 염려하는 때도 있습니다.) 어떤 의미에서 그들은 유혹에서 해방되어 있습니다. 많은 유혹이 다가오지만 그들에게는 문제가 되지 않습니다. (문제가 되지 않는 때가 있지만, 안타깝게도 문제가 되는 때도 있습니다.) 그들의 영혼은 언제나 평온하고 차분하며, 그들의 마음은 확실하고 요동하지 않습니다. 그들 안에 강물같이 흐르는 평화는 "모든 생각을 지나가고," 그들은 "기쁨으로 말로 형용할 수 없는 충만한 영광을 기뻐합니다." 그들은 "그날에" "하나님이 의의 면류관"을 "씌워주실 것"이라는 증거를 소유하면서, "구원의 날까지 성령으로 봉인되었다"고 믿기 때문입니다. (모든 사람이 죄에서 구원받지 않았습니다. 또한 그들 중 많은 이들이 아직 구원을 얻지 못했습니다.)[25]

위에 소개한 웨슬리의 설명을 보면 그가 성경이나 체험의 차원에서 불가능하게 보이는 완전을 주장하는 것으로 오해받은 이유를 알 수 있다. 웨슬리는 영적 성장의 역동성을 설명하면서 그리스도인의 삶의 차원에서 소망과 현실의 긴장을 놓치지 않으려고 노력하였다. 한편으로 그는 그리스도인들이 영적인 성장에서 패배를 생각해서는 안 된다고 믿었다. 하나님은 당신의 은혜 안에서 신자들이 은혜의 수단을 통한 영적 성장을 이루도록 예비하였기에 신자들은 유혹과 시험을 지속적으로 이겨내면서 이웃과 하나님을 사랑할 수 있게 되었다.

다른 한편 웨슬리는 그리스도인들이 영적·육체적·사회적으로 계속되는 도전에서 완전히 해방되었다고 생각하지 않았다. 이 땅에 사는 동안, 그리스도인들은 여전히 유혹과 죄와 악과 고통과 고난을 경험한다. 그러나 계속하여 싸움과 패배를 경험할 필요는 없다. 하나님의 도우심이 있기 때문이다. 하나님은

---

25 Wesley, "A Plain Account of Christian Perfection," §13, *Works* (Jackson) 11.379-80. 괄호 안은 웨슬리의 각주에 실린 주석이다.

사람들이 마주하는 도전들을 이겨낼 수 있도록 성경과 은혜의 수단과 함께 성령의 임재와 능력을 통하여 사람들과 함께 하고 도우신다. 완전 성화를 이해하는 데 있어서 다른 신학적 확언들처럼 신비신학적인 요소가 있다는 것은 의문의 여지가 없다. 그러나 웨슬리는 죄와 인생의 다른 문제들을 이겨내는 데 있어서 큰 소망으로 도우시는 하나님 한 분이면 충분하다고 믿었는데, 이는 다음 생이나 이번 생에서 모두 유효한 믿음이었다.

웨슬리는 영적으로 비현실적인, 지나친 희망을 가지고 있었을까? 물론 웨슬리에 대하여 비판할 수 있는 부분이 있다. 게다가 사람들이 삶에서 경험하는 문제들이 언제나 쉽게 이해되는 것은 아니고, 완전한 해결은 더 쉽지 않다. 사실 기적이 아니면 해결할 수 없는 시련과 고통들은 언제든지 일어날 수 있다. 우리가 풀 수 없는 일이 일어나는 것처럼, 웨슬리는 더 완전하고, 더 거룩하고, 더 사랑하고, 더 예수 그리스도를 닮아가라는 성경의 계명이 적어도 논리적으로 불합리하지 않다고 강변하였다. 성경은 육체적, 감정적, 사회적 제약들과 함께 영적 한계를 현실적으로 인정하면서도 보다 성숙해질 것을 권면하는 말씀으로 가득 차 있다.

웨슬리는 그리스도인들이 성경의 가르침을 진지하게 받아들여야 하고, 신앙생활에서 소극적이고 나약한 방관자가 되어서는 안 된다고 주장하였다. 교회사를 보면 교부시대부터 서방교회와 동방교회에 많은 그리스도인들이 있었다. 그런데 특별히 동방교회에서는 경건한 삶을 성취하기 어려운 원칙적인 목표가 아닌, 가능한 삶으로 보는 사람들이 많았다. 그러한 경건 생활의 전통은 여러 경로를 통하여 서방교회 안으로 들어왔는데, 성인들과 신비주의자 그리고 로마 가톨릭교회의 토마스 아 켐피스와 성공회 윌리엄 로가 대표적이다. 웨슬리는 이 두 사람에게 큰 영향을 받았다.

칼빈은 고난을 통한 순종을 주장했지만, 그의 가르침은 승리하는 그리스도인의 생활에 많은 도움이 되지 않았다. 영적 성장과 성숙이 일어나면, 하나님께 감사드려야 한다. 그러나 우리는 직접적으로 기여한 것이 없다. 그와 대조적으로 웨슬리는 우리가 우리의 영적 성장을 도울 수 있으며, 하나님의 은혜로 죄와 악, 고통과 고난을 극복하는 것을 도울 수 있다고 말했다. 우리가 삶에서 마주하는 도전들을 완전히 피할 수는 없지만, 성경이 말하는 것처럼, 은혜의 수단이 없는 것은 아니다. 우리는 하나님과 동역하여 시험을 이기고, 영적 차원에서 그리스도인으로 성장하며, 개인적이고 집단적인 차원에서 이웃들을 변화시킬 수 있다.

완전 성화를 설명하면서, 웨슬리는 그리스도인들이 계속하여 성장한다고 말했다. 그들은 배우고, 성숙해지고, 사랑하며, 예수 그리스도처럼 되는 것을 결코 멈추지 않을 것이다. 신자들은 삶에서 계속 마주하는 죄에 대하여 더욱 예민해지고, 하나님의 은혜로 죄를 이겨내는 일에 더 빨리 나서기 때문에 완전 성화 후에 더욱 빠르게 영적 성장을 경험한다. 신자의 성화는 영적으로뿐 아니라 공동체적이고, 개인적이고, 육체적인 차원에서, 그리고 정의와 사랑을 실천하는 차원에서 다른 사람들에게 영향을 준다. 영적 성장은 점진적으로 이루어지는데, 다양한 위기를 만나 중단되기도 한다. 그러나 한 사람의 성화를 완전히 중단시킬 수 있는 위기는 없으며, 하나님의 은혜를 통하여 성화는 다시 시작되고, 계속되고, 마침내 완성되어 그의 생애를 주님이며 구세주인 예수에게 전적으로 드리는 데 이르게 된다.

정리

웨슬리와 칼빈은 모두 그리스도인의 삶에서 성화를 강조하였다. 칼빈은 신자들에게 일어나는 고통과 활력을 이야기하였다. 하나님은 칭의와 성화를 통하여 사람들에게 활력을 주신다. 하나님은 신자들에게 고통을 허락하여 그들이 믿음을 통해 은혜로 말미암아 구원을 받았고, 구원의 모든 차원이 전적으로 하나님에게 달려 있다는 사실을 잊지 않도록 신자들의 삶에서 계속하여 역사한다. 하나님이 사람들의 도덕적이고 질서 있는 삶을 돕기 위하여 은혜롭게 당신의 율법을 성경 안에 준비해 놓았기 때문에 사람들은 삶에서 고통을 감당해야 한다.

웨슬리도 성화를 강조하였다. 그러나 웨슬리는 하나님이 지금 여기에 그리스도인들을 불러 살게 하는 그리스도인의 삶과 관련하여 더 큰 희망을 가질 수 있다고 생각하였다. 회심을 체험하면, 하나님의 성령이 신자들의 삶 속에서 그리고 그들의 삶을 통하여 계속 역사한다. 사실 하나님은 성령의 능력 주심과 함께 성경을 통하여 알려주신 은혜의 수단들이 사람들을 더욱 영적으로, 더욱 거룩하게, 더욱 사랑하며, 더욱 예수 그리스도를 닮아가는 가운데 하나님의 동역자들이 되는 것을 돕도록 준비하였다. 하나님은, 당신의 은혜 안에서, 사람들이 영적으로 성장하고 유혹과 시험을 이길 수 있는 영적 성장을 이루는 데 유익한 영적 훈련에 적극적으로 참여하기 원하신다. 사실 웨슬리는 그리스도인의 완전한 성화를 크게 희망하였다. 삶에서 그리스도를 온전하게 닮아가는 것은 단지 그들 자신에게만 유익한 것이 아니라 영적으로, 육체적으로, 윤리적으로, 사회적으로 하나님과 이웃을 사랑하는 일에 유익한 일이다.

| 토론을 위한 질문

Q1 당신은 그리스도인의 생활을 마음속에 어떻게 그리고 있나요? 생활에서 실제로 마주하는 영적 싸움에서 항상 이길 수는 없다고 생각하나요, 아니면 하나님의 은혜로 이길 수 있다고 생각하나요?

Q2 그리스도인의 삶에서 어느 정도까지 고통을 감수할 수 있을까요? 고

통당할 때 자기를 부인하면 어떠한 유익이 있나요? 그리스도인들은 하나님께서 어느 정도까지 삶에 생기를 주고 영적으로 활력을 주신다고 기대해야 할까요?

Q3 우리가 다양한 은혜의 수단들(혹은 영적 훈련)에 참여하여 성령의 역사에 동참할 때 하나님께서 우리에게 얼마만큼의 책임을 주신다고 믿나요?

Q4 당신의 영적 성장에 가장 유익했다고 생각하는 은혜의 수단은 무엇인가요? 기도, 성경공부, 성만찬, 금식, 신앙집회 등 자신의 경험을 토대로 얘기해 주세요.

Q5 하나님은 당신이 얼마나 더 완전해지길 원하신다고 생각하나요? 더욱 거룩해지고, 더욱 사랑스러워지길 원하실까요? 그리스도인의 완전으로 알려진 완전 성화 교리가 유익하게 느껴지나요? 당신의 삶에서 얼마나 가능하다고 생각하나요?

Q6 영적 성장에 유익한 방법들이 무엇이라고 생각하나요? 당신의 영적 성장에 도움이 되는 방식은 무엇이 있나요?

7

교회

정죄보다
일치

나는 어린 시절부터 신앙적으로 조숙했던 모양이다. 교회에 다니면서 언제나 영적 문제에 많은 관심을 가졌던 것 같다. 나는 교회에 가는 것과 학생부 활동에 참가하는 것, 성경퀴즈대회와 여름 신앙수련회를 비롯해 교회활동에 참여하는 것을 좋아했다. 예배 때 듣는 설교에 항상 은혜를 받은 것은 아니지만, 설교는 교회 생활에서 일부분이었다.

신앙문제에 관심이 많고 교회활동에 열심히 참여하는 내 모습을 보고 사람들이 나에게 "PK(Preacher's Kid, 목회자 자녀)"냐고 물었다. 그 질문은 내가 목사님 아들인지 묻는 것이었다. 나는 목사님의 아들이 아니었기 때문에 그런 질문을 받으면 어떻게 답해야 할지 몰랐다. 나의 아버지는 배관 공사를 하는 작은 사업을 하고 있었다. 결국 나는 꼬인 마음으로 "그래요, 나는 PK예요. 우리 아빠가 배관공(Plumber)인지 어떻게 알았어요?"라고 대답하였다. 그러나 그렇게 묻는 사람들의 태도가 나를 비하하는 것이 아니었기 때문에, 나는 집으로 돌아오면서 신앙이 좋은 사람들이 반드시 사회적으로 순응하거나 맞서야 할 필요는 없다는 생각을 하곤 하였다.

나중에 스탠퍼드대학교에 입학하면서 종교학을 전공하였다. 스탠퍼드가 기독교적 분위기를 갖고 있었기 때문에 그런 것은 아니었다. 나는 아주 세속적인 차원에서 비교종교학을 공부하였다. 그런데 기독교뿐 아니라 다른 종교들을 공부하면서 커다란 재미를 느꼈다. 기독교 신학을 공부하면서 비로소 성서신학, 역사신학, 조직신학 등의 분야가 있다는 것을 알게 되었다. 분명히 나는 신학적으로 성서적이고 정통적인 기초에 확실하게 서 있다고 생각하지만, 기독교의 다양한 관점들을 여전히 이해하고 감사하고 있다.

지난 20년 동안, 그리스도인들이 다른 사람들의 믿음과 가치, 실천을 이해하려고 시간과 노력을 기울이지 않는 모습이 많이 안타까웠다. 그들이 무관심한 이유 중 하나는 정보가 없기 때문이라고 생각한다. 무지의 어원은 "알지 못한다"는 것인데, 너무나 많은 그리스도인들이 의도적으로 다른 종교의 신앙과 가치, 실천을 알려고 하지 않고, 심지어 기독교 안에 있는 다른 교파와 교인들에 대해서도 그러하다. 이러한 태도는 다르다고 생각하는 사람들이 자신들을 판단하고 부적절하게 대하는 것을 견디지 못하게 한다. 분명히 성경과 정통주의 신앙에서 거리를 두는 그리스도인들도 있다. 그러나 많은 그리스도인들은 자신과 다르다면 그 사람들이 잘못되었다고 쉽게 판단하고, 심지어 사탄이라고 정죄하기까지 한다. 비그리스도인들이 그리스도인들과 교회를 비판하는 이유가 지나치게 독선적이고, 사랑이 없고, 위선적이라고 하는 것도 놀라운 일이 아니다. 사실 자주 들어온 이야기 아닌가? 과연 그리스도인들은 대상을 몰아놓고 공격하는 것을 좋아하는 것일까?

웨슬리와 칼빈은 교회의 본질과 사명에 대하여 깊은 관심을 가지고 있었다. 두 사람은 교회를 위하여 일생을 바쳤다고 해도 과언이 아니다. 당시 유럽의 그리스도인들이 여전히 종교개혁으로 인한 싸움을 계속하고 있었기 때문에 칼빈은 신중하게 움직여야 했다. 심지어 제네바에서도 시정부의 보호를 받아야 했다. 신변의 안전과 신앙의 자유가 불안정했기 때문이다. 로마 가톨릭교회의 분열로 인하여 사회와 정치, 경제에 걸친 모든 분야에서 시민들의 생활은 혼란이 가중되었다. 칼빈은 다른 개혁자들과 함께 수백 년 동안 계속된 가톨릭교회의 지배력을 대체하는 개신교회 체제를 튼튼하게 만들어야 하는 중대한 임무를 받았다. 자칫 잘못하면, 교회 차원의 실패가 아니라 대규모 살육이 일어날 수 있는 상황이었다. 칼빈은 사람들의 영적 필요뿐 아니라 사회적·정치적·경제적 필요에 대하여 능숙하게 대처하였다. 그 결과 칼빈은 교회와 시민사회의 지도력을 적절하게 결합하여 제네바를 하나로 묶어냈고, 종교개혁에 대한 저항을 이겨낼 수 있었다.

웨슬리는 종교개혁이 일어난 지 200년이 지난 18세기 영국에서 살았다. 그러나 17세기에 일어난 내전과 교회 분열(국교도와 청교도의 분열: 역주)이 남긴 영향은 대영제국 전역에 남아 있었고, 교회와 시민 권력의 합의로 확립된 권위에 반하는 신앙과 가치, 예식을 택한 사람들은 위험에 노출되어 있었다. 그러한 긴장은 식민지에서 일어나는 정부와 교회의 갈등으로 더욱 고조되었는데, 예를 들어 18세기 독립전쟁을 일으킨 식민지 북아메리카에서는 교회적으로뿐 아니라 군사적인 충돌도 발생하였다.

교회의
본질

칼빈은 루터와 함께 개신교회의 교회론 정립에 크게 기여하였다. 두 사람이 몇백 년 동안 교회의 권위와 전통에 맞서 싸웠기 때문에 그들은 프로테스탄트교회와 로마 가톨릭교회의 차이를 분명하게 드러낼 수 있는 풍부한 근거들을 축적할 수 있었다. 물론 루터와 칼빈은 각자의 토대를 가지고 있었지만, 무엇보다 성경에 근거하여 교회의 본질을 이해하려고 노력하였다. 그에 더하여, 두 사람은 자신들이 교회에 대해 역사적으로 확립된 신조에 충실하다고 자부하였다. 예를 들어 니케아 신조에서 고백하는 네 가지 표지들, 하나의 거룩하고 보편적이며 사도적인 교회를 확인하였다. 그들은 예수 그리스도가 하나의 교회를 세우셨다는 것을 인정하였다. 그러나 참된 교회는 가톨릭교회와 같이 가시적으로 존재하는 하나의, 단일한 기관이 아니라 비가시적인 공동체라고 보았다. 칼빈과 루터는 예수의 대속의 사역으로 교회가 거룩한 모임이라는 점에 동의하였다. 예수의 대속으로 참된 신자들, 즉 택함을 받은 사람들에게 하나님의 의가 주어졌다는 것이다. 두 사람은 교회가 보편적으로, 택함을 받은 사람들의 국적과 인종, 언어와 여타의 문화적 차이와 상관없이 받아들인다는 입장을 공유하였다. 마지막으로 칼빈과 루터는 교회의 사도적 본질에 동의하였다. 그들은 가톨릭교회가 이해한 것처럼 중단 없이 이어져온 교회 안의 성직계급이 사도성이 아니라, 성경에 기록된 사도들의 설교와 교훈에 충실하게 따르는 것이 사도성이라고 이해하였다.

칼빈은『기독교 강요』에서 프로테스탄트 교회론을 정립하기 위하여 많은 노력을 기울였다. 그는 이미 독일의 루터와 스위스의 츠빙글리, 부서, 파렐과 같은 종교개혁 지도자들이 정립한 종교개혁 전통을 이어받았다. 그는 종교개혁 신학의 풍부한 유산을 물려받았지만, 그 유산들을 통합하여 개혁교회의 영향력을 확장시키는 일에 더 많은 노력을 기울였다.

칼빈은 하나님이 어떻게 예수를 머리로 하여 교회를 세우셨는지 기술하였다.『기독교 강요』4권은, 하나님이 우리를 그리스도의 모임에 초대하고 그 안에 거하게 하는 다양한 "외적 수단들 혹은 도우심들" 가운데 가장 위대한 예를 보여준다고 말하고 있다.[1] 이 "수단들 혹은 도우심들"에는 설교와 교훈, 올바른 성례전의 집례와 신앙 훈련이 포함되어 있다. 칼빈은 교회에 대한 개신교회의 전통적인 정의를 기술하였다. "우리는 하나님의 말씀이 순전하게 선포되고 들려지며, 그리스도가 제정하신 바에 따라 성례전이 집례되는 곳이면 어디나 하나님의 교회가 존재한다는 사실을 의심하지 않는다(참조. 엡 2:20).[2] 따라서 교회를 구별하는 두 가지 표지는, 첫째, "하나님의 말씀(성경)"이 순전하게 선포되고, 둘째, 예수님이 제정하신 것으로 믿는 성례전이 올바르게 집례되는 것이다.

칼빈은 그리스도인들의 생활에서 교회가 기본적인 요소라고 인정하였다. 물론 교회는 언약의 공동체지만, 순전히 택함을 받은 사람들만의 모임은 아니다. 회중은 세례를 받을 수 있지만, 그렇다고 모두 택함을 받았다는 보장은 아니다. 그러므로 유아세례는 구원의 증거로 인정되지 않았다. 알다시피 칼빈은 교회에 참여하는 것이, 구원의 필수적 조건이 되는 예수 그리스도와 연합하는 전형적인 방법이라고 믿었다.

참된 교회, 즉 택함받은 사람들 밖에는 구원이 없다. 그래서 교회에 소속하

---

1   Calvin, *Institutes*, IV. (2.1011).
2   Ibid., IV.i.9 (2.1023).

지 않는 것은 영적으로 "비참한" 상태가 된다. 칼빈은 말했다. "아버지로서 베풀시는 하나님의 사랑과 영적인 삶의 특별한 증언은 (하나님의) 양떼들을 대상으로 하기 때문에 교회를 떠나는 것은 항상 비참합니다."[3] 물론 교회가 가시적인 측면보다 비가시적인 측면이 많다는 것을 생각하면, 그 안에서 택함을 받은 사람들이 누구인지 분명하게 구분할 수 없다. 보이는 교회에 다니는 사람들은 참된 신자일 수도, 아닐 수도 있다. 그러나 자비로운 심판을 생각하면, 택함을 받은 이들은 모두 교회에 속해 있을 것이다.

칼빈이 교회의 유익을 위하여 헌신한 것은 분명하다. 칼빈은 『기독교 강요』 서문에서 이렇게 말했다. "교회의 인도자 직을 맡은 이래, 나는 교회의 유익함 외에 다른 목적을 가진 적이 전혀 없었다."[4] 그리고 교회는 신자들에게 유익하다. 교회는 영적인 양분을 지속적으로 제공하여 그들의 성장을 돕는다. 칼빈은 이렇게 말했다.

> 우리는 당신의 모든 것을 한순간에 완전하게 하실 수 있는 하나님이, 그럼에도 불구하고 교회의 가르침을 통하여 사람들이 성장하기를 얼마나 열망하는지 보고 있습니다. 그 일을 위하여 준비하신 길을 보고 있습니다. 하늘의 교리를 전하는 일이 목회자들에게 사명으로 주어졌습니다. 우리는 모든 사람이 동일한 법도에 따라 나아가, 친절하게 가르치는 영의 도움을 받으면서 교회의 가르치는 기능을 위하여 임명된 교사들의 가르침을 수용하는 것을 봅니다.[5]

그리스도인들은 친절과 교육, 능력과 순종을 통하여 마땅히 살아야 할 삶을 산다. 외적으로 나타나는 행동은 성화를 돕기 위한 것이 아니다. 영적 성화를

---

3   Ibid., IV.i.4 (2.1016).

4   Ibid., "John Calvin to the Reader" (1.4).

5   Ibid., IV.i.5 (2.1017).

이루는 것은 하나님의 영역에 속해 있다. 칼빈은 말한다. "하나님의 능력은 외적 수단에 국한되지 않습니다. 그럼에도 불구하고 하나님은 교육이라는 일상적 방식으로 우리를 묶어주셨습니다. 교회를 통하여 교육받는 것을 거부한 열광적인 사람들은 생명을 위태롭게 하는 덫에 걸려들었습니다."[6] 칼빈은 로마 가톨릭교회와 재세례파를 신학적으로 교회를 잘못 이해하는 열광주의 신앙이라고 보았다.

칼빈은 참된 교회를 정의하는 동시에 잘못된 교회도 정의하였다. 앞에서 설명한 교회의 표지(즉 말씀의 선포와 올바른 성례전의 집례)를 드러내야 한다는 점에서 로마 가톨릭교회는 실패하였다. 그것은 칼빈이 종말론적 위기감으로 얘기한 "적그리스도의 준동"을 보여주는 것이었다.[7] 그는 특별히 교황을 가리켜 "적그리스도"라고 고발하였다.[8] 칼빈은 가톨릭교회의 설교가 순수하게 성경의 가르침을 전하지 않으며, 예수 그리스도가 제정한 성례전의 본질을 왜곡했다고 주장하였다. 이러한 교리적 잘못들과 함께 개신교회와 가톨릭교회의 분열을 불러온 종교개혁자들의 "저항"을 불러일으키기에 충분한 요인들이 더해졌다. 물론 교회가 전형적으로 보여준 잘못된 행태는 교회 권력의 교회적·법적 남용이었는데, 특별히 교황권에 의해 자행되었다. 칼빈은 교황권이 과거부터 현재까지 신자들의 자유를 억압하고, 교회의 교리를 오염시키며, 백성들을 가혹하게 다스리고 학살하면서 교회와 시민사회를 기만하고 있다고 고발하였다.[9] 칼빈은 그리스도인들의 일치가 필요하다고 보면서, 교회의 참된 표지를 보여주는 신실한 가톨릭교회들이 적지 않은 것을 인정했지만, 전체적으로 볼 때 가톨릭교회에서 분리하는 것이 성경적으로나 도덕적으로 올바른 길

6   Ibid., IV.i.5 (2.1018).
7   Ibid., IV.iii.11 (1052).
8   Ibid., IV.vii.20 (2.1139).
9   Ibid., IV.ii-xi (2.1041-229).

이라고 주장하였다.

칼빈은 개신교회의 정통성을 지키는 논쟁에 깊이 뛰어들었다. 특별히 개혁교회 전통이 성경적 기독교를 바르게 증거한다고 변증하였다. 그는 선구적인 개신교회 개혁자들 사이에서 교리적인 일치가 가능하다고 생각하였다. 칼빈은 멜란히톤이 "*Variata*("수정, 개정"이라는 뜻을 가진 이탈리아어: 역주)"라는 제목을 단 루터교회의 아우크스부르크 신앙고백 수정판에 서명하였다. 그에 따라 "참된 교회가 진리의 기둥과 터(딤전 3:15)"라면, 교회는 다른 사람들, 특히 이단을 조장하고, 책망과 파문과 징계를 받아야 하는 소위 교회들에게서 자신의 신앙과 가치, 실천 방식을 지켜내야 한다. 칼빈은 가톨릭교인들이 재세례파와 다른 이단에 속한 사람들처럼 기본적으로 개혁자들에게 반대하고, 구체적으로 종교개혁 신학에 동의하지 않았기 때문에, 개인적, 집단적 차원에서 다시 훈련받아야 한다고 보았다. 칼빈은 그 반대자들을 논박하고 맹렬하게 비난하였다.

권위적
교회론

칼빈의 교회론은 "권위적"이라고 알려져 있다. 그렇게 보는 이유는, 어느 정도는, 종교개혁을 이끌었던 루터와 초기 종교개혁자들의 지도력과 권위에 버금가는 칼빈의 명성 때문이라고 할 수 있다. 종교개혁자들의 지도력은 로마 가톨릭교회의 권위를 대체했지만 적어도 가톨릭교회의 교권을 연상시킨다는 점에서 "권위적 종교개혁"으로 불리기도 한다.

권위적이라는 말이 가진 또 다른 의미는, 칼빈이 정교하게 발전시킨 교회와 정부—교회의 치리권과 정부의 권력—의 협력 관계에 연관되어 있다. 칼빈의 후예들 중에는 이 협력이 "칼빈의 시대"에 가능했던 고전적인 잘못이기 때문에 칼빈과 종교개혁자들의 책임이 아니라고 보기도 한다.[10] 그러나 칼빈은 로마 가톨릭교회의 권위주의 통치에 맞서 교황의 독점적인 권력에 저항한 사람이 아니었던가? 그는 가톨릭교회 지도자들보다 친절하고 다정한 지도자가 아니었는가?

교회와 국가의 관계를 정확하게 설정하는 문제는 칼빈의 후예들 간에도 지속적으로 논란이 되고 있다. 칼빈이 초기에는 교회와 제네바 시 정부의 관계를 밀접하게 하는 방향으로 추진했지만 후에는 교회와 국가를 분명하게 구분했다고 주장하는 이들도 있다. 예를 들어 칼빈은『기독교 강요』마지막 판에서 폭력의 사용을 부추기고 강조하는 국가 권력으로부터 파문하는 권력을 가진 교회가 분리되어야 한다고 분명하게 선언하였다. 그리고 교회를 대신하여 국가가 규범을 지키도록 해야 한다는 점을 계속 주장하였다.[11] 따라서 칼빈은 교회가 정죄와 파문의 권한을 갖고, 세속 권력은 추방, 처벌, 처형할 수 있는 권리와 책임을 인정하였다.

칼빈이 교회와 국가의 협력을 강력하게 주장한 것은 의심할 바 없이 논쟁거리가 될 것이다. 그러나 칼빈이 교회와 국가의 협력을 지지하고 활용했다는 것은 부인할 수 없는 역사적 사실이다. 더욱이 칼빈의 후예들은 교회의 신앙과 가치, 실천을 실행하기 위하여 스승이 한 것같이 정치와 경제, 그 밖에 다른 세속적인 수단들을 강압적으로 사용하였다. 그러한 권위적인 주체와 권력이 사용된 증거들은 칼빈의 사후 백여 년 동안 기록된 개혁교회 신앙고백에서 쉽게 발견할 수 있다.

칼빈은 제네바에서 교회 지도자로 활동하면서 시위원회(혹은 대표자 협의회)

---

10   Calvin, "To Farel," CCCXXXI, Works, 5.436.n.2. 칼빈은 윌리엄 파렐에게 보낸 편지에서 마이클 세르베투스를 교회법과 세속법으로 처형한 사실을 설명하였다.

11   Calvin, "The Discipline of the Church: It's Chief Use in Censures and Excommunication," *Institutes*, IV.xii (2.1229-54).

에 참여하였다. 이 협의회는 목회자와 원로들과 관리들로 조직되어, 교회 재판위원회의 역할을 담당하였다. 재판위원회는 교회의 재판과 규정을 적용하면서 제네바 시민들의 신학적·윤리적 활동을 재판하는 권한을 가지고 있었다. 초기에 이 협의회는 제네바 시민들을 살리고 죽일 수 있는 권한까지 갖고 있었다. 그러나 시간이 지나면서 사람들을 추방하고, 징벌하고, 처형할 수 있는 권한은 정부에만 주어졌다. 그럼에도 불구하고 제네바 당국은 협의회가 재판과 규율을 정하도록 운영하였다.

칼빈의 권위적 리더십은 효과도 있고 이점도 있었다. 한편으로 칼빈은 루터, 츠빙글리, 파렐, 멜란히톤과 함께 초기의 개혁자들을 대표했다. 그에 따라 개신교회가 지향하는 것을 선포할 수 있는 권리를 가졌고, 필요에 따라 그 내용을 강력하게 밀어붙이기도 하였다. 반면에 칼빈의 권위적인 지도력은 교회와 시민사회를 함께 지배할 수 있는 통치력을 포함하고 있었다. 칼빈은 루터와 유사하게, 하나님이 두 개의 정부를 세우셨다고 보았다. 첫째는, 영적이고 영원한 정부이며, 교회는 대부분 이 정부의 영역에 관심한다. 둘째는, 세속적인 지상의 정부이다. 이 정부는 시민사회와 그리스도인들의 생활에 법률적 영역과 함께 윤리적 영역에서 지배력을 가지고 있다. 『기독교 강요』 제4권에 칼빈이 정리한 조항들을 보자. "4. 통치자는 하나님이 안수하셨다." "7. 통치자의 억압적 특성은 공개적으로 받아들인다." "10. 통치자는 경건을 지키면서 자신의 권한을 행사할 수 있다."[12]

교회와 국가의 완전한 분리를 강조하는 칼빈의 후예들은 교회와 세속 정부의 협력을 강조한 칼빈의 입장이 성경에 근거한 불변의 가르침이 아니라 당시의 역사적 상황을 반영한 것으로 보았다. 그들은 칼빈이 현대를 살았다면 16세기처럼 두 개의 정부를 혼합하지 않았을 것이라고 주장하였다. 사람들은 모두

---

12   Calvin, *Institutes*, IV.iv, vii, x (2.1489-90, 1492-93, 1497-99).

자신이 속한 구체적인 시간과 장소에서 살아간다. 우리는 칼빈이 행한 신학적 개혁들이 그 시대를 앞서갔다고 찬양할 수 없으며, 당시의 교회와 시민사회와 관련된 문제들과 관련하여 당대의 산물이었다고 변명할 수 없다. 결국 칼빈은 교회와 국가의 분리를 거부함으로 당대의 추종자들뿐만 아니라 개혁주의 전통에서 그를 따르는 사람들에게 광범위한 영향을 미쳤다.

칼빈은 신정주의 전통을 세웠는데, 정치 지도자들이 이끄는 정부는 하나님이 교회와 세상에서 택한 대표들(혹은 권위)로서 하나님이 인도하는 정부는 권위를 가지고 사회와 교회를 바르게 다스린다는 관점이다. 신정주의라는 표현을 폐기해야 할 용어로 생각할 수 있지만, 칼빈은 기독교의 정치개입이 합법적이고 중요한 일이라고 확신하였다. 교회와 국가는 분명히 다른 영역과 사명을 가지고 있지만, 분리적인 관계가 아니라 보완하는 관계이다. 결과적으로 사람들은 칼빈과 같은 교회 지도자들이 사회 문제에 대하여 정부에 조언하는 역할을 기대하게 되었다.

칼빈이 제네바에서 활동하는 동안, 시 정부와의 관계는 미묘했다. 처음 제네바에 왔을 때, 그는 그 도시에서 가장 낮은 신분의 프랑스 이민자였다. 시간이 지나면서 교회와 정부의 감독을 받았지만, 그는 시민권을 받고 고위 관리가 되었다. 그는 교회적인 문제와 일반 법률적인 문제들에 대하여 직접 재판하는 위치는 아니었으며, 사회를 다스리는 권한은 교황이나 왕이 아닌 국가에 있다고 믿고 있었다. 그는 제네바 정부의 통치권을 적극 지지하였다. 칼빈이 제네바에서 행한 역할을 보면서 좋은 믿음을 가진 경건한 사람이 통치자가 된다면 신정주의는 선한 것이라고 주장할 수 있을 것이다. 칼빈은 반대의 경우, 경건하지 않은 악한 지도자가 신정주의를 이끌 수 있다고 주장하였는데, 이는 신성로마제국과 결탁하여 권력을 휘두른 로마 가톨릭교회에 대한 비판이었다.

제네바 시절, 칼빈은 시 협의회의 결정에 따라 통치자에게 교회법을 강제할 수 있는 권한이 있다고 주장하였다. 그러한 규율이 교회 생활에 기본적이라고 생각하였다. 그는 이렇게 말했다. "현실적으로 식구가 적은 가정이라도 규율을 지키지 않으면 행복하게 살 수 없는 것처럼, 교회는 가능한 한 최선의 질서가 있어야 합니다."[13] 교회 생활에 규율이 필요한 주된 이유는 신학적 오류들과 파문, 또는 최소한 교회법의 남용을 방지하기 위해서였다. 칼빈은 교회뿐 아니라 사회적으로도 강력한 규율이 있어야 한다고 생각하였다. 물론 이런 믿음을 가진 사람이 칼빈만은 아니다. 교회사를 볼 때, 그리스도인들은 교회와 권력의 통합을 반복해 왔다. 그러한 믿음이 성경적이고 참된 것으로 인정되기도 하였다. 그 결과, 교회법의 엄격한 시행을 위하여 사회법과 권력 차원의 지원이 수반되었다. 권력자들은 세금을 징수하고, 국방을 유지하는 일반적인 책임과 함께 교회법에 저항하는 이들을 징벌하는 일까지 하였다.

사회법을 통해 교회법을 강제하는 것이 통상적이었고, 사람들의 생활을 감독하였다. 제네바에서는 예배 참석이 의무였고 불참시에 벌금이 부과되었다. 정부는 간음이나 신성모독 같은 분명한 범죄들뿐 아니라 사람들의 복장이나 언행에도 도덕적인 기준을 넘어가지 않도록 감시하는 관리들을 임명하였다. 사소하게 보이는 잘못들에 대해서도 당국은 공개 비난과 파문, 추방의 징벌을 내릴 수 있었고, 심지어 사형을 선고할 수도 있었다. 특별히 마법을 부리는 사람은 간음이나 이단에 빠진 사람들과 함께 최고 수위의 징벌을 받아 교수형이나 화형을 당하였다.

칼빈이 교회법과 사회법에 의거하여 가장 가혹한 처벌을 지지한 것이 가장 많은 비판을 받고 있다는 사실은 의심의 여지가 없다. 칼빈 당시로 돌아가서, 칼빈 활동 이전에 신앙과 실천의 문제로 사형당한 사람들의 경우를 보자. 칼빈보다 먼저 스위스의 종교개혁을 이끌었던 츠빙글리는 여러 종파들 가운데 재세례파를 박해하였다. 교파적 차별성이 때로 정치·경제·군사적 의미를 갖

13   Ibid., IV.xii. 1 (2.1229-30).

는다는 사실을 기억해야 한다. 예를 들어 군인을 선발할 때, 징집대상자의 시민권은 유아세례를 받으면서 확인되었다. 그런데 재세례파가 유아세례를 거부하자, 거기에는 교리적인 차이와 함께 정치·경제·군사적인 혼란이 발생하게 되었다.

교회와 국가에 저항하는 사람들에게 집행하는 가장 고통스러운 사형 방식은 익사시키거나, 목을 베거나, 불에 태우는 화형이었다. 칼빈은 도덕적인 태만이나 이단에 빠졌다는 죄목으로 수백 명의 사람들을 추방, 사형하는 판결에 동의하고, 처벌하였다.[14] 그러나 역사학자들 간에는 신학적으로 이단으로 판정된 사람들의 이단성의 정도와 심각성에서, 적어도 가장 심각한 형태와 관련하여 인정하지 못하는 부분이 있다.[15] 칼빈이 관여한 처형 가운데, 이단으로 몰려 사형당한 사람은 미카엘 세르베투스 한 사람뿐이라고 주장하는 이들도 있다. 그러나 학자들은 사형을 포함하여 제네바 시가 집행한 다른 처벌들은 제네바의 권위에 신학적으로 도전한 사람들에게 가해졌다고 보고 있다.

가장 악명 높은 처형(혹은 관점에 따라 순교)은 스페인 출신인 세르베투스의 처형이었다. 세르베투스는 삼위일체를 부정하고 유아세례를 반대하는 이단 사상을 갖고 있다는 혐의를 받았다. 세르베투스는 제네바 시민이 아니었는데, 제네바를 방문하였다가 체포되어 협의회의 재판을 통해 이단으로 판정되어 화형을 당했다. 칼빈은 세르베투스를 신학적으로 비난하는 소책자를 펴냈고, 화형보다 덜 잔인한 방법으로 사형을 집행해 줄 것을 요청하였지만, 결국 사형을 용인하였다.[16] 1561년 칼빈은 나바라(프랑스 서남부와 스페인 북부에 걸쳐 있던 왕국: 역주) 왕의 신하 몽셰누어 두포에게 보낸 서신에서, 신학적 이견을 확

---

14 참조. chapter XII, "Geneva under Calvin's Sway," John T. McNeill, *The History and Character of Calvinism* (New York: Oxford University Press, 1954), 178~200.

15 참조. Alister E. McGrath, *A Life of John Calvin: A Study in the Shaping of Western Culture* (Malden, MA: Blackwell, 1990), 116.

16 Calvin, letters "To Farel," CCCXXII, *Works*, 5.417, "To Farel," CCCXXXI, *Works*, 5.436.

실하게 억압해야 한다고 주장하면서 세르베투스의 처형이 본보기가 될 것이라고 적었다.

> 무엇보다 우리에게 반대하여 목소리를 높이고, 우리의 믿음을 오염시키며, 우리의 믿음을 망상으로 폄하하려는 모든 악한 무리를 이 나라에서 쫓아내는 일은 반드시 성공해야 합니다. 제가 이곳에서 스페인 출신의 미카엘 세르베투스를 처형한 것처럼, 그러한 괴물들은 모두 압사시켜야 합니다. 세르베투스와 같은 생각을 받아들이는 사람이 다시 나타나는 것은 상상하지 않아도 됩니다.[17]

칼빈이 언급한 "악한 무리"에는 로마 가톨릭교회와 재세례파 그리고 성경적 기독교가 동의하지 않는 다른 그리스도인들이 포함되어 있다. 이러한 갈등에서 나타난 칼빈의 과도한 열심은 종교개혁에 참여했다가 변절자로 판정된 옛 동료들을 세속 권력을 사용하여 가혹하게 처형함으로 잘 알려졌다. 실례로, 루터는 제네바에서 칼빈이 행한 일들에 대하여 이렇게 평했다. "그들은 모든 논쟁을 사형 선고로 해결하였다."[18]

칼빈이 당시의 억압적이고 폭력적인 영향을 넘치게 받았다고 주장하는 사람도 있지만, 이후에도 칼빈이 행한 일들과 유사한 일들은 곧 사라지지 않았다. 칼빈의 후예들은 교회와 세속 권력의 협력을 계속 요청하였다. 예를 들어 벨기에 신조(1618)는 프로테스탄트교회의 세 번째 표지로 "규율"을 강조했고, 웨스트민스터 신조(1646)는 "세속 권력"의 권위와 관련하여 다음과 같이 확인하고 있다.

---

17 Calvin, letter "To Monseigneur, Monseigneur du Poet, Grand Chamberlain of Navarre and Governor of the Town of Montelimart, at Crest," XVII, *Works*, 7.440.

18 Martin Luther, Juergan L. Neve, *A history of Christian Thought*, vol.1 (Philadelphia: The Muhlenberg Press, 1946), 285에서 재인용.

세속 권력은 말씀과 성례들의 집행이나 하늘나라의 열쇠들의 권세를 자기 것으로 생각해서는 안 된다. 그가 가지고 있는 권위와 의무는 다음과 같다. 교회 안에서 일치와 평화를 보존하고, 하나님의 진리를 순수하고 완전하게 지키며, 모든 신성모독적인 일과 이단들을 제압하고, 예배와 징계에 있어서 모든 부패와 남용을 방지하거나 개혁하고, 하나님의 모든 규례들을 바르게 설정하고, 집행하고, 준수하게 하는 것이다.[19]

칼빈은 규율을 강화하기 위하여 교회 차원의 지원과 더불어 국가 권력을 동원하는 엄격한 규율을 가진 교회의 선례를 만들었다. 사실 여기에는 윤리적 범죄에 대한 징계뿐 아니라 신학적 이견에 대한 가혹한 억압까지 포함되었다.

우리는 분명하게 "범사에 기한이 있고 천하 만사가 다 때가 있나니(전 3:1)"라는 말씀이 맞다고 주장할 수 있다. 그리고 칼빈의 사명이 마침내 다른 개혁자들과 함께 로마 가톨릭교회의 권위를 무너뜨리고, 나아가 신성로마제국까지 뒤집는 성취를 이루었다고 말할 수 있다. 그러나 16세기의 자유주의적 저항과 변증, 논쟁들이 없었다면, 루터와 칼빈 같은 개혁자들이 프로테스탄트교회를 세울 수 있었겠는가? 아니면 목숨을 걸고 지켰던 개혁자들의 신념과 가치가 그들의 영웅적인 지도력에 의하여 성취되었다고 순진하게 평가할 수 있겠는가?

오늘의 그리스도인들은 문자 그대로 종교재판에 의한 처형을 의식하지 않는다. 그러나 칼빈이 개혁신학에 동의하지 않는 사람들에게 행한 권위적인 방식은 결과적으로 단순한 동의의 문제가 아니었다. 칼빈은 교회와 사회에서 그리스도인들의 신앙과 가치, 실천을 발전시키고 기독교를 수호하기 위하여, 동원할 수 있는 모든 정치·경제·문화적 권력의 사용을 지지하였다. 칼빈은 교회의

---

19 The Westminster Confession of Faith, 1647, chap. 23. "Of the Civil Magistrate," in *Creek and Confessions of the Reformation Era*, ed. Jaroslav Pelikan and Valerie Hotchkiss (New York: Yale University Press, 2003), 636.

성경적 순수성을 지키고, 교회와 사회에서 공히 그러한 순수한 신앙을 강화할 수 있는 유용한 방법들이, 논쟁적이고 정치적이고, 억압적이고 법적인 차원일지라도, 사용하는 것이 교회의 책임이라고 믿었다.

칼빈은 자신이 종교개혁에서 대부분 동의하고 지도력을 인정했던 루터와 멜란히톤 같은 이들에 대해서는 상당히 공감한 것으로 보인다. 그러나 자신의 개혁 노선을 따르지 않거나, 정치·경제·교회적으로 영향력이 없는 사람들에게는 인내와 자비의 모습을 보여주지 않았다. 칼빈이 교회의 권위를 정치·경제·문화 권력과 결합하여 사용한 방식은 후대의 칼빈주의자들이 따라가는 모델이 되었다. 그들은 법정 최고형인 사형에 의지하지 않았지만, 개혁주의 신앙이 이해하는 성경적 기독교 사상을 발전시키기 위하여 교회와 국가를 통한 효과적이고 강압적인 방식의 억압이 신학적으로 정당하고 선한 일이라고 믿었다.

신실한 믿음과
신실한 생활

웨슬리는 교회의 본질에 대하여 칼빈의 주장에 많은 부분 동의하였다. 웨슬리는 "교회에 관하여"라는 설교에서 아우크스부르크 신앙고백을 반영한 영국성공회 39개조 신앙고백(1563)을 확인하였다. 웨슬리는 이렇게 말했다.

> 이 조항은 우리 교회의 열아홉 번째 조항과 정확하게 일치합니다. 영국교회의 이 조항이 유일하게 사도들의 고백보다 조금 더 많은 것을 포함하고 있습니다.

> 교회에 관하여
> 그리스도의 가시적 교회는 신실한 신자들의 모임이며,
> 순수한 하나님의 말씀이 선포되고,

성례전을 올바르게 집례하는 곳이다.

동시에 우리의 39개조 신앙고백을 정리하였고, 우리 교회는 이 신앙고백을 라틴어로 번역하여 출판하였습니다. 이 신앙고백에서 라틴어 단어 coetus credentium을 "신자들의 모임"으로 쉽게 풀어 썼고, 편집자들은 "살아있는 신앙"이라는 의미를 부여하는 "신실한 사람들"로 번역하였습니다. 이러한 표현으로 우리는 사도들의 고백에 더욱 가까운 의미를 이 조항에 담게 되었습니다.[20]

마치 칼빈이 아우크스부르크 신앙고백 원문을 읽고 멜란히톤에게 바리아타를 통하여 검증을 요청했던 것처럼, 웨슬리는 교회에 대한 자신의 해설을 검증하였다. 웨슬리는 생애와 사역을 통하여 교회는 신자들의 모임 이상이며, 신실한 사람들 이상이 되어야 한다고 강조하였다. 또한 "생활 신앙"을 보여주어야 한다고 믿었다. 그리스도인들은 올바른 믿음(또는 정통신앙)을 보여주는 것만으로 충분하지 않고, 올바른 마음(혹은 정심)과 올바른 실천(정행)을 보여야 한다. 웨슬리의 관점에서, (다른 종교인들과 마찬가지로) 악마는 "정통신앙이나 올바른 의견"을 주장할 수 있다. 그러나 "진정한 신앙을 갖는 일에는 모든 면에서 대단히 이상한 모습을 보이게 된다."[21] 신실한 사람들과 신실한 생활은 모두 진실한 신앙인들이 교회를 구성하는 요소이다. 하나님의 택하심을 포함하여 선행은총의 관점에서 구원을 이해하는 것이 올바른 관점이지만, 여기에는 하나님과 이웃을 사랑하는 것이 포함된다. 이는 기독교를 교리적으로 이해하는 것을 넘어 관계의 차원에서 보는 것이다.

웨슬리의 교회론은 칼빈보다 교리적이고 논쟁적인 부분이 덜하다. 웨슬리는 교리적이고 신학적인 주제들에 대하여 이성적으로 동의할 수 있는 사람은 없

---

20   Wesley, "Of the Church," §16, sermon 74, *Works*, 3.51.
21   Wesley, "The Way to the Kingdom," I.6, *Works*, 1.220-21.

다고 보았다. 모든 사람이 똑같은 생각을 가져야 한다는 발상은 사람들을 교회에 대한 한 가지 특정한 관점 밖으로 배척하는 위험성을 증가시킬 수 있다. 성경과 역사적 기독교에 반하는 신앙을 가르치는 일을 무시할 수 없고, 웨슬리는 그러한 논쟁에서 정당하게 자신의 책임을 감당하였다. 그러나 모든 사람이 동일한 방식으로 성경을 해석하지 않으며, 교회사에 나타난 교리와 예배, 교회 생활의 발전에 대해서도 모두 동일하게 이해하지 않는다. 그리스도인들과 교회들 그리고 신생 교파들 간의 관계에서 경직된 자세보다는 보다 큰 유연성이 필요하다. 때문에 교회에 대한 정의와 관련하여 웨슬리는 이렇게 말하고 있다.

> 나는 이 정의의 정확성을 변호하는 일을 맡은 것은 아닙니다. 나는 "하나님의 순수한 말씀"으로 확인할 수 없는 비성서적인 교리들을 때때로, 아니 자주 배우고 있다는 이유로 모든 가톨릭교회 신자들을 배제하지 않습니다. 성례전을 "올바르게 집례하지" 않는 교회에 속한 모든 신자들도 배제하지 않습니다. 그렇다면 로마 교회는 보편적인(catholic) 교회가 아닌 것이 분명합니다. 그 교회에서 "하나님의 순수한 말씀"이 선포되지 않고, 성례전도 "올바르게 집례하지" 않는 것을 보고 있습니다. 누구든지 "한 성령, 한 소망, 한 주님, 한 믿음, 한 하나님과 만유의 아버지"를 가진 사람들이라면, 나는 그들의 생각이 잘못되고, 미신적으로 예배한다 하더라도 기꺼이 견딜 수 있습니다. 이 문제에 관해서 나는 가톨릭교회 울타리 안에 있는 이들을 끌어안는 데 망설이지 않을 것입니다. 그들이 원한다면, 그들이 영국교회 신자가 되는 것에 나는 어떠한 반대도 표하지 않을 것입니다.[22]

웨슬리는 평생 성공회에 충성하였다. 다른 교파 그리스도인들과 대립하기보다 일치를 이루는 사제가 되기를 원했다. 성공회 지도자들과 일정한 긴장이 있

---

22 Wesley, "Of the Church," §16, sermon 74, *Works*, 3.52.

던 것은 분명하지만 성공회를 떠나게 하는 긴장이 아니라 그 안에 소속되어 있는 동안 지속적으로 발생하는 긴장이었다. 신생 북아메리카에서 이루어진 감리교회의 성립은 원대한 구상의 결과라기보다 필요성의 결과라는 측면이 강하다. 독립전쟁 기간에 미국에서 성공회 사제들이 철수하면서 사람들의 영적이고 교회적 필요에 지속적으로 응답해야 하는 선택들이 주어졌다.

웨슬리는 평화를 지향하는 사람이었다. 그는 다른 그리스도인들과 협력할 수 있는 방법을 모색하였는데, 특히 목회에서의 일치를 추구하였다. 그의 평화주의는 비국교도인 재세례파, 형제회(퀘이커), 초기의 오순절주의자들과 함께 로마 가톨릭교회에까지 확장되었다. 마침내 성공회는 칼빈이나 유럽의 다른 종교개혁자들과 마찬가지로 가톨릭교회를 박차고 나왔다. 그리고 영국에는 개신교회와 가톨릭교회 사이에 긴장이 남아 있었다. 그러나 웨슬리는 가톨릭교회와 교류하고 협력할 수 있는 가능성이 사라졌다고 생각하지 않았다. 오히려 웨슬리는 공개적으로 쓴 "로마 가톨릭교회에 보내는 서신"에서 이렇게 쓰고 있다.

오, 형제들이여, 우리 모두 낙심하지 맙시다. 나는 여러분을 천국에서 만나고 싶습니다. 그리고 내가 앞에서 말한 것처럼 나의 믿음을 실천한다면, 여러분은 내가 지옥에 갈 것이라고 감히 말하지 못할 것입니다. 여러분은 그렇게 생각할 수 없습니다. 아무도 여러분을 설득할 수 없습니다. 여러분의 양심은 반대로 말하고 있습니다. 아직 우리가 모든 일에서 동일하게 생각할 수 없다면, 적어도 우리는 동일하게 사랑할 수 있습니다. 여기서는 우리가 실수할 수 있는 여지가 없습니다. 어느 순간에는 아무도 의심할 수 없습니다. "하나님은 사랑이시며, 사랑 안에 거하는 사람은 하나님 안에 거하는 것이며, 하나님이 그 안에 있습니다."[23]

---

23 Wesley, "A Letter to a Roman Catholic," §16, sermon 74, *Works* (Jackson), 10.85.

웨슬리가 개신교회와 가톨릭교회 사이에 여전히 정치, 군사적 갈등이 고조되던 시대를 살았다는 점을 생각하면, 웨슬리의 말은 평화와 교회일치를 추구하는 관점을 보여준다. 웨슬리가 다른 기독교 전통들과 교류하고 협력하는 개방적인 모습은 교회사에서 시대를 훨씬 앞서간 에큐메니칼 정신을 잘 보여주었다.

보편적
정신

웨슬리의 평화와 교회일치를 지향하는 정신은 초기 설교 중 하나인 "보편적 정신"이라는 설교에 자주 언급되고 있다. 니케아 신조가 하나님이 모든 사람을 민족과 언어와 문화에 상관없이 동일하게 받아주는 교회의 표지로 "보편성"을 선택하였음을 기억하기 바란다. 이러한 차이들은 교리와 신학적 견해 차이를 포함하고 있다. 그러나 웨슬리가 성경이나 정통 기독교 교리에 관심이 없었다는 의미는 아니다. 오히려 웨슬리는 성경과 교리에 매우 정통한 사람이었다. 그러나 교회 안팎에서 교회로 인정하는 가장 우선되는 기준이 그들이 표현하는 평화와 사랑이 아니라 교리라는 관점에 동의하지 않았다.

웨슬리는 "보편적 정신"에서 보편적 정신이 무엇인지 신중하게 설명하고 있다. 예를 들어 보편적 정신은 모든 의견이나 신학적인 관점에 무관심하지 않다는 것이다. 웨슬리는, "보편적 정신은 종교적 다원주의를 촉진시킨 이론적 자유주의가 아니며, 어떤 종류의 현실적 자유주의가 아니다"라고 말했다. 현실적 자유주의는 예배의 격식과 질서를 깨트리기 때문이다. "보편적 정신은 모든 교회들에 관심을 가짐으로," 기성의 교파들뿐 아니라 새롭게 등장하는 교파들에 대하여 어떤 종류의 차별도 하지 않는다.[24] 그러한 차이들은 성경과 교회 전통과 비판 정신 그리고 계시 체험을 통하여 우리가 알 수 있는 분명한 기준에 근거하여 연구하고 논의하고 평가할 필요가 있는 주제들이다.

웨슬리는 그리스도인들이 올바른 마음을 갖는 것이 중요하다고 생각하였다. 그는 "마음의 종교"라는 말을 자주 했는데, 기독교와 교회를 사랑의 기준으로 이해하는 가장 적절한 설명으로 인정받고 있다. 결국 "보편적 정신"이 실질적으로 의미하는 것은 "보편적 사랑"이다. 웨슬리는 설교의 결론에서 이렇게 말했다.

> 만일 우리가 이 말을 가장 엄격한 의미에서 해석하면, 보편적 정신을 지닌 사람은, 위에서 언급한 바와 같이, 진정으로 올바른 마음을 가진 모든 사람과 손을 잡는 사람입니다. 그는 하나님을 인정하고 찬양하는 법을 알고, 모든 유익을 기뻐하며, 하나님의 일들을 아는 지식에 있어서 참된 성경의 방식으로 하나님을 예배하고, 무엇보다 하나님을 경외하며 그의 의를 행하는 신자들과 일치를 이루는 사람입니다. 그는 가장 세심하게 이 축복들을 보존하고, 눈동자처럼 지키며, 동시에 주 예수 그리스도의 사람들과 하나님과 인간을 사랑하고, 의견이나 예배나 회중의 종류에 상관없이 하나님을 즐거워하고, 하나님께 범죄하는 것을 두려워하면서, 악을 멀리하고 열심히 선을 행하는 모든 사람을 친구로, 주 안에 있는 형제로, 그리스도의 제자와 하나님의 자녀로, 현재의 하나님 나라 참여자로, 그분의 영원한 나라의 상속자로 사랑하는 사람입니다.[25]

이 말이 교회 안에 지켜야 할 규율이 필요하지 않다는 뜻인가? 오히려 반대이다. 웨슬리는 규율의 중요성을 분명하게 믿었다. 그는 종교다원주의를 말했

---

24 Wesley, "Catholic Spirit," Ⅲ.1-3, *Works*, 2.92-93.
25 Ibid., Ⅲ.4-5, *Works*, 2.94.

던 18세기 자유주의를 지지하지 않았다. 웨슬리는 "기독교가 그릇되지 않은 이유들"이라는 설교에서 "교리를 설교하는 곳에는 규율이 없습니다. 교리를 듣는 사람들에게 규율은 전적인 효과를 볼 수 없습니다."라고 말했다.[26] 따라서 웨슬리는 분명히 교리나 교회의 규율에 무관심하지 않았지만, 교회를 통하여 그리고 그리스도인들의 수용력에 따라 규율을 적용하였다. 이 규율은 개인과 단체에 대한 비판과 제명을 포함하지만 세상 권력을 동원한 사법적, 징벌적 기능은 없었다. 웨슬리는 신앙 문제를 따르도록 압력을 가하기 위해 정치적이고, 경제적인 그리고 제도적인 방법들을 사용하지 않았다.

웨슬리는 저서에서 칼빈과 자신 그리고 칼빈주의자들과 감리교인들의 차이들을 말하였다. 가장 많이 언급된 차이는 교회와 세속 권력의 관계에 대한 것이었다. 웨슬리는 세속 권력에 대하여 감사의 마음을 가지고 있었으며, 상대적으로 영국의 군주제를 존중하는 가운데 대단히 보수적인 관점을 가지고 있었다. 그러나 칼빈이 개혁교회 신앙에서 보여준, 사회적이고 정치적이며 그 밖의 방법을 동원한 억압적인 요소들은 강하게 반대하였다. 웨슬리는 "예정론자와 그의 친구들과의 대화"에서 이렇게 말했다. "나는 그에 대한 근거를 성경에서 발견하지 못했고, 그러한 관계는 썩은 열매를 맺는 나무라고 생각한다."

우리가 아는 것처럼 칼빈이 직접 관계된 사례가 있다. 칼빈은 신앙 문제에 순수하게 다른 의견을 가지고 있었던 미카엘 세르베투스의 화형을 지지했다고 스스로 고백하였다.[27] 웨슬리는 칼빈의 신학적 징벌주의가 가지고 있던 불행한 의미를 잘 알고 있었고, 단순히 개혁주의 전통이 다른 신앙고백을 가진 사람들에게 행한 폭력을 비유적으로 말한 것이 아니었다. 웨슬리는 권위적이 아니라 보편적인 관점을 갖는 것이 이 세상에서 교회와 교회가 지닌 사명을 이해하는데 적절하다고 강조하면서 권위주의에 맞섰다.

---

26   Wesley, "Causes of the Inefficacy of Christianity," §7, *Works*, 4.90.
27   Wesley, "Dialogue between a Predestinarian and His Friend," *Works* (Jackson), 10.266.

정리

웨슬리와 칼빈 모두 교회를 위하여 일생을 바쳤다. 그들은 교회를 세우고, 신학적, 영적, 목회적으로 발전시키는 일에 최선을 다했다. 두 사람의 노력은 대단히 성공적이었고, 그들의 영향력은 제네바와 영국을 넘어 확산되었다. 칼빈의 영향력이 개혁주의 전통에 속한 사람들뿐 아니라 세계 곳곳에서 많은 그리스도인들을 지원하며 퍼져나간 것은 부인할 수 없는 사실이다. 마찬가지로 감리교회도 전 세계에서 예수 그리스도의 복음을 전하는 사역을 감당하였다.

그러나 웨슬리와 칼빈은 최소한 두 가지 차이점을 가지고 있었다. 첫째, 웨슬리는 교리적, 교회적 주제들에서 동의하거나 그러지 않는 차이가 있을지라도 그리스도인들과 교회들 간에 보다 큰 유연성이 있어야 한다고 생각하였다. 칼빈은 그보다 훨씬 논쟁적인 입장이었는데, 그는 징계나 파문 등 압력을 가할 수 있는 모든 수단을 사용하여 교회를 변호하고 순수하게 유지해야 한다고 강조하였다. 분명히 칼빈과 웨슬리는 사회문화적으로 다른 시대를 살았다. 그러나 시대가 크게 다르지 않아 평화주의와 교회일치운동이 아직 유익하지 않았을 것이다. 웨슬리는 성경이 말하는 기본적 믿음과 가치들 그리고 실천을 부정하지 않으면서 사랑과 포용성이 교회의 본질로 특징되어야 한다고 믿었다.

둘째로, 웨슬리는 민간 권력이 교회 문제에 있어서 법적인 그리고 징계에 대한 책임을 갖는 것에 동의하지 않았다. 그가 교회와 국가의 관계에서 복잡성을 인식하지 않은 것은 아니었다. 무엇보다 그는 성공회가 국가종교인 영국에서 생애를 보냈다. 그러나 칼빈이 주장하는 교회와 세속 권력의 협력을 수용하지 않았다. 국가 권력은 국민에게 신앙의 제한이나 금지 대신 자유를 제공해야 한다고 보았다. 웨슬리와 영국인들은 이전 시대에 개인이나 교회 차원에서 그리스도인들이 폭력과 전쟁을 유발한 종교적 명분을 제공했었다는 사실을 잘 알고 있었다. 웨슬리는 칼빈이 제네바에서 이루었던 교회와 권력의 수준에는 도달하지 못했다. 그는 칼빈처럼 교회와 국가가 연합하는 것을 미덕으로 인정하지 않았다. 교회와 국가는 보완하는 방식으로 존재할 수 있지만, 양자의 결합은 성경의 가르침을 바르게 따르는 것이 아니었다. 이 세계 안에서 이루어지는 하나님의 통치는 정부가 아닌 교회를 통하여 이루어진다. 역사적으로 교회 안에서 그리스도인들이 경험한 것은 교회와 국가의 협력이 지혜롭지 않다는 것이었다. 웨슬리는 성경이나 세속 권력이 인정하지 않는 신앙관이라고 해서 지독한 방식으로 불의하게 박해할 때 생겨날 결과들을 생각하면서, 교회와 국가의 동맹은 결국 경건하지 않게 되리라는 것을 알고 있었다.

토론을 위한 질문

Q1   그리스도인들이 모이면 교회가 된다고 생각하나요? 공동체의 차원에서 교회는 그리스도인들의 어떠한 모임이라고 할 수 있나요? 어떤 의미에서 교회가 개인들이 아닌 장소라고 할 수 있나요?

Q2   교회를 구별하는 특징들을 어떻게 표현할 수 있나요? 하나의, 거룩하고, 보편적이며, 사도적이라는 표지에 동의하나요? 순수한 하나님의 말씀(성경)이 선포되는 것인가요, 올바르게 성례전을 집례하는 것인가요? 아니면 둘 다인가요?

Q3   교회와 정부의 관계를 어떻게 생각하나요? 정부가 교회 문제에 얼마나 적극적으로 개입해야 한다고 생각하나요? 반대로 그리스도인들과 교회는 정부에 얼마나 적극적으로 참여해야 한다고 생각하나요?

Q4 교회의 규율은 어떤 역할을 한다고 생각하나요? 규율은 교회 생활과 신자들의 삶에서 얼마나 중요하다고 생각하나요? 교회 규율이 어떤 경우에 필요하다고 생각하나요?

Q5 교회는 논쟁적이고 변증적이기 위해 얼마나 노력해야 하나요? 또 평화와 교회일치를 위해 얼마나 노력해야 한다고 생각하나요?

Q6 모든 그리스도인들과 교회들이 신앙과 실천에서 나타나는 모든 문제에 의견이 일치하지 않는데, 그들은 어떤 관계를 맺어야 한다고 생각하나요? 예를 들어 사역에서 어떻게 서로 협력할 수 있다고 생각하나요?

8

사역

치리보다
격려

나는 캘리포니아 산호아킨밸리의 작은 농촌 교회에 부목사로 부임하면서 공적 사역을 시작하였다. 학생부와 소그룹 담당 목사로 섬겼는데, 특별히 소그룹 사역이 즐거웠다. 내 자신이 그리스도인이 되는 과정에서 소그룹의 영향을 받았기 때문이다. 나는 고등학생 시절, 가족과 친구들의 권유로 교회의 소그룹 활동에 정기적으로 참석하였다. 우리는 함께 성경공부와 기도회를 하고, 사역에 참여하였는데, 그 과정에서 우리는 서로에게 영적인 차원과 함께 여러 방식으로 도움과 의지가 되었다.

대학과 신학대학원 그리고 대학원에 재학하는 여러 해 동안에도 소그룹에 참여하였다. 신학대학원에서 공부하며 목회 훈련을 받는 동안, 나는 웨슬리의 소그룹 사역이 얼마나 놀랍게 발전했는지 깊이 알게 되었다. 웨슬리는 성공회에서 주일 예배를 드리고 오는 감리교인들을 더 훈련시키기 위하여 남자와 여자들의 주중 모임을 발전시켰다. 그는 감리교인들이 서로 더 깊이 연결할 수 있도록 열두 명 정도로 묶은 속회 모임을 개발하였다. 또한 거룩한 삶을 발전시키기 위하여 공동으로 엄격한 책임을 공유하는 밴드 (혹은 신도회) 모임을 조직하였다. 웨슬리는 참가자들이 영적으로 성장하고 다른 사람들을 섬기도록 격려하고 힘을 실어주기 위하여 정기적으로 나눌 수 있는 질문들을 만들었다.

나의 경험에 의하면, 소그룹에서 다른 구성원들과의 나눔이 깊어질수록, 그리스도인으로 성장하는 데 더 많이 유익했던 것 같다. 나는 그 안에서 영적으로, 지성적으로, 감정적으로 그리고 관계적으로 성장하였다. 또한 사역의 방법론과 계획을 세우는 일에서도 성장하였다. 소그룹 안에서 다른 신자들과 교류를 나눌수록, 나는 다양한 방식들이 있다는 것을 배웠다. 다른 사람들을 사랑하는 데 있어서, 나에게 익숙했던 영적 방식들과 함께 더 구체적이고, 실질적이며, 올바른 방식들이 있었다.

소그룹은 내가 그리스도인으로 성장하는 데 있어서 가장 큰 성장과 격려를 경험한 곳이었다. 물론 주일 예배도, 다른 프로그램들도 영적 성장에 중요한 영향을 미쳤다. 그러나 신앙생활과 사역에서 가장 큰 활력과 비전은 소그룹 안에서 믿음의 형제자매들과 일대일로 이루어지는 만남을 통하여 얻을 수 있었다.

웨슬리와 칼빈 모두 교회 사역에 적극적으로 참여하였다. 그들은 하나님의 영광과 신자들의 영적 성장을 위하여 개인적으로 그리고 공동체적으로 최선을 다했다. 물론 두 사람이 사역하는 모습은 유사점이 많았지만 차이도 분명했다. 그러나 그러한 차이들은 특별한 의미가 있으므로, 두 사람이 중요하게 생각한 사역의 우선순위와 실천을 이해하는 것이 중요하다.

칼빈은 공식적인 사역을 중요하게 생각하였는데, 이른바 "하향식" 방식으로 권위를 앞세웠다. 그는 성경의 가르침에 기초하여, "모든 것을 품위 있게 하고 질서 있게 하라(고전 14:40)."는 말씀을 강조하면서 전통적인 방식으로 수행하였다. 그리스도인들이 사역에서 가장 중요하게 여기는 것은 하나님의 말씀-성경-을 선포하고 성례전을 올바르게 집례하는 것으로, 하나님의 주권과 은혜의 승리를 축하하는 의미다. 웨슬리는 성경에 분명하게 언급된 내용만을 사역의 범주로 제한하지 않았다. 웨슬리는 개인과 교회를 인도하고 능력을 주는 성령의 지속적인 임재와 역사를 통하여 사람들과 사회의 요청에 창조적이고 책임적으로 응답하는 것이 사역이라고 생각하였다. 그 결과, 웨슬리는 칼빈보다 훨씬 더 혁신적인 방식으로 사람들의 다양한 필요를 충족시켰고, 특별히 평신도 지도력을 강화하는 일에 많은 노력을 기울였다.

사역의
다양성

나는 웨슬리와 칼빈의 사역을 연구하기에 앞서, 교회사에 나타난 사역의 다양성을 소개하고자 한다. 모든 사람이 공통적으로 이해하는 사역이란 이 세계 안에 역사하는 하나님의 선교에 대한 응답이다. 우리의 삶과 사역에서 영적 성장이 가능하도록 은혜를 베푸시는 분이 하나님이라는 사실은 분명하다. 그러나 그리스도인들은 하나님과 함께 하는 세상을 향한 사역에서 개인적으로, 또한 집단적으로 하나님의 소명에 순종하며 따르는 길을 모색한다. 특별히 성경은 하나님의 선교를 수행하도록 인도하고 보호하는 성령과 함께 기독교의 사역을 구상하고 실천하는 원천이 된다.

그리스도인들이 성경에 근거하여 사역을 정립하려 했지만, 교회사에는 다양한 방식으로 사역이 발전해온 것을 볼 수 있다. 지나치게 일반화하는 경향이 있지만 몇 가지 분명한 영역들을 발견할 수 있다. 예를 들어 전도나 성례전을 중요하게 생각하는 사역, 혹은 묵상이나 열심 있는 경건생활을 강조하는 사역, 실천적인 사역, 은사 중심의 사역, 혹은 에큐메니칼 사역 등으로 설명할 수 있다. 물론 이렇게 설명하는 방식을 한두 가지로 단순화할 수 없다. 두 가지 이상의 모습을 보여주는 교회나 교파가 있을 수 있고, 다른 영역에 비해 한 가지 영역이 지배적으로 나타나는 경우 다른 영역들은 이차적이나 삼차적이 되기도 한다. 앞에서 언급한 모든 영역들을 최소한 조금씩이라도 수행해야 한다고 이상적으로 주장하는 사람들도 있다. 사도 바울조차 교회에 대하여 이렇게 말하고 있다. "몸은 하나인데 많은 지체가 있고 몸의 지체가 많으나 한 몸임과 같이 (고전 12:12, 참조. 12:12~31)." 이 유비는 종종 개체 교회들을 지칭하지만 세계에 있는 모든 교회에도 적용할 수 있다. 그렇게 이해하면, 다른 방식으로 존재하는 교회들(그리고 교파들)은 —다른 사역을 수행하는 대립적인 지체가 아니라— 서로 보완적인 사역을 수행하는 것이다.

사역의 다양한 영역을 공동으로 수행하면 개체 교회(교파)보다 더 강한 일치를 이루게 된다. 그에 상응하여 세계적인 차원에서 수행하는 다양한 사역들이 하나의 전체를 구성한다. 때문에 나는 웨슬리와 칼빈의 사역을 비교하면서, 한쪽이 옳고 다른 쪽이 틀렸다고 말하지 않겠다. 웨슬리와 칼빈은 앞서 언급한 사역의 모든 영역을 대표하지도 않는다. 그러나 그들의 사역 방식과 사역에 대한 가르침은 두 사람을 따르는 사람들에게 커다란 영향을 주었다. 사도 바울 또한 이렇게 말하고 있다. "그뿐 아니라 더 약하게 보이는 몸의 지체가 도리어 요긴하고 우리가 몸의 덜 귀히 여기는 그것들을 더욱 귀한 것들로 입혀 주며 우리의 아름답지 못한 지체는 더욱 아름다운 것을 얻느니라(고전 12:22~23)."

사역에 다양한 영역이 있는 것처럼, 지도력에도 다양한 형태가 있다. 이러한 다양성은 교회사뿐 아니라 성경에서도 볼 수 있다. 때문에 사역이나 목회자의 지도력에 있어서 특정한 방식이 올바르고 다른 방식은 필요하지 않다고 말할 수 없다. 그러한 관점은 성경적이지도, 합리적이지도 않다. 나는 이 책의 전체를 통하여, 칼빈이 교회사에 나타난 신학적 거인이며, 사역에 있어서 그의 지도력과 신학적 공로를 결코 폄훼할 수 없다는 점을 밝히기 위하여 노력하였다. 그러나 그의 탁월함에도 불구하고 칼빈이 개신교인들을 포함하여 그리스도인의 유일한 모범은 될 수 없다. 칼빈을 목회자와 지도자의 모범으로 인정하는 사람들도 모두 실제 생활에서 그대로 따르는 것은 아니다. 그런 면에 있어서, 나는 웨슬리의 모습이 오히려 많은 그리스도인들이 인식하지 못하면서 실제로 따르는 실제적인 모범이라고 확신한다. 이것이 내가 이 책에서 전하려는 전체적인 주제다.

칼빈의
사역론

『기독교강요』에 분명하게 드러난 것처럼, 칼빈은 정형화되고 잘 구성된 사역관을 갖고 있었다. 칼빈의 관점에서, 교회 사역은 주로 복음의 선포와 성례전의 올바른 집례와 연관되었다. 칼빈은 "하나님의 말씀과 성례전"을 이야기했는데, 이 표현은 칼빈의 사역관을 설명하는 데 자주 사용되었다. 즉 하나님의 "말씀"을 선포하고, "성만찬" 혹은 "주의 만찬"을 올바

르게 집례한다는 의미이다.[1]

칼빈의 사역론에서 가장 강점을 지닌 부분이 설교라는 사실은 의심의 여지가 없다. 그는 평생 동안 수천 번 설교했는데, 특히 제네바에서 사역하는 기간에 집중되었다. 우리가 일반적으로 인정하는 방식에서 칼빈의 안수 여부는 확실하지 않다. 칼빈의 전기를 쓴 존 맥닐은 칼빈의 안수 여부를 증명할 수 있는 기록이 분명하지 않다는 점을 인정하면서도 칼빈이 안수를 받았다고 믿고 있다.[2] 칼빈의 사역의 우선순위는 설교와 교육, 그리고 저술과 개혁신학의 전파로 확장되었다. 당연히 개혁신학이 성경적이고 기독교 신학을 정리한다고 믿었다. 칼빈은 분파주의자가 되고자 하지 않았다. 오히려 역사적인 정통 교회를 회복하려 하였다. 그는 성경적 설교에서 탁월한 전통을 남겼으며, 복음적 설교를 통하여 프로테스탄트 교회에 물려준 위대한 유산은 엄청난 유익을 끼쳤다.

칼빈은 성례전을 강조하면서 두 가지 성례전, 즉 세례와 성만찬을 강조했는데, 이는 루터를 포함한 대부분의 종교개혁자들과 유사한 입장이었다. 그는 두 가지 성례전을 로마 가톨릭교회와 다른 방식으로 이해했는데, 양적으로나 질적으로 차이가 있었다. 대체로 루터와 비슷한 관점이었다. 그는 성례전의 가시적인 요소들인 물과 떡과 포도주가 하나님의 거룩한 약속을 보여주는 증거라고 강조하면서, 성례전이 하나님의 "말씀"인 성경에서 말씀하고 보증하고 성취한 죄사함의 표지라고 믿었다. 칼빈은 유아세례의 유효성을 확인하였는데, "그리스도가 제정하였고, 이 예식의 본질에 가장 부합한다"고 보았다.[3] 나아가 칼빈은 주의 만찬과 "그리스도와의 연합"이 "특별한 열매"가 된다고 확인하였다.[4]

이 외에도, 칼빈은 교회의 다양한 실천들에 관심을 가졌다. 무엇보다 칼빈이

1   Calvin, *Institutes*, IV.xiv.11 (2.1286).
2   John T. McNeill, *The History and Character of Calvinism* (New York: Oxford University Press, 1967), 136.
3   Calvin, *Institutes*, IV.xvi.1–32 (2.1324–59).
4   Ibid., IV.xvii.2 (2.1361).

관심을 가진 부분은 개혁교회 전통에 들어온 개신교인들이 더 이상 로마 가톨릭교회의 영향을 받지 못하게 된 사역들을 발전시키는 것이었다. 예를 들면, 칼빈은 시편과 교리문답, 세례와 성만찬을 포함하여 교회 안에서 행하는 예전과 성례전을 발전시키는 일에 주력하였다. 그는 설교를 위한 기도문과 함께 대중을 위한 공동기도문을 작성하였다. 결국 칼빈은 그리스도인의 생활과 윤리, 목회적 양육을 경건하게 수행할 수 있는 안내서를 만들었는데, 낙심자들을 상담하고 병자들과 임종을 앞둔 신자들을 심방할 때 사용하도록 하였다.

앞장에서 본 것처럼, 칼빈은 규율을 교회의 표지로 인정하지 않았다. 그러나 그의 사역에서 규율은 여전히 중요한 부분이다. 후에 교회가 성장할 때까지 칼빈주의자들은 규율을 교회의 표지로 여기지 않았지만, 개혁교회 전통에서 규율의 중요성은 부인할 수 없다. 그러므로 사역에서 규율이 중요한 영역이라면, 목회자들은 신자들이 믿음과 가치, 실천에서 책임적 존재가 될 수 있도록 목회적으로 깊은 관심을 가져야 한다. 마찬가지로 성경에 대한 개혁교회 신앙이 약한 사람들과 논쟁하여 이길 수 있는 교훈적인 훈련이 반드시 있어야 하고, 개혁주의 신앙에 반대하는 이들의 생각과 말과 행동을 징계하고 징벌하는 것과 함께 이루어져야 한다고 보았다.

제네바에서 활동하는 동안, 칼빈은 성취한 승리를 안정시키고 제네바와 스위스를 넘어 특히 사랑하는 조국 프랑스에 전하기 위하여 모든 시간과 권한을 사용해 최선의 노력을 기울였다. 목회자들을 임명하여 프랑스로 보내면서 프랑스어권 전체에서 『기독교 강요』를 가르치게 하였고, 실제로 유럽 전체로 확장된 신학으로 발전시켰다. 그는 종교개혁이 지속되는 데 크게 기여하였고, 로마 가톨릭교회와 비교되는 개신교회의 변증과 논쟁에 큰 힘을 실어주었다. 특별히 『기독교 강요』에 분명하게 나타난 것처럼, 가톨릭교회뿐 아니라 다른 여러 개신교회의 가르침들을 넘어서는 정통주의와 신학적 해석을 보여주었는데, 그의 지도력과 신학자로서의 탁월성에 기초한 것이다.

사역의
지도력

칼빈은 사역의 지도력을 형성하는 과정에서 에베소서 4장 11절 말씀을 앞세웠다. "그가 어떤 사람은 사도로, 어떤 사람은 선지자로, 어떤 사람은 복음 전하는 자로, 어떤 사람은 목사와 교사로 삼으셨으니"라는 말씀이다. 이 말씀은 하나님이 주신 "은사들"을 말하지만, 칼빈은 은사들을 "직분"으로도 이해하였다. 다섯 가지 직분을 소개했는데, 사도, 선지자, 복음 전하는 자, 목사, 교사이다. 칼빈은 앞의 세 직분은 1세기에 거의 끝났고, 오직 목사와 교사, 두 직분만이 서로 밀접하게 결합되어 교회 안에서 지속되는 사역이라고 보았다. 칼빈은 말했다. "복음을 선포하는 일이 커질 수 있도록 주님은 교회 안에 이 보물을 맡기셨습니다. 주님은 당신의 말씀을 전하게 하려고 '목사와 교사'를 세우셨고(엡 4:11), 그들에게 권능을 주셨습니다. 그리고 신앙의 거룩한 일치와 올바른 질서를 세울 수 있는 것은 하나도 빠트리지 않으셨습니다."[5] 칼빈은 신앙적 설교와 교육이 올바른 신앙과 질서를 위하여 중요하다는 것을 잘 알고 있었다. 올바른 믿음과 함께 교회의 내적 질서는 모두 목사와 교사가 교회와 사역을 올바르게 유지하는 힘이 되었다. 칼빈은 성경이 분명하게 말하는 교훈들이 중요하다고 생각했는데, 특별히 교회와 교회의 사역의 지속성이라는 면에서 그랬다. 칼빈의 말을 들어보자.

우리는 하나님이 당신의 창조물을 한순간에 완전하게 할 수 있다는 것을 알지만, 그럼에도 불구하고 오직 교회의 가르침을 통하여 온전한 사람으로 성장하기를 원하신다는 것을 알고 있습니다. 우리는 그 일을 위하여 놓인 길을 봅니다. 목사들에게 하늘의 교리를 선포하라는 명령이 주어졌습니다. 우리는 그들 모두가 이

---

5   Ibid., IV.i.1 (2.1011-12).

와 같은 원칙에 따라 소명을 받았고, 친절하고 능숙하게 가르치는 영이 임하사 가르치도록 임명된 교사들이 자원하여 순종하는 것을 보고 있습니다.[6]

칼빈은 사역이란 하나님의 섭리를 보여주는 기능이라고 믿었다. 하나님은 모든 피조물을 다스리는 것처럼, 교회와 사역도 다스리고 있다. 그리고 하나님은 목사와 교사들이 지도력을 가지고 섬기도록 파송하였다. 따라서 신자들은 영적 전진과 성장을 위하여 목사들과 교사들의 직분을 높이 여기고 그들을 따르고 있다. 목사와 교사는 교회의 사역을 보호하고 실현하는 사람들로 여겨졌다. 물론 교회와 사역의 효율성은 사람의 도움이 아니라 하나님의 은혜에 달려 있다. 하나님 한 분만이 사역의 결과에 궁극적으로 책임을 지기 때문에 우리는 교회의 규모나 사역의 효율성이 커지거나 작아지는 현상에서 자유로울 수 있다. 모든 상황 속에서, 하나님이 모든 것을 다스리는 주권자이기 때문에 오직 하나님만 찬양을 받으셔야 한다.

칼빈은 에베소서 4장 11절에 언급된 사도와 선지자, 복음을 전하는 자의 직분은 1세기에 교회를 세우기 위하여 우선적으로 존재했기 때문에 일시적인 직분이라고 생각하였다. 따라서 그 기능들은 목회적으로 "순위가 낮다"고 할 수 있다.[7] 그들의 사역은 특별하고 반복할 수 없는 일이었는데, 특별히 성경의 최종적인 정경화 작업이 완결되었기 때문이다. 칼빈은 사도와 선지자, 복음 전하는 자의 직분과 관련하여 이렇게 말했다.

(하나님의 말씀과 사도 바울의 가르침에 일치하는 것으로 보이는) 이 해석에 따르면, 이 세 가지 기능은 교회 안에 영구적으로 세워진 것이 아니라, 이전에 없던 교회가 세워질 때, 아니면 구약시대에서 그리스도의 시대로 옮겨지는 기간에 나타난 것

---

6   Ibid., IV.i.5 (2.1017).
7   Ibid., IV.iii.4 (2.1057).

입니다. 그러나 나는 주님께서 사도들을 세우시고, 필요한 곳에 복음 전하는 이들을 세우시는 것을, 우리 시대에 일어난 일처럼 받아들입니다. 적그리스도의 공격에서 교회를 구해내기 위하여 그러한 사람들이 필요하기 때문입니다. 그럼에도 불구하고 이 직분들을 "특별"하다고 부르는 까닭은 올바르게 세워진 공교회 안에 이러한 직분을 위한 자리가 없기 때문입니다.[8]

칼빈의 관점에서 사도와 선지자, 복음전도자의 직분은 "특별한" 또는 일시적 사역의 기능이었다. 그들은 1세기 이후에 존재가 없어졌거나, 찾아보기 힘들어진 직분이었다. 『기독교 강요』를 편집한 존 맥닐은 칼빈이 적그리스도인 로마 가톨릭교회의 엄청난 압제에 맞섰던 루터를 "마지막 때"의 사도로 인정했다고 기록하고 있다.[9] 그러나 종교개혁의 초기 광풍이 지나간 후에 그러한 종말론적 직분들은 사라졌다. 따라서 사도와 선지자, 복음전도자들이 —만일 그들이 계속 존재한다면— 가졌던 목회적 기능은 "정확하게 동일한 목적"을 가진 목사에 의하여 우리가 살고 있는 교회의 후기 시대에 성취되었다.[10]

은사중지론

하나님이 더 이상 신자들에게 특정한 직분이나 은사들을 주지 않는다는 입장을 "은사중지론(cessationism)"이라고 부른다. 은사중지론은 단순하게 이해할 수 없는 개념이다. 기본적으로 성경에 기록된 몇 가지 현상들과 관련되는데, 사도와 선지자 그리고 복음전도자와 같이 특정한 직분들과 함께 1세기에 종결되었다고 믿는 현상들로 기적과 신유, 성령의 은사들이 포함된다. 칼빈은 실제로 성경에서 "성령의 은사"로 기록된 사도와 선지

---

8 Ibid.

9 John T. McNeill, *Institutes*, 2.1057, n.4.

10 Calvin, *Institutes*, IV.iii.5 (2.1058).

자, 복음전도자라는 직분도 특별한 경우를 제외하고 대부분 1세기에 종결되었다고 믿었다. 소위 말하는 기적들과 함께 신유와 같은 하나님의 초자연적인 역사가 중단되고, 더 이상 필요하지 않거나 영적으로 유익하지 않게 되었다는 입장이다. 칼빈은 말했다. "그러나 주님께서 행하셨던 다른 기적들과 마찬가지로 신유의 은사는 복음을 더욱 경이롭게 영원히 전할 수 있는 새로운 방식을 위하여 사라졌습니다."[11]

칼빈은 우리가 사는 지금 여기는 성령의 기적적 역사가 종결되었다고 주장하면서, 자신의 입장이 성경에 영감을 넣어주는 성령의 역사를 더 높이는 일이라고 믿었다. 예수 그리스도의 오심과 1세기 그리스도인들의 사도적 역사 이후에 적어도 초자연적인 방식으로 하나님을 드러내는 가장 근본적인 매개는 사람이나 교회가 아닌 오직 성경이라고 믿었다. 하나님은 성령을 통하여 당신의 뜻대로 역사할 수 있는 분이다. 그러나 성경에 기록한 것처럼 성령이 일상적으로 역사하는 것이 오늘 우리를 위한 하나님의 뜻이다. 칼빈은 하나님이 주권자이며 모든 사건은 하나님의 계획에 따라 일어나기 때문에 기적이나 치유 그리고 ―전부라고 할 수 없다면― 대부분의 영적 은사들이 더 이상 필요치 않다고 보았다. 성경을 통하여 인생의 모든 사건들을 해석하고 견디게 하면서 진리로 인도하기 때문에 현대인이 원하는 초자연적인 필요에 응답하는 데에는 오직 성경(sola Scriptura)이면 충분하다고, 성경이 증언하고 있다.

그렇다면 사역의 영구적인 직분이 되는 목사와 교사들은 어떤 역할을 하는가? 칼빈은 목사들에게 말씀을 선포하고 성례전을 집례하는 책임이 있다고 말했다. 여기에 더해서, 그들은 교회의 신자들에 대한 규율을 책임지고 있다. 목사들은 그들의 삶을 부르신 하나님의 "거룩한 소명"에 응답하는 사람들이고, 소명은 교회의 확증을 받아야 한다.[12] 목회 사역은 오직 남성에게만 주어졌다.

---

11   Ibid., IV.xix.19 (2.1467).
12   Ibid., IV.iii.11 (2.1063).

칼빈은 여성들에게 "교회 지도자로 공식적으로 섬기도록" 허용하는 것은 "지극히 예외적인 필요에 따른 결정"이라며 거부하였다.[13]

교사들(또는 의사들)은 기독교 신앙에 기초하여 신자들을 가르치는 사역을 돕는 것이다. 이것은 칼빈이 주로 헌신한 사역이었다. 가르치는 직분과 관련하여, 칼빈은 이렇게 설명하였다. "교사들은 규율을 집행하거나 성례전을 집례하는 사람이 아니라 오직 신자들이 교리를 온전하고 순수하게 지키도록 성경을 해석하는 사람입니다."[14] 그가 많은 노력을 기울였던 사역들 가운데 가장 뛰어난 영역은 신앙을 가르치는 것이었다. 널리 알려진 것처럼, 칼빈은『제네바 교회의 교리문답서』,『어린이를 위한 안내서』를 썼다. 이 문답서는 특별히 어린이들을 가르치는 데 효과적이었지만, 모든 연령의 사람들이 개혁교회의 신앙과 가치, 실천에 대하여 보다 쉽게 배울 수 있는 교재였다. 칼빈은 교육 사역을 지원하기 위하여 대학(College)과 고등교육기관 아카데미(Academy)를 설립하였다. 대학에서는 초등학교에 재학하는 수천 명의 어린이들을 가르치고, 아카데미에서는 상급반 학생들을 교육하였다. 두 개의 교육기관은 칼빈대학교와 제네바대학교로 각각 발전하여 계속되고 있다.

교회 사역을 더 많이 지원하기 위하여, 칼빈은 두 개의 영구적인 직분을 논의하였는데, 장로와 집사 직이다. 첫째로, 장로들은 평신도 중에서 선택하여 교회 신자들의 징계를 포함하여 지도력을 함께 하도록 하였다. 가르치는 장로들이 있었고, 그렇지 않은 장로들도 있었다. 그들이 맡은 가장 우선적인 역할은 교회와 사역을 안정적으로 지키는 것이었다. 둘째로, 집사들은 신자들의 형편을 살피고, 가난한 사람들을 돌보는 사역을 중심으로 교회의 실제적인 문제들을 담당하기 위하여 임명하였다. 중복되는 문제도 있지만, 칼빈은 일반적으로 교회 안에 영구적인 네 개의 직분, 즉 목사, 교사, 장로 그리고 집사가 있다고

---

13   Ibid., IV.xv.21 (2.1321-22).
14   Ibid., IV.iii.4 (2.1057).

말했다. 이러한 지도력 구성은 교회의 다양한 사역들을 완수하기 위하여 필요하다고 인정되었다. 루터가 만인사제설을 주장했지만, 칼빈은 세상에서 하나님의 선교 사역을 지속적으로 이끌어가기 위하여 교회와 사역에서 목사와 교사, 장로와 집사의 권위를 더욱 강조하였다.

웨슬리의
사역론

웨슬리는 평생에 걸쳐 영국성공회에 충성하였다. 그는 치리 구조상 감독중심제를 택하고 있는 영국교회의 관리를 받는 사역이 올바르다고 믿었다. 웨슬리는 스물세 살에 사제로 안수받은 후에 옥스퍼드대학교에서 교수로 재직하였다. 성직자로서 모든 의무를 수행하여, 말씀을 전하고 성례전을 집례하였다. 유럽의 종교개혁자들과 마찬가지로 성공회도 두 가지 성례전, 곧 세례와 주의 만찬을 인정하였다. 웨슬리는 영국 식민지였던 미국 조지아에서 짧은 선교사역을 마친 후, 올더스게이트 체험을 하게 되었다. 그 후 얼마 지나지 않아 메도디스트 부흥운동이 시작되었다. 부흥운동 초창기, 복음전도자 휫필드는 식민지 미국으로 떠나기 전에 웨슬리에게 야외설교를 권유하였다. 처음에 웨슬리는 교회당 밖에서 설교하는 계획을 받아들이지 않았지만 후에는 수천 명의 사람들이 회심하는 역사를 이루었다. 웨슬리는 성공회 지도자들이 전통적이지 않은 사역 방식에 대하여 비판하자 "세계는 나의 교구다"라는 유명한 말로 응답하였다.[15]

메도디스트 부흥운동이 성장하면서, 웨슬리는 기존의 교회 사역이 성공하지 못한 방식으로 새신자들과 기존 신자들을 훈련하고 있음을 인식하였다. 시간이 지나면서, 평신도들의 영적 요청에 따라 여러 유형의 모임들(또는 소그룹)

---

15   Wesley, letter to "Dear Sir" (알 수 없음), Wesley, *Journal*, 11 june, 1739, *Works*, 19.67. 재인용.

을 개발하였다. 웨슬리는 "신도회(Methodist society)"라고 명명한 주중 집회를 시작하였다. 오늘날 교회에서 주중에 드리는 예배와 많이 비슷하다. 그러나 당시에 주중 예배는 아주 새로운 기획이었고, 주일 아침 교회에서 드리는 예배와 사역을 통하여 이루어지는 것보다 더 친밀한 교제를 원하는 사람들의 요구를 충족하는 것이었다.

신도회를 조직한 후 웨슬리는 속회를 만들었는데 이는 보다 친밀한 교제와 교류를 통하여 다양한 은혜의 수단을 실천하려는 신자들의 조직이었다. 웨슬리는 다시 한 번 성경이 가르쳐주는, 하나님이 제정하신 다양한 은혜의 수단에 기도와 성경공부, 금식과 가난한 사람들을 위한 사역이 포함된다는 사실을 믿게 되었다. 속회는 열 명에서 스무 명 가량의 신자들을 조직하여 영적으로 성장하고 사역에 참여할 수 있는 유익한 환경을 제공하였다. 더욱 거룩한 삶을 살기로 헌신하는 사람들을 위해서는 밴드(band, 혹은 선발신도회)를 조직하였는데, 소그룹에서 선발된 열 명 미만의 남성들과 여성들로 각각 조직하였다. 이들은 매주 모여 허물없이 신앙적인 질문을 나누면서 높은 차원의 영적인 책임을 공유하였다. 웨슬리가 "다른 경건은 없고 오직 사회적 경건(social holiness)만 있다."고 말했는데, 이는 공동의 친교와 책임이 없이는 거룩한 생활을 드러낼 수 없다는 뜻이었다.[16] 웨슬리는, 예수 그리스도가 소그룹 안에서 제자들을 친밀하게 성장시킨 것처럼, 다양한 모임들이 그리스도인으로서 영적으로 성장하고 효과적으로 사역하게 하는 분명한 길이라고 확신하였다. 실제로 감리교인들은 여러 형태의 소그룹을 통하여 전도와 제자훈련, 구제 사역을 수행하였다.

웨슬리는 처음부터 영국성공회에 도전하려는 의도가 없었다. 실제로 웨슬리는 평생 동안 성공회의 지도자들과 협력하는 일에 최선의 노력을 기울였다. 그

---

16 Wesley, "Preface," *Hymns and Sacred Poems, Works* (Jackson), 14.321. 전체를 인용하면, "그리스도의 복음은 종교가 아니라 사회적이고, 다른 경건은 없고 오직 사회적 경건만이 있다."(The Gospel of Christ knows of no religion, but social; no holiness but social holiness.)

는 진정한 사역의 필요성을 믿었기 때문에 교회의 위상을 흔들려는 유혹에 넘어가지 않았다. 사역에 대한 웨슬리의 열정은 야외 설교와 각종 신자들의 모임, 그리고 경건생활에 집중하는 노력들로 연결되었다. 웨슬리는 최대한 사역을 강화하기 원했고, 그러한 목표를 위하여 사람들과 그들이 살아가는 문화를 알기 위해 노력하였다. 그 후에, 성경적인 기독교 신앙을 신실하고 창조적인 방식으로 전하고자 하였다.

웨슬리가 보여준 성령의 철저한 임재와 능동적인 역사에 대한 믿음은 창조적인 사역의 중요한 동력이었다. 칼빈과 달리, 웨슬리는 오늘의 세계에서 역사하는 성령의 활동에 대하여 성경이 말하지 않는다고 생각하였다. 오히려 반대로, 성령이 신자들에게 "영적 열매들"과 함께 "영적 은사들"을 준다고 믿었다. 신자들은 이 은사를 이용하여 어떤 식으로든 하나님과 이웃에 대한 사랑을 표현할 수 있게 된다.[17] 웨슬리는 은사중지론자들과 다른 관점을 가지고 있었는데, 그는 신학적으로 "은사지속론"에 가까운 입장을 가졌다. 물론 웨슬리는 이러한 용어로 표현하지 않았지만, 성령이 신자들 안에서, 그들을 통하여 -사역에 임하는 그들을 강하게 함으로- 능동적으로 역사하기 원한다고 분명하게 믿었다.

사람들은 이따금 끔찍한 조건에서 실행하는 사역을 능숙하게 처리하는 웨슬리를 보고 놀라곤 하였다. 앞 장에서 언급한 것처럼, 웨슬리는 독립전쟁 후 식민지 미국에서 일어난 특수한 상황을 마주한 적이 있다. 전쟁 중에 영국 정부가 성공회 사제들을 모두 철수시키는 바람에 새로운 미국에는 그들이 떠난 교회를 이끌어갈 목회자들이 부족하였다. 감리교회 지도자들이 성공회 교회에 성실하게 출석했기 때문에 많은 교회에서 그들에게 교회를 이끌어가는 책임을 주었다. 신생국 미국에서 감리교회의 영향력이 커지면서 웨슬리는 새롭

---

17 영적 은사들에 대해서는 로마서 12장 6~8절, 고린도전서 12장 4~11절, 에베소서 4장 11절 참조. 성령의 열매는 갈라디아서 5장 22~23절에서 볼 수 있다.

게 세워진 감리교회에서 목사들에 대한 지도의 필요성을 깨닫게 되었고, 결국 목사들과 감독을 임명하게 되었다. 물론 영국교회는 웨슬리가 택한 고교회 전통에 입각한 결정들을 반기지 않았다. 그러나 웨슬리는 특별한 상황에서 특별한 결정을 해야 한다고 믿었고, 다른 이들이 못한다면 자신이 해야 한다는 의지를 가지고 있었다. 결국 영국교회는 마지 못해 웨슬리와 감리교회를 받아들이고 승인하였다.

지도력
강화

사역에 있어서 웨슬리가 남겨준 가장 큰 공헌은 감리교회의 평신도 사역자를 파송하여 각종 회의를 인도하도록 한 것이었다. 감리교회의 회의는 영국교회의 구조와 다른 형태를 취했기 때문에 웨슬리는 평신도들의 권한을 강화하여 사역에서 우선적인 지도력을 발휘할 수 있게 하였다. 더욱이 감리교회가 놀라울 정도로 부흥하면서, 감리교인들을 돌볼 수 있는 안수받은 목회자들이 충분하지 않았다. 결과적으로 평신도 사역자들이 여러 지역을 순회하면서 신도회를 지도하고, 소그룹에 속한 신자들의 다양한 요청을 들어주었다. 평신도 사역자들은 새로운 신자들에게 신앙을 전하고 가르치는 일에 구체적으로 헌신하였다. 안수받은 목사들이 필요한 경우, 예를 들어 공식적인 예식이나 성례전을 집례해야 하는 경우에 웨슬리는 안수받은 목회자들을 신도회에 보냈다.

웨슬리가 처음 시도한 가장 용감한 실천은 여성을 평신도 지도자로 파송한 것이었다. 이는 교회사에 전례가 없는 경우로, 웨슬리 역시 이 문제가 감리교회 부흥운동에 가져올 수 있는 잠재적인 논란을 충분히 인식하고 있었다. 웨슬리가 여성 사역자들을 신도회에 파송한 것은 어머니 수산나 웨슬리의 격려에 크게 힘입은 것이고, 성령이 남성뿐 아니라 여성에게도 은사와 달란트를 준다고 믿었기 때문이다. 성경은 여성들이 교회 안에서 지도력을 발휘하는 것을 금하는 것처럼 보이지만, 웨슬리는 성경 본문들을 꼼꼼하게 읽으면서 여성 지도력과 관련한 가르침들은 공적인 사역에서 여성 지도력을 강화하려는 목적으로 기록되었다고 해석하였다. 평신도 여성 사역자들은 주어진 기회에 응답하였고, 속회와 밴드 모임에서 여성 신자들을 인도하면서 효과적인 사역이 이루어졌다.

웨슬리가 평생 동안 가장 놀라운 지도력을 보여준 부분은 가난한 사람들을 돌보는 일이었다. 웨슬리가 기독교의 사회 참여를 특별하게 실천한 사람은 아니었지만, 교회사에 나타난 교회들은 가난한 사람들을 돌보는 일을 너무 자주 간과하였다. 반면 웨슬리는 가난한 사람들을 "그리스도가 돌보셨던" 사람들로 생각하면서, 그들을 돌보는 일에 특별한 관심을 가졌다. 그는 성경에 가난한 자들을 돌보라는 명령이 수백 군데 나온다고 믿었다.[18] 그는 감리교회 운동을 시작하기 전, 옥스퍼드 시절에 시작한 신성클럽 초기부터 구제를 강조하였다. 구제 사역을 통하여 가난한 사람들에게 음식과 의복, 현금을 지원하였고, 감옥을 방문하였으며, 고아원을 설립하고, 어린이들을 위하여 무료에 가까운 학교들을 세웠다.

웨슬리는 가난한 사람들을 단순히 재정적으로 어려운 사람들이 아니라 그 이상으로 생각하였다. 그들은 신체적, 사회적, 정치적 어려움을 당하는 사람들로, 예를 들어 죄수들도 포함되었다. 그들은 죄를 짓고 유죄 판결을 받은 사람들이 맞다. 그러나 교도소의 열악한 환경에서 비인간적이고 불필요한 고통을 당해야 했다. 또한 웨슬리는 노예무역에 대하여 크게 분노하였다. 사람은 다른 사람을 노예로 삼아서는 안 되고, 비위생적인 환경에서 살게 해서는 안 되며, 가족을 흩어지게 하거나 신체적으로 학대해서는 안 되며, 저항하는 노예를 죽

---

18 In "an introductory comment" to Wesley's sermon "The Use of Money," *Works*, 2.263.

여서는 안 된다고 주장하였다.

웨슬리는 가난과 불의한 일로 고통당하는 사람들을 돌보는 구제 사역에서
한 걸음 더 나아가, 그들이 가난해지는 근본 원인을 개선하는 사역을 지원하였
다. 그에 따라 교도소의 개혁과 노예제 폐지를 위한 활동에 본격적으로 참여하
였다. 그는 『노예제를 생각하며』라는 소책자를 출판하였다. 이 책에서 웨슬리
는 이렇게 주장하였다. "자유는 창조된 모든 인간이 태어나면서부터 부여받은
권리다. 때문에 인간이 만든 법은 자연의 법이 부여하는 인간의 권리를 침해
할 수 없다."[19] 웨슬리는 생애 마지막 편지를 노예폐지론자인 윌리엄 윌버포스
에게 썼다. 이 편지에서 웨슬리는 윌버포스가 영국 의회에서 노예 교역에 관한
법들을 바꾸려는 노력이 정당하다며 꾸준한 노력을 요청하였다.[20]

| 정리

웨슬리와 칼빈은 모두 각자의 사역이 처한 현실을 극복하려고 노력하였다.
칼빈은 다른 개혁자들과 함께 로마 가톨릭교회의 권위에 반대하였고, 기독교
의 정통에서 멀어진 가톨릭교회의 신앙과 가치와 실천을 극복하고 승리하였
다. 그러나 칼빈 역시 앞서 개혁을 수행한 츠빙글리와 스위스 개혁자들에게 많
은 부분을 계승한 개혁신학을 유지하려 하였다. 칼빈은 프로테스탄트주의의
안팎에서 자신에게 동의하지 않는 사람들에 맞서 변증하고 논쟁하였고, 그 과
정에서 특별히 많은 개혁교회 신앙에 속하는 교회들이 세워지는 결과를 이끌
어냈다. 웨슬리도 비슷한 모습을 보였는데, 그 역시 영국교회의 구조를 성경
적으로나 교회론적으로 개혁하려 하지 않고, 유지하는 쪽을 택했다고 할 수 있
다. 그러나 사람들과 사회의 요구가 높아지면서 웨슬리는 응답해야 했다. 즉

---

19   Wesley, "Thoughts upon Slavery," V.6, *Works* (Jackson), 11.79.
20   Wesley, letter "To William Wilberforce," 24 February 1791, *Letters* (Telford) 8.264-65.

그리스도인들이 현대 문화를 평가하면서, 신앙 체험을 보는 방식과 사람들의 요구에 개인과 집단이 성경적으로 사역하는 방식을 물었다. 웨슬리는 신실하게 복음을 지키면서 사람들의 영적이고 육체적인 필요에 창조적으로 응답하였다.

칼빈과 웨슬리 모두 교회 사역에 크게 기여했지만, 사역의 방법에 있어서 두 사람은 다른 길을 갔다. 칼빈은 권위를 중시하는 강력한 하향식 방법론을 선택하였다. 그는 엄격하게 구별하여 지도자들을 선정하고, 특별히 설교와 성례전의 집례를 훈련하고 그들을 통하여 교회를 유지하는 승리주의 관점에 초점을 맞춘 것으로 보인다. 칼빈은 사람들의 다양한 요구에 창조적으로 응답하는 사역보다, 개혁주의 전통이 이해하는 것처럼, 말씀과 성례전을 통하여 신학적으로 성경의 가르침에 충성하는 일에 주된 관심을 가졌다. 때문에 칼빈은 개혁교회가 해석한 정통 기독교신앙에 동의하지 않는 사람들과 논쟁하면서, 정통주의를 선포하고 수호하는 일에 많은 시간을 할애하였다. 교회 안에서 논증과 변증이 필요한 경우가 분명히 있지만, 사역에서 그러한 부분이 중심이 되는 것은 문제가 될 수 있다. 다시 말해서 칼빈은 순수한 복음 선포와 성례전의 집례를 유지하는 것이 사역의 중요한 영역이라고 이해하였지만, 오히려 신자들을 통제하는 방식에 문제가 있었다. 칼빈은 목사와 교사들이 신자들을 훈련시키고 지키는 사람이라고 강조하였다. 그러나 그들의 훈련은 신학의 광범위한 영역에 걸쳐서 질문하지 못하게 하고 그들의 요구에 혁신적인 해결을 발견하지 못하는 결과를 가져왔을 뿐이다.

반대로 웨슬리는 신자들과 사회의 필요에 응답하는 것을 사역으로 이해하였다. 그는 혁신적이면서 성경적으로 건전한 방식을 폭넓게 수용하였다. 웨슬리는 여성 지도력의 강화를 포함하여 목회자들과 평신도들의 지도력을 함께 강화하였다. 또 이를 통하여 영적으로뿐 아니라 물리적으로 가난한 사람들을 돌보는 사역을 포함해 교회 사역의 범주를 크게 확대하였다. 웨슬리는 사역에 나타나는 모든 문제들은 성경의 가르침을 신실하게 따르면서 성령의 지속적인 임재와 능력을 힘입을 때 하나님의 선교로 이루어진다고 믿었다.

토론을 위한 질문

Q1   기독교 사역의 본질이 무엇이라고 생각하나요?

Q2   칼빈의 사역론이 기독교 사역을 이해하는 데 도움이 되었나요? 칼빈이 말씀 선포와 성례전의 집례를 강조한 것에 대하여 어떻게 생각하나요? 교회의 규율에 대하여 어떻게 생각하나요? 변증과 논증이 여전히 필요하다고 생각하나요?

Q3   칼빈의 사역론에서 어떤 점들이 권위적이고, "하향식"이며, 승리주의라고 생각하나요?

Q4   웨슬리의 사역론이 기독교 사역을 이해하는 데 도움이 되나요? 그가 신자들의 모임이나 소그룹을 강조하는 것을 어떻게 생각하나요? 그러한 소그룹에서 유익을 얻은 경험이 있나요?

Q5   웨슬리의 사역론이 평신도에게 격려가 된다고 생각하나요? 여성들과 또 다른 사람들에게는 어떤 방식으로 힘이 되나요?

Q6 현대의 교회 사역을 발전시키는 데 도움이 되는 방법들을 이야기해 보세요. 사역에서 변하거나 없어져야 할 내용, 혹은 꼭 추가해야 할 내용이 있다면 무엇인가요?

결론

실천적 신앙을 향하여

나는 존 웨슬리의 믿음과 가치, 실천을 분명하게 보여주기 위하여 이 책을 썼다. 존 칼빈의 믿음과 가치, 실천을 깎아내릴 의도는 없었음을 기억해 주기 바란다. 웨슬리는 생전에 그랬듯 여전히 예리한 성경주석가, 신학사상가, 교회 지도자이지만 그러한 부분들이 잘 알려지지 않았다. 거기에는 여러 가지 다양한 이유들이 있다. 웨슬리주의와 감리교회 전통을 따르는 교회들이 수적으로 크게 성장하지 않았기 때문이 아니다. 사실 웨슬리 당시부터 교회성장은 세계적으로 중요한 과제였고, 그는 그리스도인들과 교회에 크게 영향을 끼쳤지만 조직신학적인 정교함에 크게 관심을 두지 않았기 때문에 사람들의 주목을 끌지 못했다.

반면에 칼빈 신학은 체계적인 특징으로 잘 알려졌고, 자연스럽게 그의 신학은 세계적으로 그리스도인들과 교회의 성경해석과 신학에 커다란 영향을 미쳤다. 사실 기독교 신학의 발전에서 칼빈보다 더 큰 영향력을 끼친 개신교회 신학자는 없을 것이다. 칼빈의 『기독교 강요』는 교회사에서 가장 큰 영향력을 지닌 신학 서적이라 할 수 있다.

칼빈의 조직신학이 보여주는 탁월함에도 불구하고, 대부분의 그리스도인들은 칼빈이 생애와 저작들에서 개념화한 기독교 방식대로 살지 않는다. 스스로 칼빈주의자라고 부르거나 칼빈의 개혁교회 전통에 속한다고 말하는 사람들 가운데서도 많은 사람들이 그러하다. 이러한 부조화는 왜 생기는가? 그리스도인들 가운데 지성적이고 개념적이며 체계적인 신학적 완성도를 실제 생활에서 살아가는 것보다 더 중요하게 여기는 사람들이 있다. 그러나 인간의 삶은 대체로 체계적이지 않은 경우가 더 많고, 특히 그리스도인의 삶은 체계적으로 종합할 수 있는 것보다 더 많은 영적 신비로 차 있다.

사람들은 기독교 신앙의 혼란을 극복하기 위하여, 그렇게 살지 못하더라도 논리적으로 완전해 보이는 신학을 받아들이는 경향이 있다. 그러한 사람들을 꼭 위선자라 할 수는 없다. 의도적으로 그러는 것은 아니기 때문이다. 그러나 그들은 종종 믿음과 실천 사이에서 긴장(또는 단절감)을 경험하거나 −내가 이론과 실천 사이의 긴장이라고 표현한− 또 다른 긴장을 경험하기도 한다. 자신의 믿음과 가치에 맞게 살지 못하는 모습을 −의식적으로 의식하지 않으려고 노력하면서− 받아들이지 못하면서 그리스도인으로 사는 것은 어려운 일이다.

나는 그런 사람들이 성경뿐 아니라 그들 자신을 다시 한 번 깊이 관찰하기 바란다. 조직신학은 사람들이 할 수 있는 모든 질문에 대하여 논리적으로 설명하기 때문에 매력적이라고 말하는데, 만일 조직신학이 성경이 말하는 하나님과 구원에 일치하지 않는다면, 그리고 사람들이 살아가는 방식과 일치하지 않는다면 어떤 설득력이 있는지 묻고 싶다.

실천적 신앙을
넘어서

나는 이 책에서, 칼빈보다 웨슬리가 성경적 기독교와 그리스도인의 생활 방식을 훨씬 더 잘 보여주었다는 것을 증명하고자 하였다. 신앙인들, 특별히 개신교인들 가운데 자신의 믿음과 가치를 생활에서 실천하기 원하는 사람이라면, 칼빈보다 웨슬리에 더 가까운 모습을 보일 것이다. 웨슬리는 자신이 체계적으로 정리하지 못한 부분들을 실천을 통해 완성했는데, 신앙 성장과 사역의 발전으로 나타났다.

많은 사람들이 소크라테스가 말한 '성찰하지 않는 삶'을 살고 있다. 소크라테스는 그러한 사람들을 향하여 "너 자신을 알라!"고 일갈하였다. 나는 이 말을 그리스도인들에게 하고 싶다. 웨슬리나 칼빈을 따른다고 자부하는 사람들은 그간의 교육과 습관 혹은 지적 나태에서 벗어나 그렇게 물어야 한다. 물론 한 사람의 도덕적이고 신앙적인 발전은 심리적이고 인지적인 성장과 밀접한 관련이 있다. 내가 소망하는 것은 삶에서 믿음이 얼마나 기준이 되는지 깊이 생각하는 것이다. 나는 묻고 싶다. 당신은 과연 믿는 대로 살고 있는가? 아니면 분명한 확신을 갖고 사는 것보다 혼란스럽고 실망할 때가 더 많은가? 나는 믿음을 바꾸는 것이 어렵다는 것을 잘 알고 있다. 우리는 변화의 필요성을 느낄 때, 흔히 말하는 '안전지대'로 피하는 경향이 있다. 그러나 우리는 매일의 삶에서 위험을 마주하고, 이 책에서 다룬 신학적인 주제들은 그냥 지나칠 수 없는 중요한 문제들이다. 이 문제들을 숙고할 때, 우리는 의식적으로 우리의 믿음과 가치에 부합하는, 진정성과 활력이 넘치는 그리스도인의 삶을 실천할 수 있게 된다.

물론 독자들 중에는, 현대인들이 칼빈보다 웨슬리가 보여준 그리스도인의 삶에 더 가깝게 살고 있다고 말하는 사람이 있을 것이다. 그들은 이렇게 질문할 수 있다. "그게 무슨 문제인가? 그리스도인들은 칼빈보다 웨슬리에 가깝게 살고 있는데!" 특별히 칼빈주의자들은 웨슬리의 후예들이 하나님의 주권이나 인간의 전적인 타락을 신학적으로 정확하게 이해하지 못하고 있다고 주장할 것이다. 만일 당신이 칼빈의 신앙 체계를 다른 사람들의 성경 해석이나 삶에서 실제로 일어나는 일들보다 우위에 두고 있다면, 그럴 수 있다. 분명히 칼빈의 조직신학은 논리적인 탁월함을 보여주었고, 역사적으로 개혁주의 신학을 확증하는 가장 강력한 신학이었다. 그러나 나는 기독교 신앙을 가슴이 아닌 머리로 이해하려는 자세에 동의하지 않는다. 칼빈에게 감성적인 차원을 볼 수 있는 것처럼, 웨슬리에게 논리적인 진술을 발견할 수 있다. 그러나 나는 칼빈보다 웨슬리가 머리와 마음의 중요성을 더 잘 알고 있었다고 확신한다.

웨슬리와 칼빈은 모두 성경의 중요성을 강조하였다. 그러나 두 사람이 성경에서 중요하다고 해석한 부분들은 조금 달랐다. 나는 지금까지 웨슬리가 관계의 중요성과 사랑, 격려 등의 관점에서 기독교 신앙을 보고 있다면, 칼빈은 지성적인 탁월성과 진리 그리고 교리의 관점에서 기독교 신앙을 그리고 있다고 주장하였다. 칼빈이 관계의 중요성이나 사랑과 격려에 관심이 없었고, 웨슬리가 지성적 중요성과 진리 그리고 교리에 관심이 없었다는 의미는 아니다. 그러나 웨슬리는 관계의 중요성을 칼빈보다 더 많이 강조하면서, 사랑과 격려가 신앙성장에 중요하다는 입장을 견지하였다. 나는 이 책에서 두 사람의 강조점을 다음과 같이 소개하였다. 즉 칼빈이 올바른 신앙(orthodoxy)을 더 강조한 반면, 웨슬리는 올바른 실천(orthopraxis)과 올바른 마음(orthokardia)을 중요하게 강조했다는 것이다. 이러한 비교는 선택의 문제가 아니라 강조의 문제이다. 서로 다른 점을 강조할 때, 우리는 자주 하나님과의 관계와 우리 자신을 보는 눈 그리고 개인이나 집단에서 다른 사람들과 맺는 관계와 기독교 신앙을 이해하는 방식에 있어서 전체적으로 큰 차이가 나타나는 것을 볼 수 있다.

여덟 가지
이유

이 책에서 나는 여덟 개의 장을 통하여 웨슬리와 칼빈을 비교하고 대조하였다. 여덟 개의 장에서 칼빈보다 웨슬리의 방식이 성경적인 기독교 신앙과 그리스도인의 생활을 모범적이고 설득력 있게 설명하는 이유들을 제시하였다. 물론 웨슬리와 칼빈을 대립적으로 제시하거나 두 사람이 동의하는 주제들을 비교하는 방법도 있을 것이다. 사실 두 사람은 동의하지 않는 것보다 동의하는 부분이 더 많다. 그러나 우리는 두 사람이 동의하지 않는 부분들을 살펴볼 때, 두 사람을 후대의 그리스도인들에게 특별한 영향력을 가진 인물로 만든 점들을 발견할 수 있다. 때문에 그들의 차이점에 집중함으로써 오늘의 그리스도인들이 갖고 있는 믿음과 가치 그리고 실천에 두 사람이 갖고 있는 중요성을 평가할 수 있다.

그런 의미에서 웨슬리가 성경적 기독교와 그리스도인의 생활에 대하여 칼빈보다 더 적절하게 설명하는 여덟 가지 이유를 다시 한 번 정리할 필요가 있다. 앞서 설명한 여덟 개의 장을 간략하게 요약해 보겠다.

1. 하나님: 통치보다 사랑

웨슬리와 칼빈은 모두 하나님이 주권적인 능력과 위엄을 지닌 분이라고 믿었다. 그러나 칼빈은 하나님의 능력과 섭리, 예정을 지나치게 강조하였고, 그 때문에 하나님의 다른 거룩한 속성들을 손상시켰다. 웨슬리는 인간을 보는 하나님의 마음을 생각하면서 하나님의 사랑을 강조하였다. 하나님의 사랑은 하나님의 능력과 위엄, 영광을 부정하지 않는다. 그러한 속성들은 사람과 하나님의 관계를 확인하는 것이지 하나님의 사랑을 가로막는 것이 아니다. 결국 하나님은 사람들과 인격적으로 화목하기 위하여 사람들을 죄에서 구원하기로 하셨다. 웨슬리는 자식을 위하여 최선을 다하는 부모의 마음으로 인간을 사랑하시는 하나님을 만나는 것이 중요하다고 강조하였다. 아이들은 부모님이 강하고 놀라운 능력을 가진 존재였다고 기억하는데, 특별히 어릴 적 기억이 그렇다. 그러나 그보다 더 중요한 것이 있다. 그것은 자녀들이 자라고 성숙해질수록 부모와 더욱 친밀해지기 원한다는 것이다. 하나님도 우리와 그러한 사랑의 관계를 맺기 원하신다.

여러분은 하나님을 어떤 관점에서 보고 있는가? 하나님을 생각하는 방식은 지금 이곳에서 살아가는 생활방식뿐 아니라 당신이 하나님과 맺는 영적인 관계에도 큰 영향을 미친다. 하나님이 인간의 모든 이해를 뛰어넘는 초월적인 위엄과 영광을 지닌 전능한 분이라고 보고 있는가? 하나님을 그러한 모습으로 그리는 사람들도 있다. 그러나 그렇게 거대하고 장엄하게 하나님을 그리는 초월적인 관점은 지나친 것이 될 수 있고, 그 때문에 하나님께 가까이 가고자 하는 사람들의 소망을 좌절시킬 수 있다. 웨슬리는 하나님의 주권을 부인하지 않으면서, 사랑과 은혜, 자비와 용서, 변화라는 관점에서 하나님을 생각하는 것이 중요하다고 강조하였다. 그러한 관점은 하나님의 거룩하심과 공의, 정의와 심판을 부정하지 않는다. 이러한 속성들은 우리가 하나님을 생각할 때 모두 중요한 개념들이다. 부모가 자녀를 위하여 최선을 다하는 것처럼, 하나님이 부모로서 행동하신다고 생각하면 쉽게 이해할 수 있다. 또한 웨슬리는 성경과 체험이 모두 하나님의 진실한 사랑을 강조한다고 믿었다. 하나님에 대한 건강한 개념과 친밀한 관계를 맺는 데 가장 뛰어난 수단이 된다고 믿었다.

2. 성경: 독점적 권위보다 우선성

성경의 권위에 대한 칼빈의 입장은 '오직 성경(sola Scriptura)'이라는 말로 표현할 수 있다. 칼빈은 논리학과 조직신학적인 관점에서 그리고 역사신학의 관점에서 성경을 연구했고, 성경이 신앙에서 가장 우선적인 권위를 갖는다고 보았다. 그러나 웨슬리는 성공회 전통 안에서 성경을 연구하였고, 성공회 신학은 교회의 전통과 비판적 이성 그리고 성경이 신앙의 표준이 된다는 입장이었다. 웨슬리는 이 세 가지 기준에 신앙 체험을 추가하였다. 그는 신앙 체험의 범주에 개인적, 집단적, 과학적 체험이 포함된다고 보았다. 웨슬리는 자신의 관점이 신학적인 혁신이라고 생각하지 않았는데, 웨슬리는 그리스도인들이 지금까지 행한 일들을 자신이 보다 분명하게 서술했을 뿐이라고 생각하였다. 즉 성경의 우선적인 권위를 인정하면서 신학과 사역에 대한 상황적인 이해를 시도한 것이다.

여러분은 신학적이고, 윤리적이고, 사역에 관한 결정을 어떤 기준에서 내리고 있는가? 오직 성경에 근거하여 결정하고 있는가? 아니면 실제 생활의 문제들과 관심들 혹은 책임과 관련하여 성경을 읽고 적용하는 가운데, 과거와 현재 그리고 미래에 있어서 다양한 가능성들을 이용하는 복잡한 결정과정을 거치고 있는가? 웨슬리는 그리스도인들에게 성경만이 신앙의 유일한 기준이라고 가르치는 것은 순진한 생각이라고 보았다. 따라서 다른 신앙적인 기준들을 적용하는 것은, '만일'이 아니라 '언제'의 문제가 된다. 웨슬리는 성경만을 사용해야 한다는 신화를 지속하는 것보다 성경의 권위를 우선적으로 인정하면서 여타의 다양한 기준들을 활용하는 것이 보다 지혜로운 자세라고 보았다.

3. 인간: 예정보다 자유

칼빈은 하나님의 주권을 확신하면서 인간의 모든 일을 다스리는 하나님의 전능을 강조하였다. 이는 하나님이 창조와 인간을 위한 계획에 앞서 드러내신 것이다. 하나님의 명령은 신성불가침이다. 따라서 유한하고 죄성을 지닌 인간은 모든 일을 주관하는 하나님의 섭리와 보살핌을 겸손하게 받아들여야 한다. 사람이 스스로 성취할 수 있는 영원한 것은 하나도 없다. 그러나 하나님께 감사해야 하는 것은, 하나님이 구원받을 사람들을 선택하였기 때문에, 완전하게 타락한 존재들이 구원받게 된다는 것이다.

웨슬리는 인간이 죄성을 가졌고, 스스로 구원할 수 없는 존재라는 점에 동의하였다. 구원은 믿음을 통하여 은혜로 말미암아 이루어진다. 그러나 사람의 믿음은 자발적인 의지의 행위를 보여준다. 하나님이 미리 주신 은혜를 통하여, 사람은 하나님의 구원의 선물을 받아들이거나 거부하는 것을 선택할 수 있다. 그러나 칼빈은 하나님의 뜻을 관철하기 위하여 신앙을 강권할 수 있다고 보았다. 인간은 하나님의 주권을 침범할 수 없기 때문에 하나님께 저항할 수 없다는 것이다. 웨슬리는 그러한 관점에 동의하지 않았다. 그는 하나님의 주권이 하나님의 능력을 스스로 제한하지 못하기 때문에 사람들이 영생의 선물을 선택하거나 거부한다는 식으로 생각하지 않았다. 그러한 결정은 하나님의 은혜로 시작하여, 진행되고, 마무리되는 것이다. 그러나 웨슬리는 사람이 이번 생에서 '자유의지'(혹은 웨슬리가 좋아한 표현대로, '거저 주시는 은혜')를 이용하여 결정할 수 있고, 또 그렇게 해야 한다고 믿었다. 그래서 우리가 지금 여기에서 내리는 결정들이 매우 중요하다. 그중에는 영원히 중요한 의미를 갖는 것도 있다. 사실 사람들은 인생에서 만나는 문제들 가운데 많은 문제들을 자유롭게 결정할 수 있다. 따라서 그들은 미래가 이미 하나님의 명령으로 정해져 있기 때문에 지금 여기에서 자신이 내리는 결정들에 책임이나 소망에서 자유롭다고 생각하면 안 된다.

4. 은혜: 불가항력보다 먼저 주어진

하나님은 사람들의 삶 속에서 은혜롭게 역사하신다. 그리스도인의 삶과 구원을 위한 하나님의 능력과 사랑을 잘 보여주는 것이 은혜다. 칼빈은 '오직 은혜(sola Gratia)'와 '오직 믿음(sola fidei)'을 통한 구원이라는 개혁교회의 원칙을 확인하였다. 그는 하나님의 은혜가 있어서, 사람들이 칭의와 성화 그리고 영화로 이끄시는 하나님의 역사에 저항할 수 없게 된다고 보았다. 인간은 유한하고 죄인이기 때문에, 하나님은 인간들이 영적으로 평안을 누릴 수 있는 근본적인 근거가 된다. 인간은 영원한 생명을 얻거나 상으로 받기 위하여 할 수 있는 일이 아무것도 없기 때문이다.

웨슬리는 믿음을 통하여 은혜로 말미암는 구원을 믿었다. 그러나 그는 하나님의 은혜가 조건적이라고 믿었다. 즉 하나님은 사람들의 삶 속에서 저항할 수 없게 활동하지 않는다. 대신 사람들과의 관계에서 먼저 역사하는 방식을 택하셨다. 선행은총은 사람들이 칭의와 성화 그리고 삶의 다른 문제들을 자유롭게 선택할 수 있게 한다. 하나님은 구원받을 사람들을 실제로 선택하지만, 선택은 세상을 창조하기 이전에 정해진 저항할 수 없는 하나님의 명령이라기보다 하나님의 예지의 능력에 근거한다. 인간들은 여전히 유한함과 죄의 방해를 받기 때문에, 완전한 선택의 자유를 가질 수 없다. 더욱이 하나님이 미리 주신 선행은총으로 인간의 자유의지가 작동하기 때문에, 자유의지는 잠재적인 상태라고 할 수 없다. 그러나 인간은 성령의 역사와 임재를 통하여 하나님의 은혜를 지속적으로 느낄 수 있다. 하나님이 인간에게 구원을 택하고, 하나님을 사랑하고, 이웃을 그들 자신과 같이 사랑할 수 있는 자유를 주셨기 때문에, 우리는 성경과 신앙적인 교훈들과 함께 하나님의 영이 말씀하시는 것에 귀를 기울여야 한다.

5. 구원: 제한적이기보다 무제한적인

칼빈은 죄인인 인간들의 비참한 상황을 생각하면서, 하나님이 이 세상을 너무나 사랑하셔서 예수 그리스도의 삶과 죽음, 부활을 통하여 인류에게 구원의 길을 예비하셨다고 믿었다. 예수는 죄인들의 속죄를 위한 제물을 대체하였고, 그를 통하여 구원이 가능하게 되었다. 하나님이 영원한 생명을 위하여 창조 전에 택한 사람들은 예수의 속죄의 혜택을 받았다. 칼빈주의자들은 대속의 교리를 확인했지만, 이는 택함을 입은 사람들에게 제한되어야 한다고 보았다. 칼빈은 비록 제한적 대속에 대한 신학적 신념을 분명하게 확인하지 않았지만, 그의 저서들 전체에서 그러한 의도를 엿볼 수 있다. 하나님은 영원히 구원받을 사람들과 멸망당할 사람들을 정하셨기 때문에, 논리적으로 예수의 속죄는 모든 사람에게 주어지는 보편적인 것으로 이해할 수 없다. 칼빈은 특별하게 택함을 받은 사람들의 존재와 그리스도 안에서 보편적 대속이 이루어졌다는 믿음의 균형을 잡기 위하여 노력했지만, 구원받은 사람들과 멸망당하는 사람들을 결정하는 것은 궁극적으로 하나님이다.

웨슬리는 제한적인 구원의 가능성을 말하는 모든 시도를 강력하게 거부하였다. 웨슬리는 예수의 삶과 죽음과 부활이 모든 사람을 위한 것이었다고 강하게 주장하였다. 그러한 보편성이 바로 보편적인 구원을 의미하는 것은 아니다. 사람들은 여전히 구원하시려는 하나님의 은혜로운 제안에 응답할 필요가 있기 때문이다. 하나님은 모든 사람에게 구원의 기회를 제공하지만, 오직 믿음을 통한 은혜로 하나님의 제안을 받아들이는 사람들만 구원받게 된다. 웨슬리는 하나님이 영원히 멸망받기로 미리 정하였기 때문에 구원받을 가능성이 없는 사람들에게 구원을 말하는 칼빈의 모습은 신학적으로 믿을 수 없고, 목회의 관점에서 잔인하다고 보았다. 그 대신 웨슬리는 구원의 조건을 믿음과 회개라고 보며 은혜 안에서 이를 통하여 구원을 얻을 수 있다는 복음을 절박하게 선언하였다.

6. 영성: 금욕보다 경건

칼빈은 하나님이 신자들의 삶에 칭의와 성화를 성취했다고 믿었다. 하나님은 인간의 공로나 기여가 아니라 은혜를 통하여 이러한 구원의 공적들을 완성하신다. 칼빈은 하나님의 법에 순종하며 살아야 한다는 점을 누구보다 강조하면서, 루터와 달리 율법의 세 번째 용도를 강조하였다. 하나님은 신자들이 순종의 과정을 통하여 고통을 느끼고, 동시에 활력을 얻게 하는 용도로 율법을 사용한다. 고난을 통하여 사람들은 구원이 선물이며, 구원을 위하여 자신들이 한 것이 아무것도 없다는 것을 기억하게 된다. 영적 차원에서 활력은 하나님에게 겸손하게 자신을 드리는 신자들에게 주어지는 힘과 위로이다. 신자들은 인간적인 노력이 아니라 하나님의 계명과 뜻에 따를 때 영적으로 성장하게 된다. 지상의 삶에서 신자들은 구원받은 동시에 죄인들이다. 그러나 신자들은, 하나님의 은혜 안에서, 하나님의 활력을 소망하면서, 성경의 가르침에 순종하기 위하여 고난의 인생을 살고 또 그만큼 인생의 문제들과 투쟁하면서 자신들의 구원을 지킬 것이다.

웨슬리는 하나님이 사람들의 영적 성장을 도우셔서 거룩하게 그리스도를 닮아가도록 돕는다는 사실에 더 큰 소망을 가지고 있었다. 그는 회심을 체험한 후에, 하나님의 성령이 신자들의 삶에서 은혜 가운데 계속 역사하고, 반복해서 짓는 죄를 회개하고, 주님이신 예수 그리스도에게 삶의 전부를 드리도록 인도하신다는 것을 확신하였다. 실제로 회심을 체험하고 얼마 후에, 웨슬리는 대다수 신자들이 주 예수 그리스도에게 생의 전부를 드릴 것인가 말 것인가 하는 결정에 직면한다고 생각하였다. 하나님은 전적인 성화를 위하여 은혜로 그들을 성결하게 하신다. 신자들은 절대로 완전해질 수 없다. 그러나 하나님의 은혜를 통하여 효과적으로 성장할 수 있다. 웨슬리는 하나님이 사람들의 영적 성장과 거룩한 삶, 그리스도를 닮아가는 데 있어서 성령으로 도우신다는 것에 커다란 소망을 두었다.

7. 교회: 정죄보다 일치

칼빈은 성경의 가르침에 근거하여, 교회의 위상을 높이 여기면서, 악으로부터 정결하게 지켜야 한다고 보았다. 교회를 순수하게 지키면서, 기독교 신앙, 구체적으로 개혁주의 신학을 공격하는 사람들과 지속적인 변증과 논쟁에 적극적으로 대응하는 것이 필요하다고 보았다. 칼빈은 반대자들을 비판하고, 파문하고, 추방하거나, 필요하다면 처형까지 할 수 있다고 보았다. 그러한 규율주의는 교회와 세속 권력의 협력을 필요로 하는데, 후자는 교회와 세계의 법적 질서를 수호하기 위하여 하나님이 세우신 권력으로 간주되었다. 교회에 대한 칼빈의 권위주의 지도력은 사람들의 일상생활에 대한 세속법의 영향력과 결합되었고, 세상에 있는 교회의 본질에 대한 칼빈의 권위적인 관점을 반영하고 있다.

웨슬리는 그리스도인과 교회가 맺어야 할 관계에 있어서 훨씬 더 보편적이고 평화주의적인 관점을 가지고 있었다. 그는 교회에서 성경적이고 정통적인 신앙을 주요하게 가르쳐야 한다고 강조하였다. 교회는 다른 신앙을 가진 그리스도인들을 성급하게 판단하고 정죄하기보다 포용하고 협력해야 한다고 생각하였다. 웨슬리는 올바른 믿음과 함께 마음의 종교를 중요하게 강조하였다. 사람들과의 올바른 관계뿐 아니라 올바른 마음과 올바른 행동을 강조하였다. 신실한 믿음과 합쳐진 신실한 생활은 교회 생활과 사역에 절대적인 요소라고 간주하였다. 때문에 교회와 세속 권력이 지나치게 친밀한 관계를 갖는 것은 성경의 가르침이나 신학적으로 볼 때 문제가 될 수 있었다. 웨슬리는 교회와 권력의 분리를 칼빈보다 훨씬 더 강력하게 주장하였다. 이는 교회가 권력의 영향에 쉽게 흔들릴 때, 교회나 국가 모두에게 좋지 않은 결과를 가져올 수 있기 때문이었다.

8. 사역: 치리보다 격려

칼빈은 하나님의 말씀을 선포하고, 성례전을 올바르게 집례하는 사역을 강조하였다. "말씀과 성례전"은 그의 사역의 주제가 되었다. 규율을 강화하는 것도 중요하게 생각한 칼빈은 교회와 세속 권력이 사람들의 말과 행동을 감독하기 위하여 위임받은 주체들이라는 것을 유독 강조하였다. 교회 안에서는 목사와 교사들이 하나님의 주권적인 위엄과 성경의 우선성을 선포하는 책임을 맡고 있는데, 이는 현재에도 성경을 통하여 성령의 역사를 구체적으로 보여주기 때문이다. 그의 사역은 교회라는 영역을 넘어 신학 교육을 고양하고 개혁교회의 성경적인 기독교를 널리 전파하는 봉사로 확대되었다. 칼빈으로 대표되는 그러한 사역은 또한 세계에 대한 하나님의 주권적 승리를 전달하는 데 기여하였다.

웨슬리는 더욱 창조적이고 복음주의적이며, 집회를 강조하고 격려하는 방식으로 사역하였다. 그는 교회 안에서 설교하고 성례전을 올바르게 집례하는 것을 성경대로 강조했지만, 또한 사람들의 복합적인 필요에 따라 혁신적인 사역들을 개척하였다. 그러한 혁신에는 야외설교와 신도회, 속회, 밴드 등으로 조직된 소그룹 사역의 개발 등이 포함되었다. 후자의 경우는 제자들을 길러내고 이웃을 섬기는 것을 사역의 중심적인 가치로 설계하였다. 웨슬리는 사람들의 엄청난 필요를 피하지 않았는데, 영국교회가 미국에서 사제들을 철수시키자 새로운 나라에 감리교회를 세운 것이 구체적인 사례이다. 마지막으로 웨슬리는 가난한 사람들을 위하여 사역해야 한다고 생각하였다. 그러나 가난한 사람들을 지원하는 단순한 구제사역으로는 충분하지 않다고 믿었다. 웨슬리는 빈곤의 원인들에 대응하는 사역을 전개했는데, 감옥의 개혁과 노예제의 폐지를 위하여 노력하였다.

칼빈보다
웨슬리의 길을

앞에서 소개한 예들을 읽으면서, 웨슬리보다 칼빈의 입장이 더 적절하다고 말하는 독자들도 있을 것이다. 그러나 그보다 더 많은 이유들로 인해서, 칼빈보다 웨슬리의 관점을 지지하는 그리스도인들, 특별히 개신교인들이 많으리라 생각한다. 심지어 개혁교회 전통에 속한다고 자부하는 사람들일지라도 성경과 그리스도인의 생활에 대하여 두 사람이 갖고 있는 모든 차원을 알고 나면 웨슬리보다 칼빈을 지지한다고 말하기는 어려울 것이다.

물론 그런 문제들을 신경쓰지 않는 사람들도 있고, 한쪽을 택해야 할 필요를 느끼지 못하는 사람들도 있다. 때때로 "칼미니안(Calminian)"이라고 부르고 싶은 사람들이 있다. 칼빈과 알미니안의 신앙 노선을 좋아하는 사람들로, 칼빈의 "칼"과 알미니안의 "미니안"을 조합한 용어다. 일반적으로 이러한 용어를 만들어내는 이유는, 말장난으로 분위기를 부드럽게 하거나 신학적인 논쟁을 피하기 위한 것이다. 우리가 웨슬리와 칼빈의 관점 가운데 어느 쪽에 동의하느냐에 따라 구원의 여부가 달라지지는 않는다. 그러나 나는 여전히 소크라테스의 말처럼, 성찰하지 않는 삶은 살 가치가 없다는 교훈에 동의한다. 기독교의 신앙과 가치를 실천적으로 더 많이 행하면 행할수록, 더욱 더 확실하고 영향력있는 그리스도인이 될 것이다.

자신의 믿음과 가치가 (그리고 실천이) 실제 생활에서 칼빈보다 웨슬리를 닮았다는 사실을 인정하는 것이 힘든 사람도 있을 것이다. 사람들은, 그리스도인의 생활에서 더 많은 지식과 자신감을 얻고 성숙해지는 변화일지라도, 변화를 쉽게 받아들이지 못하는 경향이 있다. 아무튼 나는 여러분이 칼빈보다 웨슬리처럼 생각하고, 말하고, 행동하겠다고 스스로 결정하기 바란다.

나의 결론은 웨슬리를 많이 배우고, 칼빈을 적게 배우자는 것이다. 이 말은 칼빈에게 배울 것이 없다는 뜻이 아니다. 우리는 칼빈에게 배울 수 있고, 반드시 배워야 한다! 그러나 부족한 성경공부와 신앙생활을 강화하는 가운데 기독교 신앙의 개념들을 잘 정리하려는 목적이 있다면, 나는 웨슬리의 신학과 사역을 배우고, 적용하고, 그 후에 따를 것을 강력하게 추천한다.

그러면 우리가
무엇을 하리이까?

나는 누가복음 3장 1절에서 14절에 나오는 세례 요한의 이야기를 좋아한다. 예수의 사촌인 요한은 1세기 유대 전역을 다니며 사람들에게 회개하고 세례를 받으라고 선포하기 시작하였다. 어떤 사람들은 회개하고 요단 강에서 요한에게 세례를 받았다. 다른 사람들은 요한이 "주의 길을 준비(눅 3:4)"한다고, 즉 구세주의 오심을 선포했다는 이유로 그를 비방하였다.

군중 가운데 그 말을 믿은 사람들은 요한에게 물었다. "그러면 우리가 무엇을 하리이까?(눅 3:10)" 요한은 기도를 더 많이 하거나, 예배를 잘 드리거나, 안식일을 잘 지키거나, 성경을 더 깊이 공부하라는 식으로, 단순하게 영적으로 응답하지 않았다. 대신 사람들의 편에서 자신을 헌신하고 희생하는 구체적이고 윤리적인 실천을 요구하였다. 그들의 부를 가난한 사람들과 나누라고 말했다. 세리들에게 부과된 것 외에 거두지 말라고 말했다. 그는 군인들에게 강탈하지 말며 거짓으로 고발하지 말고 받는 급료를 족한 줄로 알라고 말했다.

이 말씀을 생각하면서, 나는 현실에서 그리스도인으로 사는 것이 얼마나 중요한지 깨닫게 된다. 성경적이고 신학적으로 올바른 신앙을 갖고 있다고 주장하는 것으로 할 바를 다 했다고 여기면 안 되겠구나 생각하게 된다. 웨슬리는 성경적이고 신학적인 신앙이 중요하다고 생각했다. 그러나 실천이 믿음과 가치에 부합되어야 하는 것처럼 믿음도 실천과 연결되어야 한다고 생각하였다. 이는 "이것 아니면 저것"의 문제가 아니라 "이것도 하고 저것도 하는" 문제로, 믿음과 실천, 가치와 적용이 모두 중요하다는 것을 강조한다.

나는 웨슬리가 어떤 사람들이 힘들다고 포기한 믿음과 실천을 조화시키는 데 대단히 유능한 사람이었다고 확신한다. 그 사람들은 적어도 기독교에 대한 조직적인 이해를 충분히 발전시키지 못했기 때문이다. 그러나 지적인 호소만큼, 조직적인 이해는 성경과 삶의 복잡성과 난제들에 있어서, 영적으로뿐 아니라 육적이고 공동체 차원에서 적절한 응답이 되지 못한다. 웨슬리는 기독교 신앙과 가치를 실천으로 완성하는 데 있어서 칼빈보다 더 뛰어난 모습을 보여주었다. 나는 사람들이 실천적인 기독교 신앙을 완성할 수 있는 방식이 무엇인지 스스로 결정할 것을 추천한다.

토론을 위한 질문

Q1 이 책을 읽고 난 후, 그리스도인으로서 믿고 행하는 것을 누가 더 잘 설명하고 있다고 생각하나요? 웨슬리인가요, 칼빈인가요?

Q2 칼빈의 믿음과 가치관, 실천 중에서 어떤 부분이 가장 강점이라고 생각하나요?

Q3 웨슬리의 믿음과 가치관, 실천 중에서 어떤 부분이 가장 강점이라고 생각하나요?

Q4 이 책에서 다룬 신앙의 노선들 중에서 더 알고 싶은 부분은 무엇인가요?

Q5 개인이나 교회 공동체 차원에서 행하는 그리스도인의 실천들 가운데 더 알고 싶은 부분은 무엇인가요?

Q6 군중이 세례 요한에게 질문한 "그러면 우리가 무엇을 하리이까?" 하는 물음에 대하여 어떻게 생각하나요?

Q7 그렇다면 우리는 무엇을 해야 할까요?

부록

5대 강령(TULIP)보다
5대 대안(ACURA)으로

존 칼빈은 개혁신학의 발전에 절대적인 영향을 미쳤다. 그의 후예들은 칼빈의 생전과 사후에 여러 개의 신앙고백을 작성하였다. 잘 알려진 대로 갈리아 신앙고백(1559), 스코틀랜드 신앙고백(1560), 제2차 스위스 신앙고백(1562), 하이델베르크 교리문답(1563), 벨기에 신앙고백(1566), 도르트 신앙고백(1619), 웨스트민스터 신앙고백(1646) 등이다.

네덜란드 개혁교회는 교리의 통일을 기반으로 교회를 통합하려고 노력하였다. 1618년, 도르트에서 열린 회의에는 유럽 여덟 개 나라의 개혁교회 대표들이 참석하였다. 도르트 회의는 세 개의 신앙고백문을 채택했는데, 하이델베르크 교리문답, 벨기에 신앙고백 그리고 네덜란드 교회분쟁의 다섯 가지 쟁점에 대한 도르트 회의의 결정문이다. 마지막 문서는 도르트 회의의 결론을 요약한 내용으로, 보통 "도르트 신앙고백"으로 알려져 있다. 때때로 이 문서들을 통칭하여 "일치의 세 가지 형식"으로 부르기도 한다. 이 문서들은 많은 개혁교회들의 교리의 기초가 되었다.

도르트 회의는 많은 주제들을 다뤘지만, 그중에서 논쟁이 된 문서는 야코부스 알미니우스(Jacobus Arminius, 1560~1609)의 후예들의 거부감을 촉발한 "다섯 개의 핵심적 교리에 관하여"였다. 알미니우스는 네덜란드 개혁교회의 지도자였다. 그와 지지자들은 칼빈주의의 강력한 예정론에 반론을 제기하였다. 그들은 하나님이 사람들에게 구원의 선물을 받아들이거나 거부할 수 있는 능력을 은혜로 허락하셨다는 선행은총을 주장하였다. 1609년 알미니우스가 사망한 후, 항론파(Remonstrants, "저항하는" 혹은 "동의하지 않는"의 뜻)로 불렸던 알미니안파는 1610년 "항론파의 다섯 조항"을 네덜란드와 프리슬란트 주 정부에 제출하였다. 이 문서는 알미니안주의의 신앙고백을 상세하게 주장하는데, 특별히 하나님의 예정과 인간의 자유에 관한 사항들이었다. 이 다섯 조항들은 네덜란드에서 커다란 논쟁을 불러일으켰고, 개혁교회의 일치에 대한 위협으로 받아들여졌다. 이 때문에 도르트 회의가 소집되었다. "항론파"로 알려진 알미니안주의자들은 신학적인 입장을 밝힐 수 있는 기회로 여겨 회의에 참석하였다. 그러나 그들의 주장은 받아들여지지 않았고, 파문을 당했다. 그들의 견해는 엄청난 비난을 받았고, 알미니우스의 신앙을 지킨 사람들은 추방되거나 박해를 받았다. 그중에는 살해당한 이들도 있었다. 결과적으로, 알미니안파는 네덜란드를 떠나야 했고, 유럽의 다른 나라들, 특히 영국과 식민지 미국으로 건너갔다.

　이 다섯 조항들은 칼빈주의와 알미니안주의의 차이를 설명하는 데 자주 사용되었다. 기본적으로 이 조항들은 하나님이 어떤 사건들의 발생에 개입하는 정도에 대한 관점을 말하는데, 특별히 구원에 관한 상이한 입장을 보여주는 교리들이다. 이 논쟁이 중요한 이유는 알미니우스의 믿음이 웨슬리의 믿음과 유사하기 때문이다. 앞서 언급한 것처럼, 웨슬리의 신학과 사역의 발전에 알미니우스가 중대한 영향을 끼친 것처럼 보이지는 않는다. 그러나 웨슬리의 생애 후반부로 가면, 칼빈주의자들과 거친 논쟁을 벌이는 중에 "알미니안"이라는 명칭과 동일화되기도 하였다. 예를 들어 웨슬리는 「알미니안 매거진」이라는 잡지를 발행하였는데, 이 잡지에는 메도디스트 운동을 홍보하고 웨슬리와 칼빈의 입장을 대조하는 글들이 실렸다. 웨슬리가 같은 입장으로 수용한 알미니안주의는 개신교회의 유명한 두 가지 강조점인 하나님의 예정과 인간의 자유를 구분하는 관점으로 잘 알려졌다. 알미니안주의는 이 주제에 대한 오랜 논쟁을 신학적으로 구분할 수 있게 해 주었고, 웨슬리의 신학은 알미니안의 관점을 받아들이면서 추가적인 신뢰성을 얻은 것이 틀림없다.

칼빈과 알미니안
그리고 웨슬리

역사적으로 알미니안과 웨슬리의 관점은 새로운 것이 아니었다. 필자는 이 책에서 사도 시대부터 대다수의 그리스도인들이 지켜온 관점들을 구체화하는 방식을 여러 번 설명하였다. 어거스틴과 루터 그리고 칼빈의 관점이 교회사에서 하나님의 예정과 인간의 자유의 관계에 대한 모든 그리스도인들의 관점을 대표하지 않는다. 적어도 개신교회 안에서 칼빈 신학의 탁월성을 인정하더라도, 이러한 인식은 그리스도인들을 혼란스럽게 하는, 역사적으로 잘못된 호칭이다. 대신 알미니안을 지지하는 입장은 로마 가톨릭교회와 정교회, 성공회와 그 밖의 교회사에서 신학적으로 다수의 지지를 받은 관점에 가장 가깝다.

현대의 대다수 그리스도인들도 마찬가지다. 그들은 알미니안주의 입장을 따르고 있다. 이론적인 (혹은 신학적인) 차원이 아니라 실천에서 그렇다. 신학적으로 앞서간 선조들처럼, 알미니안과 웨슬리는 어거스틴주의자들이 (그리고 후에 루터주의자들과 칼빈주의자들이) 성경해석에서 하나님의 주권을 지나치게 강조한 부분을 극복하려고 노력하였다. 하나님의 주권이 사람들에게 중요하고 그래서 책임을 갖게 하는 자유가 없다는 뜻은 아니다. 오히려 반대이다. 하나님의 주권은, 사람들에게 은혜를 베풀어 믿음으로 하나님에게 응답하고, 화해할 수 있게 한다. 사람은 믿음을 통하여 은혜로 말미암아 구원을 받는다. 마찬가지로 인간들의 삶에 지속적으로 영향을 미치는 유한성과 죄에도 불구하고 하나님은 은혜를 베풀어 그들이 믿음으로 응답할 수 있는 자유를 허락한다.

앞에서 나는 이렇게 대조적인 입장들을 어거스틴주의(예를 들어 루터와 칼빈)와 반어거스틴주의(예를 들어 토마스 아퀴나스, 알미니안, 웨슬리)로 분류하는 것이 최선이라고 말한 바 있다(3장 인간 : 예정보다 자유 참조). 이는 어거스틴주의와 펠라기우스주의(혹은 반펠라기우스주의)와 같은 차이는 아니다. 펠라기우스주의는 인간이 구원을 주도한다고 믿었고, 따라서 성경 기자들이 거부했던 인간의 의가 작동하는 것처럼 보이기 때문이다. 그러나 반어거스틴주의는 하나님이 당신의 은혜로 사람들에게 어느 정도 자유를 허락하신다고 믿는다. 구원을 주도하는 분은 하나님이시다. 그러나 하나님은 사람들이 구원의 선물에 자유롭게 응답하기 원하신다. 예수 그리스도의 대속뿐 아니라 하나님과 관계를 회복하는 것이 구원이기 때문이다. 죄는 사람들이 자연적인 능력, 수고 혹은 공로로 스스로 구원을 얻는 것을 불가능하게 한다. 그러나 하나님은 성령의 임재와 역사를 통하여 사람들에게 충분한 은혜를 미리 제공하여, 믿음으로 하나님의 구원을 받아들이기로 결정할 수 있게 한다. 그러한 결정은 단순히 하나님의 뜻에 어긋나는 것이 아니라 하나님이 요구하는 조건이다. 사람들은 이 조건을 거부할 수 있다. 그러나 거부하면, 죄와 심판은 그들의 책임이 된다.

웨슬리와 칼빈이 교회의 중요한 전통들을 대표하는 지도자들이기 때문에, 두 사람의 입장은 하나님의 예정과 인간의 자유의 관계에 대한 오래된 논쟁의 축약판이라 할 수 있다. 그러나 칼빈주의의 5대 강령이 칼빈의 신학을 정확하게 표현하는지에 대해서는 의문의 여지가 있다. 여기에 더해서, 항론파가 작성한 모든 사항에 알미니안이 동의했을지도 확실하지 않다. 결국 웨슬리의 신앙과 가치는 알미니안이나 항론파가 주장한 조항들과 정확하게 일치하지 않는다. 따라서 이 다섯 조항이 웨슬리와 칼빈 그리고 알미니안을 이해할 수 있는 정확한 범주들이라고 말하기 어렵다. 실제로 나는 웨슬리와 칼빈을 비교하고 대조하기 위한 방법으로 이 다섯 조항을 사용하지 않았다. 이 조항들이 신학적으로 부정확할 뿐 아니라 시대적으로도 적절하지 않다고 생각했기 때문이다.

도르트 회의에서 일어난 교리적 토론은 웨슬리와 칼빈이 지켰던 신앙과 가치의 많은 부분에 영향을 미쳤다고 할 수 있다. 따라서 우리는 웨슬리와 칼빈이 대표하는 다섯 가지 조항들을 반드시 정확하게 구별해야 한다. 그러나 나는 이 부록에서, 이 두 명의 교회 지도자 사이에 나타난 결정적인 차이들을 요약하는 근거로 다섯 조항을 사용할 것이다. 이 다섯 조항이 두 사람을 비교할 수 있는 완전한 기준이 아닐 수 있다. 그러나 적어도 웨슬리와 칼빈이 어떤 점에서 서로 일치하지 않는지 발견하는 데 충분한 도움이 될 것이다. 많은 사람들이 두 사람의 핵심적인 차이인 하나님의 예정과 인간의 자유에 대한 견해를 둘러싸고 ─옳다 하든지 그르다 하든지─ 논쟁을 벌이기 때문이다.

도르트 신앙고백과
튤립(TULIP)

항론파가 처음 칼빈주의에 반대하는 다섯 조항의 문서를 작성하여 제출한 것은 1610년이었지만, 여기서는 1619년 도르트 회의에서 네덜란드 개혁교회가 결론적으로 채택한 내용을 살펴보자. 네덜란드 개혁교회가 작성한 도르트 신앙고백(Canons of Dort)에서 항론파와 그들의 차이를 정리하였기 때문이다.

나는 다섯 개의 중심 조항을 소개하고자 한다. 여기에서 도르트 신앙고백의 조항들을 직접 소개하는 것은 각각의 조항들이 지닌 핵심적인 내용을 분명하게 이해하도록 돕기 위해서다. 나는 (다섯 조항 중) 첫 번째 조항으로 시작하여, 하나님의 영원한 결정(또는 명령)과 관련된 조항을 인용하고 요약할 것이다.

첫째 교리: 하나님의 예정에 관하여

6항 하나님의 영원한 작정[1]

하나님께서 시간 안에서 어떤 이들에게는 믿음을 선물로 주시고, 어떤 이들에게는 주시지 않는 것은 하나님의 영원하신 작정에서 나온다. 이는 "영원부터 하나님께서는 자신이 행하시는 모든 일을 아시기" 때문이다. 그 작정을 따라, 하나님께서는 택하신 자의 마음이 아무리 완고해도 은혜로 부드럽게 하시고 믿음으로 기울게 하신다. 반면에 하나님께서는 택하신 자가 아닌 사람들을 그분의 심판으로서 그들 자신의 악함과 완고함 가운데 남겨두신다. 바로 여기에서 특별히 우리에게 깊으시고 자비로우시며 동시에 공의로우신 구별이 파멸에 똑같이 연루된 사람들 사이에 나타나는데 이것이 바로 하나님께서 말씀 안에 계시하신 선택과 유기의 작정이다. 패역하고 더러우며 정함이 없는 사람들은 이 작정을 왜곡하여 스스로 파멸에 이르는 반면, 거룩하고 경건한 영혼들에게 이 선택과 유기의 작정은 이루 말할 수 없는 위로가 된다.[2]

위의 인용문은 후에 칼빈주의자들이 "무조건적 선택"으로 표현한 내용이다. 하나님이 세상을 창조하기 이전에 이미 택함을 받을(구원받을) 사람들과 멸망할(저주받을) 사람들을 정하셨다는 하나님의 영원한 명령을 모두 말한다. 비록 칼빈은 구원받을 사람들과 멸망할 사람들을 가리키는 "이중 예정"이라는 문구를 사용하지 않았지만, 칼빈의 후예들, 예를 들어 테오도르 베자(Theodore

---

1   역주. 표현의 통일성을 위하여 도르트 신앙고백의 조항은 다음의 책에서 인용했다. 코르넬리스 프롱크, 황준호 역,『도르트 신조 강해』(수원: 그책의 사람들, 2012), 45.

2   The Canons of Synod of Dort, 1618-19, in *Creeds and Confessions of Faith in the Christian Tradition*, vol. II, part 4, *Creeds and Confessions of the Reformation Era*, ed., Jaroslav Pelikan and Valerie Hotchkiss (New York: Yale University Press, 2003), 571, 572. 이후에는 Canons of Dort 로 표기.

Beza) 같은 이는 "원죄 전 예정론(Supralapsarianism)" 교리를 발전시켰다. 원죄 전 예정론은 하나님이 세상과 인간을 창조하기 이전에 이미 구원을 받을 사람들과 멸망받을 사람들을 명하신 하나님의 주권을 강조한다.

도르트 신앙고백의 두 번째 조항은 예수 그리스도의 대속과 관련된 것이다. 아래 인용된 조항은 예수의 죽음의 효력 혹은 효과성에 관한 것이다.

둘째 교리: 그리스도의 죽으심과 이를 통한 인간의 구속

> 8항 그리스도의 죽으심의 효력[3]
>
> 이는 성부 하나님의 지극히 주권적이신 계획과, 지극히 은혜로우신 뜻과 의도가 다음과 같기 때문이다. 즉 그분 아들의 지극히 보배로우신 죽으심이 가지신 살리시며 구원하시는 효력이 모든 택하신 자에게 이르게 하시어, 오직 그들에게만 의롭다 하심을 얻는 믿음을 선물로 주시고, 이 믿음으로 그들을 확실히 구원으로 인도하시는 것이다.[4]

예수 그리스도는 인류를 위하여 대속을 이루셨다. 그러나 선택된 사람들만이 "구원의 효력"을 입는다.

세 번째와 네 번째 교리는 합쳐졌다. 두 교리는 "인간의 전적인 타락"으로 알려지게 되었고, 결과적으로 사람들이 그들의 삶에서 저항할 수 없도록 역사하는 하나님의 은혜를 필요로 한다는 점을 말하고 있다. 나는 인간의 무력함을 다루는 앞의 세 항을 소개하고, 인간은 오직 하나님만 의지해야 하는 점을 이야기하겠다.

---

3   역주. 재인용. 코르넬리스 프롱크, 『도르트 신조 강해』, 196.
4   Canons of Dort, II.4.580.

셋째, 넷째 교리: 인간의 부패와 하나님께로의 회심과 그 회심이 일어나는 방식

1항 타락의 영향[5]

사람은 본래 하나님의 형상을 따라 지음받았다. 하나님께서 그의 총명은 창조주와 영적인 일들에 대한 참되고 건전한 지식으로, 그의 마음과 뜻은 정직으로, 그의 모든 심정은 순수로 단장해 주셨다. 참으로 전인이 거룩하였다. 그러나 사람은 마귀에게 유혹을 받고, 의지의 자유를 오용함으로, 하나님께 반역하여 이 뛰어난 은사들을 스스로 상실하게 만들었다. 그리고 대신 자신의 총명에는 눈멂과 끔찍한 어둠과 허망함과 어그러진 판단을, 자신의 마음과 뜻에는 악함과 패역함과 완고함을, 자신의 심정에는 더러움을 스스로 가져왔다.

2항 부패의 전파[6]

타락 후 사람은 자기의 모양과 같은 자녀를 낳았다. 즉 부패한 조상이 부패한 후손을 낳았다. 이런 이유로, 오직 그리스도만을 제외하고, 아담의 모든 후손은 그에게서 나온 부패함을 받는다. 이것은 옛 펠라기우스주의자들이 주장한 것과 같은 모방으로가 아니라, 하나님의 공의로운 심판에 따라, 악한 본성이 유전됨으로 일어난다.

3항 사람의 전적 무능력[7]

따라서 모든 사람이 죄악 중에서 잉태되며, 본질상 진노의 자녀다. 구원의 선을 행할 능력이 없으며, 악으로 기울어져 있고, 죄 가운데 죽었으며, 죄의 노예다. 그리고 사람은 성령님의 거듭나게 하시는 은혜가 없이는, 하나님께 돌아오거나,

---

5   역주. 재인용. 코르넬리스 프롱크, 『도르트 신조 강해』, 215.
6   역주. 재인용. 코르넬리스 프롱크, 『도르트 신조 강해』, 228.
7   역주. 재인용. 코르넬리스 프롱크, 『도르트 신조 강해』, 228.

부패한 본성을 개혁하거나, 하나님께 자신들을 개혁하시도록 내어 드릴 능력이 없으며 그것들을 원하지도 않는다.[8]

도르트 신앙고백의 다섯 번째이며 마지막 조항은 성도들의 견인과 연관된다. 나는 하나님이 선택한 사람을 구원할 뿐 아니라 그들을 반드시 견인하기 위하여 하나님이 사용하는 방법을 말하는 조항을 소개한다.

다섯째 교리: 성도의 견인

3항 하나님께서 자기 백성을 지키심[9]

이 내재하는 죄의 잔재와 세상과 사탄의 유혹 때문에, 회심한 사람들은 스스로 강하다고 여기는 사실을 떨쳐버리지 않는다면 이 은혜 안에 굳게 서 있을 수 없다. 하지만 하나님은 미쁘시다. 하나님께서는 그들을 한 번 주신 은혜 안에서 자비로이 확증하시고 그 은혜 안에서 끝까지 권능으로 지키신다.[10]

칼빈주의의 5대 강령을 각 행의 첫 글자를 따서 요약한 조합이 튤립(TULIP)이다. 이 조합은 다섯 조항을 정확한 순서에 따라 만들지는 않았다. 다음을 보자.

1. 전적인 타락(Total depravity)
2. 무조건적 선택(Unconditional election)
3. 제한적인 속죄(Limited atonement)

8   Canons of Dort, II.4.583-84.
9   역주. 재인용. 코르넬리스 프롱크, 『도르트 신조 강해』, 381.
10 Canons of Dort, II.4.591, 592.

4. 불가항력적 은혜(Irresistible grace)

5. 성도의 견인(Perseverance of the saints)

위에서 말한 칼빈주의의 조항들을 이따금 다른 용어로 표현하기도 한다. 때로는 비슷한 다른 표현이 의미를 분명하게 보여줄 때가 있다. 그러나 혼란스럽게 하거나 완전히 다른 의미를 전하는 경우도 있다. 다음의 표현들을 보자.

1. 전적 타락: 전적 무능력, 전적 유전된 타락, 혹은 원죄

2. 무조건적 선택: 하나님의 영원한 결정, 또는 하나님의 선택 (이중 예정론 참조).

3. 제한적 속죄: 구체적 대속, 구체적 구원, 혹은 제한된 칭의

4. 불가항력적 은혜: 효과적 소명, 혹은 성령의 효과적 소명

5. 성도의 견인: 영원한 안전, 혹은 한 번 구원은 영원한 구원

나는 칼빈주의 5대 강령을 설명하기 위하여 사용하는 용어들의 유익과 약점을 논의하려는 것이 아니다. 여기에서는 튤립(TULIP)을 말하는 것으로 충분하다. 왜냐하면 이 조합이 사람들이 칼빈과 칼빈주의를 설명할 때 가장 보편적으로 사용하는 표현이기 때문이다. 특별히 구원과 관련하여 하나님이 예정과 인간의 자유를 말할 때 그렇다.

알미니안 항의문과
5대 조항

알미니안주의자들의 항의문(Remonstrance, 혹은 알미니안 조항들, 1610)은 네덜란드 개혁교회 신학에 대하여 동의할 수 없는 다섯 개 조항을 담은 내용으로 발표되었다. 이 문서에 담긴 동의하지 못하는 이유들이 길지 않기 때문에 전문 그대로 소개하고자 한다. 독자들이 항론파들의 다섯

가지 조항을 직접 읽으면서 칼빈이 가르쳤던 하나님의 예정과 인간의 자유에 대하여 어떻게 반론하고 있는지 배우기 바란다. 그 내용을 주의깊게 읽어보자.

항의문

1항

세상의 기초를 놓기 이전에 당신의 아들 예수 그리스도 안에 영원하고 불변하는 목적을 주신 하나님이 그리스도 안에서, 그리스도를 위하여 그리고 그리스도를 통하여 죄에 빠진 인간들 중에 구원받을 이들을 정하셨고, 성령의 은혜로 말미암아 동일하게 그의 아들을 믿는 사람들은 동일한 은혜를 통하여 동일한 믿음을 견인하고 마침내 세상 끝날까지 믿음으로 순종해야 할 것이다. 다른 한편으로, 요한복음 3장 16절이 전하는 복음의 말씀에 따라, 저항과 불신의 죄와 진노 아래 거하는 사람들과 그리스도에게서 떨어진 사람들은 멸망할 것이다.

2항

따라서 세상의 구세주 예수 그리스도는 모든 사람을 위하여 그리고 각 사람을 위하여 죽었고, 그가 십자가에서 죽음으로 인하여 모든 이들을 위하여 화목케 하고, 죄사함을 얻었다. 그러나 요한복음 3장 16절에 말씀하신 것처럼, 믿는 자들 외에는 죄사함을 받지 못한다.

3항

인간은 스스로 구원하는 은혜가 없고, 자유의지도 없으니, 믿음을 떠나 죄의 자리에 있는 인간은 자신을 위하여 그리고 자신의 힘으로 선한 것은 아무것도 생각할 수 없고, 무엇보다 중요한 구원에 이르는 믿음과 같은 참으로 선한 것을 생각하지 못한다. 그러나 그리스도 안에서 하나님과 그의 성령을 통하여 거듭나고,

그분의 생각과 사랑과 의지 그리고 모든 능력 안에서 새로워지는 사람은 요한복음 15장 5절에 말씀하신 것처럼, 참으로 선한 것을 이해하고, 생각하고, 의지를 가지고 행할 수 있게 된다.

4항

하나님의 은혜는 모든 선의 시작이며, 진행이고, 마지막이다. 그래서 거듭남을 입은 사람조차도 앞서 주어지고(혹은 선행), 깨워주고, 도우시는 은총이 없이는 선한 것을 생각하거나 의도하지 못하고, 행하지 못하며, 악의 유혹에 대항하지 못한다. 그러므로 모든 선한 행위와 노력들은 그리스도 안에 있는 하나님의 은혜로 모아지는 것으로 생각해야 한다. 그러나 그러한 활동의 성격과 함께 은혜는 불가항력적이다.

5항

참된 믿음으로 그리스도에게 접목되어 생명을 주는 그리스도의 성령을 받은 사람들은 사단과 죄, 이 세상과 그들의 육체에 맞서 싸울 수 있는 능력을 풍성하게 받아 승리하게 된다. 우리는 언제나 성령의 은혜와 그의 영을 통하여 모든 유혹에서 이기도록 도우시고, 그들에게 도움의 손을 펴시고, (그들이 스스로 영적 싸움을 준비하도록 도우시고, 그분의 도우심과 스스로 서는 일에서 넘어지지 않도록 간청하시고), 그들을 받치고 세워주시는 예수 그리스도가 계심으로, 요한복음 10장에 나오는 그리스도의 말씀처럼, 목자의 손에서 떠나 방황하거나 떨어지게 하는 사탄의 계략과 악행이 이기지 못하게 하시는 것을 안다. … 그러나 그들이 나태하거나 부주의하여 그리스도 안에서 삶을 시작하지 못하고, 다시 이 세상과 타협하고, 그들에게 주어진 거룩한 교리에서 떠나고, 선한 양심을 잃어버리고, 은혜를 무시하게 되는 문제들에 대하여 우리가 온전한 확신을 가지고 가르치기 전에, 성

경이 어떻게 가르쳐 주시는지 정확하게 알아야 한다.[11]

나는 알미니안주의의 다섯 조항을 칼빈주의 5대 강령에 대조하기 위하여, 앞에서 말한 튤립(TULIP)처럼 첫 글자를 따서 기억하기 쉬운 단어로 조합하는 것이 효과적이라고 생각한다. 첫 글자로 조합하기 위하여 네덜란드 개혁교회의 신학용어를 영어 표현으로 사용하여 정확한 의미를 전하고자 한다.

1. 조건적 예정(Conditional predestination)

2. 보편적 속죄(Universal atonement)

3. 믿음으로 구원(Saving faith)

4. 가항적 은혜(Resistible grace)

5. 불확실한 견인(The uncertainty of perseverance)

이 용어들이 알미니안주의를 설명하는 중요한 용어들임에도 불구하고(또한 로마 가톨릭교회와 정교회 그리고 성공회의 오랜 전통을 잘 보여주는 용어들임에도 불구하고), 안타깝게도 사람들에게 잘 알려지지 않았다. 이 용어들이 잘 알려지지 않았기 때문에, 하나님의 예정과 인간의 자유에 대한 칼빈주의 신앙에 대한 성서적이고 신학적인 대안 개념들은 마치 비국교도들처럼 전체의 뜻을 따르지 않는 것으로 잘못 표현되거나, 악의적으로 왜곡되거나, 무시당하는 경우가 너무나 많았다. 그러나 이 용어들을 신학적으로 오류가 있고, 이단적이라고 판단하는 것은 잘못된 것이다! 무지나 악의로 만들어진 이러한 판단과 상관없이, 알미니안주의가 갖고 있는 반어거스틴적인 관점은 건강한 성서의 근거를 가지

---

11 The Remonstrance, 1610, in *Creeds and Confessions of Faith in the Christian Tradition*, vol. II, part 4, *Creeds and Confessions of the Reformation Era*, ed., Jaroslav Pelikan and Valerie Hotchkiss (New York: Yale University Press, 2003), 549–50.

고 있다. 실제로 그들은 역사적으로 대다수 그리스도인들의 관점을 대표한다.

알미니안주의와 웨슬리적 관점들(로마 가톨릭교회와 정교회, 성공회도 마찬가지인데)이 비주류로 소외된 이유는, 루터교회와 개혁교회 전통이 성서적이고 신학적인 학문성을 대표하는 주류로 인정받았다는 점이 일부 작용하였다. 루터교회와 개혁교회 학자들은 그들의 신학을 발전시키고, 출판하고, 보급하는 데 탁월한 성과를 거두었다. 그러나 학문적인 성공에도 불구하고 그들은 프로테스탄트 그리스도인들을 포함하여 대다수 그리스도인들의 생각을 대변하지 못했다. 때문에 보다 강력한 역사적, 신학적 발견이 필요하다. 하나님의 예정과 인간의 자유 그리고 구원에 대한 알미니안과 웨슬리주의자들의 관점을 반영하여, 반어거스틴적인 신앙과 가치의 본질과 범주를 인식하기 위한 노력이 필요하다.

알미니안주의의
올바른 이해

알미니안주의 다섯 조항이 그동안 어떻게 오해되거나 잘못 이해되었는지 알 수 있는 몇 가지 예를 들어보겠다. 첫째, 조건적 예정은 택하심이 폐지된 것으로 과장되게 알려졌다. 즉 하나님의 택하심을 거부한 것같이 알려졌다. 그러나 항론파가 믿음을 통하여 은혜로 말미암아 구원을 받아들일 사람이 누구인지 하나님이 영원한 지식으로 아신다고 분명하게 믿었기 때문에 알미니안주의를 그렇게 이해하는 것은 터무니없는 일이다. 하나님은 실제로 구원받을 사람들을 선택하신다. 그러나 선택은 예수 그리스도를 믿고 구원을 얻게 될 사람들을 미리 아는 하나님의 영원한 지식에 달려 있고, 그러한 지식을 우리는 "예지"라고 부른다.

두 번째, 알미니안주의자들이 믿었던 예수 그리스도의 속죄의 보편성은 보편적 구원이나 보편주의로 잘못 알려졌는데, 모든 사람이 구원받고, 아무도 영원한 벌을 받지 않는다는 식으로 과장되어 비판을 받았다. 그러나 항론파는 보편적 구원을 믿지 않았다. 그들은 예수님이 하나님이 구원하기로 한 사람들이 누구인지 알지 못하는 상태에서 단순히 하나님이 선택한 이들만을 위해서가 아니라 모든 사람을 위해 죽으셨다고 확실하게 믿었다. 항론파들은 사람들 중에 하나님을 거부하는 쪽을 택하여 죄와 심판, 형벌을 받기 마땅한 사람들이 있다고 분명하게 믿었다.

세 번째, 구원하는 믿음은 죄로 인하여, 인간이 자신들의 능력이든 자연적인 방식이든 스스로 구원할 수 없는 존재들이라는 사실과 관련된다. 그러므로 사람들이 구원받기 위해서는 믿음으로 하나님의 은혜에 응답해야 한다. 그러나 알미니안주의는 인간의 타락을 약화시켜 사람들이 스스로의 힘으로 구원을 얻든지 아니면 보상으로 얻는 방식을 주장했다는 식으로 과장되게 알려졌다. 이러한 왜곡은 진실을 하나도 반영하지 않았는데, 항론파는 하나님이 인간의 구원을 시작하고, 진행하고, 완결하신다는 것을 분명하게 믿었다. 알미니안 신학에서 공로로 의로워지는 것이나 펠라기우스의 흔적은 찾아볼 수 없다.

네 번째로, 항론파는 하나님의 은혜에 저항할 수 있다고 믿었다. 하나님은 사람들에게 회심을 강요하지 않는다. 대신 하나님은 사람들이 구원을 받아들이거나 거부할 수 있는 은혜를 주신다. 하나님은 사람들이, 그들에게 실제적으로 영원히 중대한 의미를 갖는 그 결정을 스스로 하도록 은혜를 베풀어 주셨다. 알미니안주의자들은 인간이 가만히 있어도 되는 수동적인 은혜를 믿지 않았는데, 그러한 은혜는 인간 자신의 수고나 공로에 의존하는 것이었다. 그와 반대로, 펠라기우스주의의 한 형태라는 과장된 비난이 알미니안주의자들에게 쏟아졌다. 불행하게도, 항론파 당시나 현재의 비판자들은 알미니안주의를 있는 그대로 이해하거나 동의하지 않는 부분에 대하여 공정하게 토론하기보다 신학적인 왜곡으로 편하게 가는 길을 택하였다.

마지막으로, 항론파는 성도들의 견인에 관해서, 그리스도인들이 의도적이고 반복적으로 구원을 거부할 수 있다고 분명하게 말하지 않았다. 그들은 성경의 증언에 근거하여 구원받은 사람들과 배교하는 사람들이 누구인지 확실하게 알 수 없다고 말했다. 그러나 알미니안주의자들은 칼빈주의가 성도의 견인을 강하게 주장한 것에 동의하지 않았다. 구원과 구원의 확신은 하나님의 성령과 지속적인 관계를 유지해야 한다고 보았기 때문이다. 결국 알미니안주의자들은 확실하다는 주장이 진리를 보장하지 않는다고 보았다. 더욱이 칼빈은 택하심에 관해서 사람이 결정할 수 있는 것은 없고, 전적으로 하나님의 결정이기 때문에, 지상의 삶에서 자신이 선택되었는지 분명하게 알 수 있는 방법을 알려주지 못했다.

웨슬리와
아큐라(ACURA)

웨슬리는 생애와 사역의 거의 모든 기간에 걸쳐 알미니안과 알미니안주의를 주장하지 않았다. 단지 알미니안주의 신학전통이 체계를 이루자 자신의 관점과 같다는 것을 말년에 인정했을 뿐이다. 그러나 칼빈주의와 논쟁하는 가운데 알미니안주의에 대한 공감이 확대되었는데, 특별히 구원의 문제에서 하나님과 사람이 행하는 역할을 둘러싼 논쟁 때문이었다. 웨슬리와 알미니안주의가 모든 조항에 걸쳐 전체적인 공통점을 가진 것은 아니었지만, 하나님의 예정과 인간의 자유에 관한 신학적인 관점은 충분한 일치를 이루었다. 이러한 일치로 인하여 웨슬리는 영어사용권에서 반어거스틴주의를 지지하는 알미니안주의자들 가운데서 개신교회를 대표하는 인물이 되었다.

대부분의 현대인들과 특히 개신교인들은 위에 소개한, 소위 항론파가 제기한 다섯 조항에 나타난 반어거스틴적이고 웨슬리적인 관점을 모르고 있거나 아니면 이해하지 못하고 있다. 이미 기술한 것처럼, 사람들은 교회의 역사에 대하여 놀라울 정도로 무지하거나 배우는 기회를 갖지 못한 경우가 많고, 기독교 신학의 역사는 더욱 그렇다. 칼빈주의자들과 다른 이들이 웨슬리를 비롯하여 웨슬리와 유사한 입장을 가진 사람들의 믿음에 대하여 잘못된 정보를 주로 접하는 것이 특히 문제가 된다. 개혁주의 전통을 주장하는 사람들이 자신들을 변증하거나 반대 입장을 공격하기 시작했을 때, 웨슬리와 같이 대안적인 입장도 의도적이든 의도적이지 않든 비슷한 방식으로 대하였다. 때문에 웨슬리가 제시한 하나님의 예정과 인간의 자유에 대한 입장을 불공정하고 무비판적으로 거부할 것이 아니라 공정하고 비판적으로 경청하는 것이 중요하다.

나는 이 문제와 관련해서 웨슬리(알미니안)의 입장을 자주 충분히 경청하지 않는 이유들 가운데 하나가, 칼빈의 신학과 비교해서 웨슬리의 신학이 체계적으로 정리되지 않았기 때문이라고 확신한다. 그 이유를 설명해 보겠다. 사람들은 "튤립(TULIP)"이라는 말을 들으면 칼빈주의 5대 강령을 쉽게 떠올릴 수 있다. 5대 강령에 모두 동의하지 않더라도 말이다. 그러나 대안을 쉽게 찾지 못하기 때문에 선택가능한 다른 신학적 입장이 없다고 느끼게 된다. 결과적으로 사람들은 "5대 강령(TULIP)"을 붙잡고 고민해야 하며, 그 가운데 네 가지, 세 가지, 두 가지, 혹은 한 가지 반에 동의하는 것을 택해야 한다. 아니면 나름대로 다른 관점을 만들어낼 수도 있다. 칼빈주의를 대체할 수 있는 관점들을 잘 모르기 때문에, 사람들이 선택할 수 있는 길은 5대 강령을 받아들이거나 마지못해 몇 가지를 수용하는 것뿐이었다.

이제 웨슬리가 칼빈주의나 알미니안주의의 다섯 조항에 대하여 말하지 않았다는 것을 기억하자. 다시 말하면 웨슬리는 알미니안 신학과 결합하지 않았다. 그러나 하나님의 예정과 인간의 자유 그리고 구원의 문제에서 웨슬리의 믿음과 가치는 알미니안과 실질적으로 같았다. 그래서 나는 지금까지 나온, 웨슬리와 칼빈을 비교하는 것보다 더 개선된 방식으로 두 사람의 관점을 비교, 대조하는 것이 필요하다고 생각한다.

나는 사람들이 웨슬리의 신학을 더 분명하게 이해하고 칼빈주의 5대 강령과 쉽게 비교할 수 있는 방법으로, "튤립"과 같이 첫 글자로 단어를 만들어 사용하는 것을 제안한다. 이러한 기억 (보조) 장치를 사용하면 사람들이 칼빈과 칼빈주의 관점에 대한 대안적인 입장을 더 잘 알고 고마워할 것이다. 물론 그러한 단어의 조합은 논리적인 설명보다 기억에 잘 남는 것이 중요하기 때문에 보다 풍부한 상상력을 필요로 한다. 그렇다고 해서 성경적으로 혹은 역사적으로 정확하지 않은 내용을 담아서는 안될 것이다. 의미를 바꾸지 않는 한에서 조금 수정한 표현들은 웨슬리(웨슬리주의)와 칼빈(칼빈주의)을 대조하는 데 도움이 될 것이다. 때문에 나는 웨슬리의 신앙을 칼빈주의와 5대 강령 신앙과 대조하는 데 도움이 되기 바라는 마음으로 "아큐라(ACURA)"의 사용을 제안한다. 다음의 표에서 "아큐라"와 "튤립"을 대조해 보려 한다.

| 칼빈주의와 웨슬리주의 |

칼빈주의 5대 강령 – TULIP	웨슬리주의 – ACURA
1. 전적 타락 (Total depravity)	1. 만인은 죄인 (All are sinful)
2. 무조건적 선택 (Unconditional election)	2. 조건적 선택 (Conditional election)
3. 제한적 속죄 (Limited atonement)	3. 무제한적 속죄 (Unlimited atonement)
4. 불가항력적 은혜 (Irresistible grace)	4. 가항적 은혜 (Resistible grace)
5. 성도의 견인 (Perseverance of the saints)	5. 구원의 확신 (Assurance of salvation)

필자는 알미니안과 웨슬리 전통을 보여주는 단어를 조합하기 위하여 여러 가지 방법을 구상하였다. 예를 들어 앞에서 설명한 항론파의 다섯 조항의 영어 표현에서 다섯 글자를 가져올 수 있다. 그러나 그 첫 글자를 조합하면, CUSRT 또는 CUSRU라는 단어가 만들어지는데, 이 조합은 읽기도 어렵고 기억하기에 좋지 않았다. 이 글자들의 순서를 SCURT 또는 SCORU로 다시 정렬해도 효과는 비슷했다. 그래서 만들어낸 조합이 "아큐라(ACURA)"인데, 조금 진부한 것처럼 보일 수 있지만, 첫글자 조합은 단순하고 기억에 도움이 되는 것이 중요하다고 생각한다. 이 단어를 통하여 사람들이 하나님의 주권과 인간의 자유 그리고 구원에 관하여 중요한 신학적 주제들을 보다 잘 알고 논의하기를 바란다.

나는 도르트 회의와 칼빈주의와 알미니안주의의 대안적인 입장을 강의하였다. 칼빈주의 5대 강령이 가장 널리 알려졌기 때문에 칼빈의 관점에 대조할 수 있는 알미니안주의(와 웨슬리주의)의 다섯 조항을 만드는 것이 보다 많은 공감대를 얻을 수 있다고 생각하였다. 사실, 위에 제안한 표에서 뒤에 나오는 네 가지 주제들(CURA)은 지난 몇 년 동안 이 신학적인 주제들을 가르치면서 설명하려고 사용한 표현들이다. 전적 타락은 웨슬리가 칼빈과 가장 많이 의견의 일치를 본 주제였다. 따라서 만인이 죄인이라는 문구로 첫 번째 대조점을 제시하는 쉬운 문제였다. "모든 사람이 죄를 범하였으매(롬 3:23)"는 분명한 사실이지만, 웨슬리는 칼빈과 마찬가지로, 죄의 문제를 더 깊은 차원으로 받아들였다. 인간은 전적으로 죄인이며 스스로 구원할 능력이 없는 존재이기 때문에, 영원한 생명을 위하여 반드시 하나님의 은혜에 의지해야 한다는 것이었다.

그래서 아큐라(ACURA)는 구원의 문제에 있어서 하나님의 예정과 인간의 자유에 대한 웨슬리의 관점을 잘 보여주는 흥미있는 조합(혹은 자기주도형 학습방법, 혹은 유용한 신화)이라 할 수 있다. 어떤 학자들은 이 표현이 너무 가볍고 신학적인 정확성이 부족하다고 생각할 수 있다. 자동차를 잘 아는 사람들은 아큐라 자동차에서 "정확성(accuracy)"이라는 의미로 붙인 이 이름을 잘못 사용한다고 생각할 수 있다. 그럴 수 있지만, 필자는 웨슬리의 5대 대안에 아큐라(ACURA)라는 명칭을 붙여 사람들이 더 쉽게 기억할 수 있다면, 칼빈의 5대 강령인 튤립(TULIP)이 말하는 하나님의 예정과 인간의 자유 그리고 구원에 대한 매우 중요한, 사실은 영원히 중요한, 주제들을 말할 수 있는 기억 장치로 경쟁력이 있다고 생각한다.

**튤립(5대 강령)보다
아큐라(5대 대안)를!**

나는 아큐라가 웨슬리의 관점을 칼빈과 칼빈주의의

관점에 대조하는 데 유익한 표현이라고 생각할 뿐 아니라, 그 안에 담겨진 내용들이 우리의 삶에 더욱 설득력 있고, 성경적이며, 진리에 가깝다고 믿는다. 이 책에서 나는 칼빈에게 감사를 표현하였다. 칼빈이 개신교회의 신학적이고 역사적인 발전에 기여한 부분은 엄청나다. 그러나 칼빈이 모든 그리스도인들, 특별히 모든 개신교인들을 대표하지 않는다. 게다가 스스로 칼빈의 후예 혹은 칼빈주의자라고 칭하는 사람들 중 많은 이들은 자신들의 믿음대로 살지 않는 것 같다. 그리스도인들이 믿고 중요하다고 말하는 것과 실제적인 생활 사이의 단절이 너무나 자주 일어난다. 어떤 사람들의 경우는 위선적이라고 할 수 있다. 그러나 훨씬 많을 것으로 추산되는 사람들은 칼빈주의와 개혁신학을 수용했지만, 그 신학이 자신들의 실제 신앙과 생활에 어떻게 관계되는지 확인하지 않고 살고 있다고 생각한다. 그들은 자신들의 신앙과 삶에 대하여 반성적으로 고찰하고, 성경적으로 올바른 대안을 모색하고, 자신의 생각을 실천으로 연결하려는 동기나 용기를 내려는 시간(혹은 노력)을 갖지 않고 있다.

나는 성경의 핵심을 파악하고, 성령이 사람들의 매일의 삶에서 지속적으로 역사하는 방식을 정교하게 설명하는 웨슬리의 관점이 훨씬 더 훌륭하다고 확신하기 때문에 5대 강령(튤립)이 아닌 5대 대안(아큐라)을 추천하지 않을 수 없다. 만일 여러분이 전적 타락, 무조건적 선택, 제한적 구원, 불가항력적 은혜 그리고 성도의 견인을 믿는다면 튤립(TULIP)에 대한 믿음을 확인할 것이다. 그러나 얼마나 많은 사람들이 5대 강령을 확인할지 의심스럽다. 더욱이 이 교리들 가운데 한 개나 두 개 혹은 일부를 확인한다면, 자신의 믿음과 가치를 근본적으로 다시 살펴볼 필요가 있다. 결국 여러분이 생각하는 이론(믿음과 가치)은 여러분의 매일의 삶에 의식적으로든 무의식적으로든 막대한 영향을 미친다. 만일 여러분이 만인은 죄인이며, 조건적인 선택과 무제한적인 구원, 가항적인 은혜 그리고 구원의 확신에 더 이끌린다면, 분명하게 아큐라(ACURA)를 선택해야 한다.

웨슬리는 성경의 핵심적 가르침을 분별하고, 그 가르침을 사람들, 구체적으로 그리스도인들의 실제적인 삶에 연결하는 엄청난 능력을 가지고 있었다. 그는 기독교를 체계화하려고 시도하지 않았다. 특별히 성경의 교훈들과 삶의 복잡성을 현실적으로 완전하게 정리하려는 시도는 하지 않았다. 그러나 신학과 사역을 조직적으로 구성하는 데 있어서 발군의 능력을 보여주었다. 인생은 무질서한 측면이 있어서, 결국 비조직적이고 불확실하다고 할 수 있다. 우리는 성령의 인도에 민감하게 따라야 하고, 사람들이 경험하는 영적이고, 육체적이며, 사회적인 그리고 그 외에 제기되는 여러 가지 요구에 신속하게 응답할 수 있는 준비를 해야 한다. 그러나 우리는 혼자가 아니라 우리 삶에 항상 현존하는 하나님의 은혜를 누리고 있기 때문에, 우리에게 약속하신 하나님의 많은 복들을 책임적으로 선택할 수 있는 삶을 용감하게 그리고 자유롭게 살아갈 수 있다. 그러한 복에는 우선 구원이 포함되고, 또 개인이나 공동체 차원에서 하나님과 이웃을 사랑하는 경건한 삶이 포함된다. 우리 모두 그리스도인으로서 하나님의 은혜 안에서 믿음과 실천이 하나가 된 삶을 살아가기 바란다.

토론을 위한 질문

Q1 칼빈주의 5대 강령(TULIP)의 다섯 조항이 이해가 되나요? 어느 조항에 가장 동의하나요? 동의하지 않는 조항은 무엇인가요?

Q2 알미니안주의 다섯 조항이 이해가 되나요? 어느 조항에 가장 동의하나요? 동의하지 않는 조항은 무엇인가요?

Q3 알미니안과 칼빈의 신학 중에서 어느 신학에 더욱 많이 동의하나요?

Q4 알미니안의 다섯 조항에 대한 오해가 알미니안에게 어떠한 피해를 끼쳤다고 생각하나요? 칼빈주의도 피해를 입었다고 생각하나요?

Q5 아큐라(ACURA)라는 조합이 웨슬리와 칼빈을 비교하는 데 도움이 되나요? 어떤 부분이 도움이 되고, 어떤 부분이 방해가 되는지 이야기해 보세요.

Q6 알미니안과 칼빈의 다섯 조항을 이야기하는 것이 당신의 신앙 실천에 도움이 되나요?

웨슬리 VS 칼빈

발행일 | 2020년 9월 11일 초판 1쇄

돈 톨슨 지음 / 박도웅 옮김

발행인 | 전명구
편집인 | 한만철
발행처 | 도서출판kmc

서울특별시 종로구 세종대로 149 감리회관 16층
(재)기독교대한감리회 도서출판kmc
전화 | 02-399-2008 팩스 | 02-399-2085
www.kmcpress.co.kr

디자인·인쇄 | 디자인통

ISBN 978-89-8430-847-3 93230

※ 이 도서의 국립중앙도서관 출판예정도서목록(CIP)은 서지정보유통지원시스템 홈페이지(http://seoji.nl.go.kr)와 국가
자료종합목록 구축시스템(http://kolis-net.nl.go.kr)에서 이용하실 수 있습니다. (CIP제어번호 : CIP2020036581)